스트레스 중에도 평안을 얻는 비결
마음 도둑

Ron Hutchcraft 지음

나침반

서문

가속장치만 있고 브레이크는 없는 인생

누구든 어떤 주제로 책을 쓰려면, 그 분야에 대해 아주 뛰어난 자질을 가지고 있어야 한다. 그래서 내가 원예나 핵물리학, 또는 모차르트에 관한 책을 쓰지 않는 것이다.

내가 쓴 책은 스트레스에 관한 책이다. 내가 이 분야에 적절한 자격을 갖추고 있다고 자부할 수 있기 때문이다. 고등학교 2학년 이후 내 생활은 마치 압력솥과도 같았다. 좋든 나쁘든 나는 너무 빨리 걷고, 너무 빨리 말하고, 또 정말 빨리 사는 방법을 배워버렸다.

그러나 이 과열된 세상 속에서 나만 유별난 것은 아니다. 내가 아는 대부분의 사람들도 이미 스트레스의 촉수에 걸려서 살아가고 있다.

하지만 스트레스에 대해 단순히 이야기만 늘어놓을 책이 더 필요한 사람이 있겠는가? 내게는 필요 없다.

  게다가 내게는 그런 책을 쓸 만한 시간도 없다! 스트레스에 관한 책들이 오히려 우리에게 더 많은 스트레스를 주기도 한다. 그런데도 내가 이 책을 쓸 만한 가치를 느끼게 된 결정적인 요인은 바로 내가 발견한 대안이었다.

  요즘 나는 성인이 된 이후 그 어느 때보다도 더 여유 있고 절제된 생활을 하고 있다. 이 새로운 평안은 어떤 신비한 약물이나 신비주의적인 명상의 결과가 아니다. 그렇다고 내가 감당해야 할 책임이 줄어들었기 때문은 더더욱 아니다. 책임져야 할 일들은 오히려 그 어느 때보다도 많다. 이런 이유에서 나는 스트레스에 대해 내가 발견한 대안의 효과에 더 큰 확신을 갖는다.

  사실상 스트레스에서 벗어나는 방법을 기록하는 이 과정조차 스트레스를 느낄 수밖에 없는 심술궂은 시험이 되고 말았다. 스트레스에 관한 글을 쓰기 시작하자마자 내 생활은 바닥으로 추락했다. 생명을 위협할 만한 질병, 경제적인 어려움, 그리고 직업상의 위기가 마치 지뢰처럼 연발로 터지기 시작했다. 골똘히 생각한 끝에 내가 내린 결론은, 누군가 어떤 주제에 대해 글을 쓰려면 반드시 그와 관련된 일이 본인에게 일어난다는 것이다. 이것이 정말 사실이라면 나는 다음에 "성공을 다루는 방법"에 관한 책을 쓸 것이다. 어쩌면 나에게 성공이 찾아올 수도 있으니까 말이다.

실제로 스트레스의 폭격을 받으면서 정신없이 글을 쓰는 일은 이 책의 주제인 평안을 시험하는 최종 시험장이 되었다. 그리고 나는 그 시험을 이겨냈다.

내가 얻은 이 평안은 다른 세상에 대한 이야기나 현실과 동떨어진 이론이 아니다. 이 평안은 수동적이지 않고 능동적이다. 사실 나는 평안을 얻기 위해 대가를 치러야 했다. 하지만 스트레스의 노예로 살아가면서 치러야 할 대가에 비하면 그건 아무것도 아니었다.

그래서 나는 나와 같은 사람, 즉 많은 책임을 지고 있는 사람들을 위해 이 글을 썼다. 부모나 회사의 경영진, 지도자, 열심히 일하는 사람들, 그리고 학생들…. 그들은 가속장치만 있고 브레이크는 없는 인생을 제어할 능력을 되찾으려는 나의 몸부림을 공감할 수 있는 사람들이다.

글을 쓰는 일은 가장 힘든 경험 중 하나이기 때문에 누구도 혼자서 이 일을 해낼 수는 없다.

　내 딸 리사, 아들 덕, 브래드는 이 책을 쓰는 동안 나의 신실한 응원군이 되어주었다. 책을 만드느라 아이들과 시간을 많이 보내지 못했지만 아이들은 참을성 있고 긍정적인 모습을 보여주었다. 종종 아주 간단한 문장으로 표현된 아이들의 지혜는 종종 나에게 큰 가르침을 주었다. 그리고 방전되어 가는 나의 배터리를 충전하는 데 아이들의 입맞춤만큼 좋은 것은 없었다.

　아내가 심각한 병으로 고생했을 때, 처제 발레리는 우리의 삶을 연결시켜 주는 아교와 같은 역할을 해주었다. 발레리의 능력과 헌신적인 봉사로 인해 그녀는 우리에게 하늘이 보내준 '자비로운 천사'와도 같았다.

　내 비서 에스더 말버그는 원고 준비를 위해 헤아릴 수 없이 많은 시간을 투자해 주었다. 기한을 맞추기 위해 늦게까지 야근을 한 날이 얼마나 많은지 알 수 없다. 그리고 알게 될까 두렵다. 그녀의 충실함과 헌신은 정말 대단했다.

빌과 멀 진은 우리가 책 쓰는 작업을 시작할 수 있도록 특별한 장소를 제공해 주었고, 맨니와 알린은 작업을 마무리하는 데 필요한 오아시스를 마련해 주었다.

내가 이 책을 쓸 때까지 잠시도 쉴 틈을 주지 않았던 래리 스톤에게 감사를 표하고, 편집인으로 시작해 곧 내 영적인 형제가 되어준 피터 길퀴스트에게도 고마움을 전한다.

이 책 여기저기에는 보이지 않는 흔적들이 있다. 바로 내 훌륭한 아내 카렌이 남긴 흔적이다. 하나님께서는 이 땅의 다른 어느 누구보다도 그녀를 사용하셔서 내 인생을 성장시키고 풍성하게 만드셨다. 아내의 사랑과 지혜야말로 장을 넘길 때마다 담겨 있는, 보이지 않는 각주들이다.

이 책은 결코 혼자 쓴 것이 아니다. 너무나 많은 사람들이 내 인생을 형성한 공동저자이며, 우리가 함께 배운 것을 기록하는 작업을 지원해 주었다.

나는 몇 번이나 타자기를 놓고 기대어 앉아 물었다.

"도대체 어디에서 온 이야기인가?"

내가 썼지만, 왠지 그 어떤 분이 쓰신 것처럼 느껴졌다. 늘 그렇듯이 그분은 '늘 함께하는 도움'이 되어주셨고, 모든 진리가 시작되는 자료실(Resource Center)이 되어주셨다.

"네가 알고 있는 것만 써라"라는 말은 정말 유익한 충고이다. 나는 그렇게 했다. 나는 너무도 오랫동안 실생활 스트레스 전문가라고 할 수 있을 정도로 스트레스에 휩싸인 채 살아왔다. 그러다가 실상을 깨닫게 되었다.

이제 나는 뭔가 훨씬 더 나은 것을 알게 되었다. 바로 스트레스의 압력이 있는 곳에서도 평안을 누리는 것이다. 다른 사람들도 역시 평안을 얻게 되기를 바란다.

| 차례 |

서문
가속장치만 있고 브레이크는 없는 인생 • 2

1 ·· '평안으로 들어가는 문' 열기

1장 쳇바퀴 위의 삶 · · · · · · · · · · 14
게르빌루스쥐(Gerbil) 신드롬에서 벗어나라 | 아이들을 보호하라 | 성과를 올려라! | "~하기만 하면" 신드롬에 빠지지 말라 | "좀더 나은 삶을 찾아야 해!"

2장 평안을 얻기 위한 시작 · · · · · · · · · 32
폭풍의 눈에서 평안을 느끼라 | 자신에게서부터 시작하라 | "악한 자들에게는 안식이 없다" | 평안의 처소는 어디인가? | 그런데 어떻게 이 지경까지 될 수 있을까? | 평안은 수동적인 것이 아니다 | 평안을 찾기 위한 계획을 세우라

2·· 다섯 가지 '평온한 중심' 지키기

3장 하나님의 임재 체험 훈련하기 · · · · · · · · · 56
평안의 뿌리는 무엇인가 | 하나님과 포옹하라 | 다섯 가지 실행 단계를 실천하라 | 친밀한 교제를 유지하라 | 주님께 집중하라

4장 규칙적으로 휴식하기 · · · · · · · · · · · · · 80
고수(鼓手)가 사라졌다 | 빠른 보조는 대가를 치른다 | 잠식당하기 | 우리를 지치게 하는 미신 | 속도 줄이기 | 특별하게 지켜야 할 날

5장 혼잡한 시간 관리하기 · · · · · · · · · · · · 104
시간을 함께하라 | 아내에게 | 남편에게 | 눈사태를 피하라 | 최고의 친교를 쌓으라 | 독신-하지만 혼자가 아니다

6장 가족 경건의 시간 지속하기 · · · · · · · · · 122
내가 모든 책임을 진다 | 코치가 팀을 소집해야 한다 | 메뉴를 바꾸어야 한다 | 일상이라는 교실에서 평안을 찾으라

7장 성격 재편성하기 · · · · · · · · · · · · · · · 136
더 좋은 공기를 마시고 있다 | 파종의 계절에 다가가라 | 삶의 자이로스코프는 움직인다

3·· 다섯가지 '불안감의 뿌리' 제거하기

8장 더 많은 것에 대한 욕망 제거하기 · · · · · · · · 150
결코 채워지지 않는 욕망 | '상대성' 이론 | 의뢰하기 | 자신의 저수지에서 흘러나오는 물 | 그분이 만드신 날 발견하기 | 만족을 얻는 무기

9장 나 중심의 세상에서 벗어나기 · · · · · · · · 176
너무나 큰 나 | 십자군…자아실현 | 파괴자…자기몰입 | 불구자…자기지목 | 불평…자기연민 | 시대가 주는 스트레스 | 평안에 이르기 위한 일곱 가지 원칙

10장 과거의 상처를 되새기기 · · · · · · · · 200
쓴 뿌리에 쓴 열매 | 치유에 이르는 일곱 가지 단계

11장 하나님에 대한 반항심에서 돌아서기 · · · · · · · 216
회피에 대한 값비싼 대가 | 주변 환경이라는 전쟁터 | 좋아하는 죄 멀리하기 | 계획대로 밀고나가! | 하나님의 선한 가시채

12장 서두르기 · · · · · · · · 232
염려는 마비를 일으킨다 | 염려는 갑작스런 공포를 만들어낸다 | 그 정도로 만족하라 | 우리도 변화될 수 있다

4ᆢ '평안을 이루는 습관' 기르기

13장 평안한 사람들의 습관 · · · · · · · · · · · 246

다른 사람에게 유용한 사람이 되라 | 벽을 허물라 | 응원 연습을 하라 | 당신이 서있는 구석을 밝히라 | 전심을 다해 살라 | 실패를 잊어라 | 새로운 책임에 대해 의논하라 | 웃음을 배우라

14장 평안하게 일하는 습관 · · · · · · · · · · · 268

계획된 시간 안에서 움직여라 | 계획을 세워라 | 외부 용건들을 한꺼번에 처리하라 | 어려운 일을 먼저 하라 | '머피의 법칙'을 위한 공간을 남겨두라 | 독수리의 힘에 의지하라 | 주위 환경을 점령하라 | 유연성을 키우라

15장 폭풍 속에 있는 그분의 길 · · · · · · · · · · · 290

스트레스의 교훈을 찾아라 | 하나님께서 먼저 걸러내신다 | 생존 기술을 터득하라 | 불필요한 짐들을 없애라 | 정말 중요한 것으로 바빠지도록 하라 | 필사적으로 하나님을 구하라 | 건강한 일상으로 되돌아가라 | 당신이 속한 곳으로 날려가라 | 대처하는 것만으로는 부족하다

1
'평안으로 들어가는 문' 열기

1장
쳇바퀴 위의 삶

> 우리 모두는 자신만의 '쳇바퀴'가 있어서, 주위의 압력과 요구, 기한, 상황의 악화, 그리고 야망의 공격이 퍼붓는 전쟁터 한복판을 달리고 있다.

한 걸음 뒤로 물러나서 고통스러울 만큼 솔직한 눈으로 나 자신을 바라본 순간, 실상이 적나라하게 드러났다. 내 눈앞에 보이는 것을 참을 수 없었다.

내 온몸에, 그리고 내가 가장 사랑하는 사람들에게도 스트레스의 흔적이 모두 남아 있었다. 나는 그 병을 앓고 있었을 뿐 아니라, 그 병을 전염시키는 존재가 되어버렸다.

마치 무슨 수입차라도 되는 듯이 나는 계속 정신없이 내달려야 했다. 적극적인 수많은 직원들과 상당한 규모의 비영리 예산, 하루 한 번, 그리고 일주일에 한 번 방송되는 라디오 프로그램, 시(市)의 고등학교 모임, 쉴 틈 없이 쇄도하는 상담 요청, 몇 주 동안 하루에 한 번 꼴로 잡힌 강연 약속, 해외 출장, 이사회 및 위원회, 게다가 감당하기 벅찬 업무들과 관련된 각종 전화와 우편물들….

우리 세 아이들이 아버지와 함께 있기를 원하고, 나를 위해 너무나 많은 것을 희생하며 살아온 아내가 가족들과 소중한 시간을 보내고 싶어 할 때, 이미 내 모든 에너지는 소진되고 없었다.

물론 사람들이 각자 해야 할 일의 목록은 서로 다르지만, 하나같이 지나친 요구로 이루어져 있고, 잠재적으로 파괴적이다. 우리 모두는 결국 내가 경험했던 진실의 순간에 다다르게 된다. 바로 스트레스가 적나라하게 드러나는 것이다.

A. 게르빌루스쥐(Gerbil) 신드롬에서 벗어나라 • • •

투표 결과는 4대 1이었다. 투표의 쟁점은 우리 집에서 애완동물을 기르느냐 마느냐 하는 것이었다. 결과는 나의 패배였다.

하지만 허치크래프트가(家) 동물원을 개업하는 데 있어서 몇 가지 조건을 관철시키는 것은 성공했다. 우리가 기를 애완동물은 기꺼이 우리(cage) 안에서도 행복할 줄 알아야 한다는 것과, 많이 먹어서는 안 된다는 조건이었다. 이렇게 해서 게르빌루스쥐가 우리 집에 살게 되었다.

어쨌든 게르빌루스쥐가 작고 귀여운 동물이라는 것만큼은 인정해야겠다. 단지 그다지 영리하지 않다는 것이 문제일 뿐.

나는 작고 귀여운 우리 친구를 보려고 살금살금 위층으로 올라가는 동안, 게르빌루스쥐가 어떻게 생활할지 궁금해졌다. 그래서 그 녀석을 '면접' 해보기로 결정했다.

"게르비, 오늘 뭘 할 계획인지 한번 말해볼래?"

그러자 쥐가 대답했다.

"먼저 아침을 먹어야지. 사료를 먹고 난 다음에 시작해야지."

"뭘 시작해?"

"뭐, 어제도 했고 그제도 한 일이야."

"그게 뭔데?"

"쳇바퀴 도는 거."

"뭘 돌아?"

"말했잖아, 쳇바퀴."

그러더니 곧 작은 바퀴에 올라서서 열심히 달리기 시작했다.

한 시간이 지난 후에도 게르비는 여전히 헐떡거리며 달리고 있었다. 그래서 조심스럽게 말을 꺼냈다.

"게르비, 혹시 아무리 돌아도 결국 계속 제자리일 거라는 생각은 안 해봤니? 좀 다른 방법을 시도해야겠다는 생각은 안 들어?"

"네 말이 맞아."

그 작은 녀석이 동의했다.

"좀 변화를 줘야겠어."

이렇게 말하고는 정말 변화를 주었다. 게르비는 쳇바퀴 위에서 더 빨리 달리기 시작했다. 그것도 엄청나게 빨리!

불쌍한 게르비! 아무리 돌아도 제자리인 곳에서 더 빨리, 더 빨리 달리기 위해 안간힘을 쓰면서 일생 가운데 얼마나 많은 시간을 허비할까?

더 중요한 것은, 어째서 인간들도 그런 인생을 살고 있는가 하는 것이다.

나는 그날 게르비의 모습을 바라보면서 내 인생이 그 녀석의 인생과 꼭 닮았다는 사실을 깨닫기 시작했다. 그리고 비단 나만 그런 것도 아니라는 사실도 알았다. 우리 모두는 자신만의 '쳇바퀴'가 있어서, 주위의 압력과 요구, 기한, 상황의 악화, 그리고 야망의 공격이 퍼붓는 전쟁터 한복판을 달리고 있다. 우리는 열심히 달리면서 많은 에너지를 태워버리기도 하고 심지어는 기력을 완전히 소진하기도 한다.

실상을 바라보고 나서야 나는 삶의 대부분에서 내가 이미 통제력을 상실했다는 사실을 깨달았다. 한 스트레스 연구가의 말을 빌리면, 나는 이미 "내 자신의 아드레날린에 중독"되어 있었다.

나는 사실 그 '쳇바퀴'를 정상적인 것으로 생각해 왔다. 내가 아는 모든 사람들도 나 만큼이나 그 쳇바퀴를 빨리 돌리고 있었다. 하지만 일반적인 것이라고 해서 반드시 정상적인 것은 아니다. 만일 어떤 사람이 병원에서만 살고 있다면 그는 어쩌면 아픈 것이 정상이라고 생각하게 될 수도 있다. 하지만 온갖 질병에 둘러싸여 있다고 해서 아픈 것을 만족스럽게 생각해서는 안 된다. 건강한 것이 정상적인 것이다.

인간은 스트레스의 쳇바퀴 위에서 살아가도록 창조되지 않았다. 사전도 '스트레스'라는 단어를 '어떤 생체(生體), 혹은 생체의 부분이 다른 생체나 다른 생체의 부분을 압박하거나 잡아당기거나 밀어내거나 압축, 또는 비틀려고 할 때 나타나는 힘'이라고 정의하고 있다.

여기에 나타나는 동사들은 우리 모두에게 정말 잘 들어맞는다.

'압박', '잡아당김', '밀어냄', '압축', '비틂'.

한 마디로 스트레스는 가족, 우정, 사고방식, 감정, 육체적 안녕을 포함한 모든 것을 왜곡시킨다.

바로 이 때문에 우리는 시간이 갈수록 약사나 상담자, 의사들을 더 자주 찾아가게 되는 것이다. 우리는 너무 힘겹게 밀어붙이다가 결국에는 안팎으로 살이 트고 생채기가 나게 된다.

B. 아이들을 보호하라 • • •

태어나서 채 몇 번의 생일을 지나기도 전에 시작되는 밀어붙이기는 죽음을 맞이하는 순간까지 계속된다. 평안의 부재가 어른들에게만 나타나는 현상은 결코 아니다.

이런 끔찍한 일이 순진한 어린아이들에게도 일어나고 있다는 사실은, 지나치게 요구가 많은 이 시대 속에서 성장하는 것의 위험성을 말해주는 다음과 같은 제목의 베스트셀러들을 보면 알 수 있다.

『유년기의 실종』(The Disappearance of Childhood), 『재촉당하는 아이』(The Hurried Child), 『멸종 위기에 있는 우리 아이들』(Our Endangered Children), 『유년기가 없는 아이들』(Children Without Childhood).

한때는 "아이들은 걱정 근심이 없다"라는 말을 하곤 했지만 지금 시대에는 전혀 어울리지 않는 표현이다. 요즘 아이들은 어린이 야구단 활동에서부터 "쟤들 귀엽지 않아요?"라는 말을 들을 만한 어린이 모델이 되는 데 이르기까지 모든 일을 해내야 하는 끊임없는 압력 속에서 살고 있다. 이는 모든 부모가 자기 자식이 매사에 승리자가 되기를, 그리고 다른 아이들보다 성적도 우수하고 빨리 성장하기를 원하기 때문에 일어나는 현상이다. 또한 아직 학교에 들어가지 않은 아이들도 TV를 통해 강간과 근친상간, 동거와 매춘, 이혼과 핵무기의 대학살을 배운다.

성장과정에서부터 스트레스에 지치게 되면 정서가 불안한 아이로 자란다. 시한폭탄이 조용히 째깍대기 시작하다가 결국 폭발하게 될 것이다.

청소년기에 들어서 중학교에 들어가고 고등학교에 진학하게 되면, 그 쳇바퀴는 점점 빨리 돈다. 초기의 산발적인 스트레스의 포격은 집중 포격으로 바뀐다.

대학에 진학할 만큼 좋은 성적을 내야 하고, 성이 무엇인지 이해하기도 전에 동정이나 순결을 지킬지 말지 결정해야 하며, 멋진 아이들이 술과 마약을 일삼으며 서로를 욕보이는 행위들을 서슴지 않는 파티에 함께 어울려야 하고, 의기양양함과 의기소침함과 끊임없는 변화의 전례 없는 혼잡을 동시에 감당해내야 하는 엄청난 압박감에 눌리게 된다.

가정의 와해, 그리고 우후죽순으로 생겨나는 먹구름으로 어두워진 미래 때문에 아이들은 무너지고 있다. 한 텔레비전 특집 프로그램에 따르면 30분마다 다음과 같은 일이 벌어진다고 한다.

- 57명의 아이들이 가출하고
- 29명의 아이들이 자살을 시도하며
- 19세 이하 여자 아이들 22명이 원치 않는 임신 때문에 낙태수술을 받으며
- 10대 여자 아이들 14명이 사생아를 출산하고
- 10대 685명(모두 마약 상용자)이 갖가지 마약을 사용한다.

현대의 청소년은 지뢰밭에서 성장한다. 소란스럽고 경쟁적인 목소리가 가야 할 곳을 말해준다. 그리고 더 빨리 걸으라고 말한다. 이렇다보니 제대로 삶을 시작해보기도 전에 끝마치게 되는 경우도 있다.

고등학교를 졸업하고 나면, 청년들은 이 그네에서 저 그네로 날아다니는 서커스의 곡예사 같은 느낌을 받기 시작한다. 각 그네를 통과할 때마다 마지막 목적지에 더욱 가까워진다. 하지만 그네와 그네 사이를 뛰

어넘는 순간, 아무것에도 매달려 있지 않은 그 순간은 얼마나 숨 막히고 아찔한가!

'그네와 그네 사이'가 많은 젊은이들이 살고 있는 바로 그곳이다. 그들은 10대에 누렸던 안정과 정체성을 뒤로하고 성인으로서의 새로운 정체성을 찾아나가게 된다. 결국 자신의 힘으로 예산을 세우고, 청구서를 지불하고, 직업을 선택하는 등의 실제적인 삶의 문제들과 끊임없이 부딪친다.

집에서 생활할 때는 이 중간적인 삶의 형태 속에서 어떻게 행동해야 할지 어느 누구도 잘 알지 못한다. 대학에 가게 되면 그들은 기본적으로 자신들의 삶의 모든 영역을 처음부터 다시 시작하게 된다.

가족과 친구로 구성된 삶의 네트워크가 변하면서 더 외로워지거나 상처받기 쉬워진다. 세상에는 여러 종류의 사람이 있고 삶의 방식도 복잡하리만치 아주 다양하다. 시험 삼아 이것저것 경험해본다는 것은 매우 위험한 일이 아닐 수 없다.

쳇바퀴는 선택과 책임이 커질수록 더 빨리 돈다. 준비가 되었건 되지 않았건, 경주는 계속된다.

C. 성과를 올려라! • • •

더 이상 준비하고 있을 시간이 없다. 당장 결과물을 만들어내야만 한다. 이것이 바로 우리가 20대 후반에서 30대에 걸쳐 속도를 내며 앞으로 달려갈 때 우리 사회가 제시하는 게임의 법칙이다. 우리는 모두 어떤 한 분야에서 일하고 있다. 좋든 싫든, 부유하든 가난하든 간에 말이다.

우리는 맡은 일에서 아무 성과도 올리지 못한다는 스트레스, 또는 뭔가 대단한 업적을 남겨야 한다는 스트레스에 직면할 수 있다. 더 많은 것을 이루어낼수록 더 많은 기대를 받게 된다. 작업복을 입든 정장을 입든 유니폼을 입든 간에 각기 그 분야에 따르는 스트레스가 있기 마련이다. 우리 위에는 올라가야 할 사다리가 있다. 우리 밑으로는 우리가 현재 딛고 있는 사다리의 발판을 탐내는 무수한 사람들이 있다.

가정으로 돌아간다 해도 역시 스트레스가 기다리고 있다. 만일 혼자 살고 있다면 텅 빈 집에 혼자 들어갔을 때 아무도 맞아주지 않는 상황으로 인해 스트레스를 받게 된다. 가족이 있다면 집에 들어갔을 때 너무나 많은 일이 한꺼번에 일어나고 있는 상황으로 인해 스트레스를 겪는다.

우리는 결혼을 통해서 즐거운 나눔과 하나 됨을 경험함으로써 진정으로 온전한 인격체가 될 수 있다. 하지만 동시에 결혼생활 속에는 밀고 당기는 수많은 새로운 일들이 생겨난다. 이제 두 개의 쳇바퀴가 전속력으로 달리기 시작하는 것이다!

얼마 후에 자녀들이 태어난다. 아기들이 울어대고 넘어지고 바지를 적신다. 좀더 지나면 갖가지 질문을 던지고, 친구를 사귀기 시작한다. 이제는 아이들을 여기저기 태워다줘야 한다. 한때는 기다려지기도 했던 각 단계들이 이제 더욱 스트레스 쌓이는 문제를 가져다준다. 아이들이 성장하면서 부부는 자신들의 스케줄에 완전히 새로운 또 하나의 스케줄을 더하게 된다. 이것은 무엇을 의미하는가? 더 많은 쳇바퀴들이다!

아이들이 성장하는 모든 과정을 지나는 동안 부모는 직장에서 그들이 남겼던 그 어떤 흔적보다 훨씬 더 중요한 흔적을 자녀들의 완성되지 않은 인격에 남긴다. 하지만 일과 자녀는 창사골(暢思骨, 새의 가슴 뼈 앞에 있는 Y자 형의 뼈. 새 요리를 먹을 때 이 뼈의 양끝을 둘이서 잡아당겨 긴 쪽을 가지는 사람이 소원을 이루게 된다고 함 - 역자 주)을 잡아당기는 두 아이들처럼 우리를 양쪽에서 잡아당긴다. 전화, 초인종, 청구서, 정원 가꾸기, 운전, 의사, 차, 교회, 이 모든 것들이 우리의 스트레스 쳇바퀴를 어지럽고 파괴적인 속도로 돌아가게 만든다.

우리는 좋은 성과를 올리고 있지만 그와 동시에 스트레스가 우리에게 남긴 흔적이 어떤지 살펴보라!

우리는 예쁘고 잘생긴 얼굴과 멋진 몸매, 돈과 사회적 성공을 숭배하는 세상에 살고 있다. 나이가 들어 40대와 50대가 되면서 그러한 것들은 어느덧 사라지고 더 이상 소유할 수 없게 된다.

새로운 정체성을 찾고자 하는 경향은 직장을 바꾸고, 이사를 하고, 교회를 옮기고, 이미지 변신을 꾀하고, 생활방식을 바꾸고, 배우자를 바꾸는 등과 같은 변화를 아주 매력적인 것으로 보이게 만든다. 더 많은 여유 시간을 가지게 된 여성은 전문적인 직업을 찾게 되고, 남성은 혼외 관계를 즐기면서 성적인 정복을 통해 '자신의 힘을 과시'하려는 유혹과 싸우며, 자녀들이 떠난 텅 빈 집이 결혼생활의 공허함을 확실히 드러내줄 때가 되면 부부는 씁쓸한 현실에 직면하게 된다.

중년의 시기는 한 남자와 한 여자가 평생에 걸쳐 뿌린 씨앗의 열매를 거두는 일을 즐기는 때가 되어야 마땅하다. 열매를 거두는 것이란 젊은이들이 찾아와 조언을 구할 때 조언해주고, 손자, 손녀들과 즐거운 시간을 보내고, 오로지 배우자만을 유일한 이성으로 즐길 자유를 느끼고, 상처 받은 세상을 도울 수 있을 만한 넉넉한 안정감을 아는 상태를 포함해야 한다.

하지만 스트레스로 가득 찬 이 세상은 그다지 친절하지만은 않다. 중년이 되어 추수할 것이라고는 때때로 쓴 열매뿐이다.

원반 밀어치기 놀이(shuffleboard), 노화, 그리고 사회보장제도 정도가 젊은이들이 노년기에 대해 머릿속에 떠올리는 이미지들이다. 살아가는 동안 노년기의 독특한 스트레스에 대비하며 준비해 온 것이 거의 없기 때문에 노년기는 정말로 사회보장이 필요한 시기이다. '성과를 올려야 하는 세대' 중년기를 살고 있는 사람들은 어린아이에서 십대, 청년의 시기를 거쳤다. 그러니 노력만 한다면 그들의 스트레스를 이해할 수도 있다. 하지만 그들은 중년기를 살아가는 사람들이 감당하는 쳇바퀴를 돌려본 적이 없다. 그러니 결코 이해할 수 없다.

퇴직으로 인해서 우리는 인생의 큰 변화를 겪게 되는데, 어떤 사람들은 변화의 충격으로부터 영영 헤어나지 못하기도 한다. 긴긴 세월 동안 직업을 통해 자신의 신분을 증명하다가 더 이상 직업을 갖지 못하게 된 시점에 처한 우리는 도대체 어떤 존재인가? 우리의 존재 가치에 대한 의문점들은 우리가 사랑하는 젊은 사람들로부터 우리가 점점 소외당하고 있다는 느낌과 함께 뒤섞인다.

육체도 우리를 의기소침하게 만들기 시작한다. 예전에 잘하던 일도 제대로 하지 못하게 되고, 스스로의 생각과 기대에 미치지 못하게 되는 경우가 생긴다.

연구에 따르면 인생의 가장 치명적인 스트레스는 바로 배우자의 사망이라고 한다. 이 또한 중년 이후에 일어날 확률이 가장 크다. 외로움과 죽을 수밖에 없는 운명에 대한 인식은 오랜 친구들이 세상을 떠나면 더욱 커진다.

이 노년기가 어떤 사람들에게는 행복하게 느껴질 수도 있지만, 대개의 사람들에게는 힘겨운 시기일 수밖에 없다. 스트레스로부터의 졸업이란 없다. 스트레스는 우리가 살아 있는 한 늘 우리를 따라다닌다. 다만 우리가 성장함에 따라 다른 얼굴의 가면을 쓰고 나타날 뿐이다.

그리고 스트레스에 대한 정의에서 본 바와 같이 인생의 모든 단계에서 스트레스는 우리와 우리가 사랑하는 사람들을 비틀고 변형시킨다.

D. "~하기만 하면" 신드롬에 빠지지 말라 • • •

케이프 코드(Cape Cod, 미국 메사추세츠 주에 있는 반도 – 역자 주)에서 여름휴가를 보낼 때였다. 아내와 세 아이들은 아빠의 위대한 모험으로 인해 아주 '흥분된' 상태였다. 우리는 거대한 모래 언덕으로 올라가서 바다를 볼 계획이었다. 표지판에는 모래 언덕을 넘으면 바다가 보인다고 되어 있었다. 나중에서야 알게 된 것이지만 모래 언덕이 아니라 모래 언덕 '들'이었다.

첫 번째 모래 언덕을 넘는 일은 재미있었다. 두 번째도 나름대로 재미있었다. 하지만 세 번째 모래 언덕은 더 이상 재미있지 않았다. 모래 언덕의 꼭대기에 올라설 때마다 우리가 발견한 것이라고는 눈앞에 보이는 또 다른 모래 언덕이었다.

세 아이들은 포기하고 싶어 했다. 태평양을 발견하기 위해 고군분투했던 스페인 탐험가 발보아(Balboa)처럼 나는 포기하고 싶지 않았다. 새로운 언덕을 오르기 시작할 때마다 나는 바다가 바로 저 너머에 있다고 내 부대원들을 설득했다. 나는 태어나서 이제껏, 그날 오후만큼 그렇게 많은 거짓말을 한 적이 없었다. 마침내 우리는 마지막 모래 언덕을 넘어서 바다를 맞이했다. 하지만 그때쯤에는 나의 자랑스러운 탐험대가 생기 없는 유령의 무리처럼 변해버리고 말았다.

나는 그날 "~ 하기만 하면" 신드롬이라 불리는 희망적인 사고 형태로 인해 괴로움을 겪은 것이다.

'언덕의 꼭대기에 오르기만 하면 힘든 일이 끝날 것이다.'

하지만 불행히도 거기에는 또 하나의 언덕이 늘 우리를 기다리고 있었다.

나는 순진하게도 현재의 위기가 지나가면 내 인생도 좀 나아지리라는 믿음으로, 스트레스와의 전쟁을 가능한 유보시켰다. 하지만 그런 날은 결코 오지 않았다.

우리 '게르빌루스쥐' 들은
고등학교에 들어가기만 하면,
고등학교를 졸업하기만 하면,
자동차를 사기만 하면,
더 많은 친구를 사귀기만 하면,
취직을 하기만 하면,
임금이 인상되기만 하면,
인생의 반려자를 찾기만 하면,
집을 사기만 하면,
더 큰 집을 사기만 하면,
이 프로젝트를 끝내기만 하면,
자녀를 출산하기만 하면,
살을 조금 빼기만 하면,
좀더 건강해지기만 하면,

휴가를 얻기만 하면,

내 소유의 펜션을 마련하기만 하면,

퇴직 후에도 뭔가 할 일을 얻기만 하면,

우리가 돌리고 있는 이 쳇바퀴의 속도가 느려지리라는 그릇된 희망에 집착한다.

확신컨대 "~하기만 하면"이라는 기대의 문을 열면 언제나 거기에는 또 다른 문이 버티고 있다. 스트레스의 쳇바퀴는 요람에서 무덤까지 전속력으로 돌아간다. 이것이 삶의 현실이다.

수술에 관한 한, 나는 일생 동안 수술을 단 한 번밖에 안 받았으니 매우 수월하게 인생을 살아온 사람이다. 의사가 메스로 내 살을 갈랐지만 나는 아무것도 느끼지 못했다. 적어도 한참 동안은 말이다. 마취제가 고통을 느끼지 못하게 했다. 하지만 약효가 점차 사라지자 실체가 드러났다. 그리고 수술 자국은 내 남은 생애 동안 늘 그 자리에 남아 있게 되었다.

스트레스로 인한 고통도 결국에는 참을 수 없을 정도에까지 이르게 된다. 하지만 우리는 해결책을 찾는 대신 흔히 진정제를 찾는 방법을 택한다. 물론 해결책처럼 느껴지는 일시적인 위안감을 느낄 것이다. 마취의 효과가 떨어지기 전까지는 말이다. 하지만 그 후에 우리는 더 큰 고통과 더 깊은 상처를 안고 살아가야만 한다.

우리는 비행기 표나 테니스 라켓, 혹은 TV를 통해 고통에서 도망쳐보려고 한다. 알코올이나 약물, 음악이나 수면이 고통을 느끼지 못하게 해주기도 한다. 우리는 집에 있는 시간을 최소화함으로써 가정에서의 불화를 숨길 수도 있다. 그러면 사람들은 우리가 직장에 헌신한다고 칭찬한다. 우리는 채워지지 않는 필요를 충족시키기 위해 우리가 이용하거나, 혹은 이용당할 수도 있는 새로운 직업을 찾는다. 쾌락을 추구할 수는 있지만, 결국 발견하게 되는 것이라고는 쾌락을 좇으면 좇을수록 그것이 더 빨리 도망간다는 것이다.

E. "좀더 나은 삶을 찾아야 해!" • • •

해터러스곶(Cape Hatteras)은 노스캐롤라이나 해안에 있는, 풍화작용에 의해 형성된 보초(堡礁, 육지에서 분리되어 해안을 따라 길게 발달한 고리 모양의 산호초 – 역자 주)이다. 이 곳은 동쪽 해안의 폭풍의 중심지임에 틀림없다. 겨울철에는 결코 눈보라가 피해가는 법이 없고, 여름철에는 걸핏하면 허리케인이 찾아온다.

해터러스곶을 방문했을 때, 나는 허리케인의 바깥 부분을 상상하려고 애써봤다. 상상만으로도 내게는 충분했다! 대서양쪽에서부터 불어오는 강한 바람이 제일 많은 피해를 입힐 것이라고 생각했다. 하지만 그 지역을 아주 잘 알고 있는 사람이 나의 이런 생각을 바꿔놓았다. 놀랍게도 태풍으로 인한 최악의 피해는 곶의 안전한 뒷부분인 만(灣)으로 인해 발생한다는 것이다.

이유가 무엇일까? 허리케인의 사나운 바람은 곶을 가로질러 거대한 물 벽을 이끌고 만으로 온다. 그런 다음 허리케인이 가라앉을 때까지 바람의 힘이 물을 제지한다. 마침내 바람이 가라앉고 그 물 벽을 지탱하고 있던 힘이 사라져버리면, 폭풍우가 있는 동안 점점 규모가 커진 그 거대하고 치명적인 물벼락이 곶을 때리게 된다.

오랜 세월 동안 성급함과 책임감으로 두들겨 맞은 나는 마치 내 자신이 인간 해터러스곶이 된 느낌을 받았다. 매번 끊임없이 폭풍우가 칠 때마다 많은 것을 잃었고, 물 벽은 점점 더 커져만 갔다. 몇 년 동안 물 벽을 저지시키고 있다가 결국 나는 지쳤고 힘을 잃어갔다. 나는 너무나 많은 사람의 건강과 가족과 행복이 스트레스의 참혹한 피해로 인해 쓸려 내려가는 것을 보아왔다.

나는 내 인생에서 그런 일이 일어나기 전에 통제력을 되찾을 수 있기를 절실히 바랐다. 하지만 나는 스트레스에서 벗어날 수는 없다는 사실을 깨달았다. 스트레스는 내 인생의 어떤 순간에도 나를 쫓아다녔다. 내가 살아 있는 한 스트레스도 살아 있으리라는 사실을 깨달았다. 내가 오르고 있는 산 너머에는 언제나 또 다른 산이 기다리고 있을 것이다. 그리고 나는 스트레스로부터 도망갈 수 없으며, 다만 스트레스에 대한 대가를 지불해야 할 피할 수 없는 그날을 뒤로 미룰 수 있을 뿐임을 알게 되었다.

하지만 스트레스라는 폭군에 대한 대안, 그 쳇바퀴로부터 벗어날 방법이 분명히 있을 것이다. 산등성이 호숫가에 있는 오두막 현관 앞에 앉아서, 나는 더 이상은 한발도 '물러설 수 없다'고 결론 내렸다. 나는 이렇게 크게 외쳤다.

"좀더 나은 삶을 찾아야 해!"

2장
평안을 얻기 위한 시작

어떻게 평안을 시작할 것인가?
평안은 철저히 개인적인 문제이다. 내 상황 속에서 평안을 찾는 유일한 길은 바로 나 자신에게서 평안을 찾는 것이다.

나는 좀더 나은 삶이 무엇인지 알고 있다. 바로 평안한 삶이다. 이것은 지난 수년 동안 그리스도인으로서의 내 신념의 한 부분으로 자리 매김하고 있었다. 사실 나는 평안한 삶에 대해 많은 강연을 했다. 하지만 실상은 압박감 속에 살았다.

나는 진정으로 평안을 느껴본 적이 없다. 천상의 이슬로 된 포근한 담요처럼, 소용돌이치는 내 인생에 평안이 살포시 내려앉아 주기를 기도하며 늘 기다려왔다. 하지만 그런 일은 일어나지 않았다. 물론 가끔씩 평안을 맛보기도 했다. 가령 조용한 휴양지나 산꼭대기에 있는 기도원, 그리고 모든 일이 잘 풀리는 날에는 말이다. 하지만 그런 평안은 언제나 일상에서 겪는 교통체증이나 사람들로 인한 체증의 열기를 접하자마자 이슬처럼 증발해버리곤 했다.

평안은 대체적으로 나의 '추진력'(drivenness)을 잠재우지 못하는, 그저 따뜻하고 모호한 단어 정도로만 보였다. 평안은 솜사탕과 같았다. 예뻐 보이고 달콤한 맛도 나지만, 씹히는 것은 전혀 없었다.

하지만 평안한 삶이야말로 그 무엇보다 내가 원하는 것이다. 스트레스라는 암을 치유할 길이 바로 평안이기 때문이다.

수세기 전에 기록된 도전을 계기로 나는 평안으로 가는 길을 찾아 나서기 시작했다. 나는 이제껏 평안이 내게 찾아오게 하는 방법을 찾아왔다. 그렇지만 나는 하나님의 도우심으로 인해 스스로 평안을 누리는 방법을 찾았다.

쳇바퀴의 덫에 걸려 있는 우리 모두에게 평안한 삶이야말로 '더 나은 삶'이라 하겠다.

A. 폭풍의 눈에서 평안을 느끼라 • • •

하지만 평안이 우리 주위에서 몰아치는 강풍으로부터의 도피 수단이 되어주지는 않는다.

나는 롱아일랜드(Long Island)에서 보낸 휴가 기간 중 겪었던, 벨(Belle)이라는 이름의 허리케인을 결코 잊을 수가 없다. 허리케인은 초속 45미터의 속도로 불어왔고, 그 지역에 처참한 피해를 입혔다. 우리 가족 다섯 명은 숙소의 거실에 모여 가까이에서 부는 파괴적인 바람의 소리를 듣고 있어야 했다.

그런데 갑자기 바람이 멈추었다. 갑작스런 고요함은 거의 놀라울 정도였다. 아름답다고 느껴질 만큼의 평화감이 맴돌았다. 하지만 폭풍이 그친 것은 아니었다. 벨은 또 다른 무서운 바람을 이끌고 돌아왔다.

우리는 그날 밤, 전에 어디선가 글로만 읽어본 적이 있는 현상을 경험한 것이다. 바로 허리케인의 눈이다. 아무리 잔인한 허리케인이라 하더라도 완전한 적막을 느끼게 하는 중심 부분을 가지고 있다.

내 삶을 잔잔하게 하는 대안인 평안이 폭풍 없는 세상을 제시해 주지는 않는다. 사실 내 자신의 폭풍은 일부분 오히려 더 강해졌다. 하지만 폭풍의 눈에서 평안을 느끼며 사는 것은 가능하다.

B. 자신에게서부터 시작하라 • • •

"결말만 좋으면 다 좋다"라는 말이 맞는다면, 몇 년 전 우리 아들이 참여한 5학년 음악회는 성공적이었다. 아이들은 이제 곧 초등학교를 떠날 예정이었기에 음악회가 졸업식을 앞둔 마지막 행사였다. 우리 아들 덕(Doug)이 필하모닉이나 비엔나 소년합창단원은 아니었지만, 나는 그 아이의 공연을 보기 위해서 어떤 것도 포기할 수 있었다.

그런데 아이들의 악기는 깽깽거렸고, 하모니는 상상을 초월할 만큼 해괴했으며, 공연 중에는 계속 낄낄거렸다. 하지만 아이들은 자신들의 '엉망진창 연주회'(덕이 이렇게 표현했다)를 한순간의 클라이맥스로 모두 보상했다. 천사의 합창처럼, 아이들은 화음도 전혀 넣지 않고 이렇게 노래했다.

"이 땅에 평화가 임하게 하소서. 내게서 시작되게 하소서."

감동의 순간이었다. 어쩌면 그 아이들의 순결한 얼굴 때문이었는지도 모르고, 어쩌면 폭력이 난무하는 세상이 실제로 어떤 곳인지 어른들은 알고 있기 때문이었는지도 모른다. 하지만 아이들은 진실을 노래했다. 만일 이 땅에 평화가 필요하다면, 그리고 내 가정과 내 직장과 내 친구들에게 평안한 마음이 필요하다면, 그 평안은 내게서 시작되어야 한다. 하지만 어떻게 평안을 시작할 것인가?

평안은 철저히 개인적인 문제이다. 내 상황 속에서 평안을 찾는 유일한 길은 바로 나 자신에게서 평안을 찾는 것이다.

그리고 평안은 우리가 찾아주기를 기다리고 있다. 나는 그 사실을 예수 그리스도의 마지막 유언을 통해 알게 되었다. 주님께서는 돌아가시기 전에 이런 말씀을 남기셨다.

"평안을 너희에게 끼치노니 곧 나의 평안을 너희에게 주노라 내가 너희에게 주는 것은 세상이 주는 것 같지 아니하니라 너희는 마음에 근심도 말고 두려워하지도 말라"(요 14:27)

예수님께서 주시는 평안이 세상이 주는 것 같지 않다는 사실이 기쁘다. 그분이 주시는 평안은 일시적인 것도 아니고 사라지는 것도 아니다. 그 평안은 폭풍 속에서도 우리를 안전하게 이끈다. 그것은 '회피' 하기 위해 사용하는 세상의 진정제와 같지 않다.

나는 우리가 집착하는 인간적인 모든 것들이 사라진다 하더라도 이 평안은 전혀 영향을 받지 않는다는 사실을 안다. 죽은 남편의 관 옆에서 아이들을 어르는 젊은 어머니의 모습에서도, 몇 개월째 실업의 고통을 당하고 있는 사람들에게서도, 절망적인 불치 암 환자들의 얼굴에서도, 백혈병으로 목숨을 잃은 다섯 살짜리 딸아이를 묻고 있는 젊은 부부에게서도 나는 평안을 보아왔다.

그리고 나도 때때로 그 평안을 맛보았다. 첫 아이를 잃었을 때, 더 이상 먹을 음식도, 생활비도 남지 않아 속수무책이었을 때, 거의 죽을 뻔했던 끔찍한 사고를 겪고서 충격 속에 사로잡혀 있었을 때, 숙환으로 고생하시며 죽음을 기다리시는 아버지를 대할 때, 내가 20년을 돌보아왔던 사람들의 삶이 위기를 맞는 순간을 보았을 때 이 평안을 경험해보았다.

이것은 아주 강력한 평안이다! 하지만 저절로 우리의 것이 되지는 않는다. 우리는 어쩌면 이러한 평안을 평생 맛보지 못한 채 일생을 살아가게 될 수도 있다.

C. "악한 자들에게는 안식이 없다" • • •

어느 날 밤 대서양에서 몰려온 폭풍이 우리 마을을 휩쓸었다. 다음날 아침 만조 때 바다로 걸어 나갔다. 바다는 그다지 친근해 보이지 않았다. 사납게 요동치면서 거대한 흰 파도를 쏟아내고 있었다. 내 시야가 닿는 다른 편 언덕 위까지 거대한 물 벽이 계속해서 만들어지고 있었다. 바다는 어두웠고, 소용돌이치며 난동을 부리고 있었다. 성경의 표현을 빌자면, 내 앞에는 하나님의 평안이 없는 마음을 나타내는 극적인 그림이 펼쳐지고 있었다.

> "오직 악인은 능히 안정치 못하고 그 물이 진흙과 더러운 것을 늘 솟쳐 내는 요동하는 바다와 같으니라 내 하나님의 말씀에 악인에게는 평강이 없다 하셨느니라"(사 57:20-21)

"안정치 못하고 … 평강이 없다."

극도로 불안한 이 상태가 바로 내가 예전에 보았던 그 바다와 흡사하다. 그리고 어쩌면 이 표현은 당신의 내적 혼란을 묘사하고 있을지도 모른다. 당신의 마음에 있는 구멍은 그 어떤 것으로도 채울 수 없다. 어떤 관계도, 어떤 업적도, 그 어떤 경험도 실망스러울 뿐이고, 그 어떤 것도 극도의 불안함을 가라앉힐 수 없다. 하나님께서 이렇게 말씀하셨다.

"악인에게는 평강이 없다."

우리는 빠져나갈 구멍을 찾는다. 하지만 '하나도 없도다'(no ones) 와 '모든 사람'(alls)이라는 단어가 무시하고 지나칠 수 없을 정도로 많이 나오기 때문에 우리는 절대로 빠져나갈 수 없다. 하나님의 눈에는 당신에게도, 나에게도 평안이 불가능할 정도로 치명적인 죄의 문제가 있다. 우리의 마음은 우리도 악인에 포함되어 있다고 말한다. 폭풍은 우리 주위를, 그리고 우리 내부를 강타한다. 때때로 약해지기는 하지만 그렇다고 결코 진정한 평안을 느낄 수 없다.

냉랭한 폭풍이 지나면 결국 햇살이 비친다. 그러면 모든 것이 더 따스하고 더 생동감 있게 보인다. 물론 계절을 변화시키고, 온기를 주고, 어두움에 빛을 주고, 우리에게 생명을 주는 것은 불타는 별, 태양이다.

하지만 만일 지구가 태양 주위를 도는 공전 궤도에서 갑자기 이탈해 버린다면 어떻게 될까?

지구상의 모든 생명체가 영향을 받게 될 것이다. 죽음이 그 궁극적인 결말이 될 것이다.

'자기 우선주의'는 우리를 예수님 중심의 궤도에서 벗어나게 하는 죄를 불러일으킨다. 우리는 우리를 만드신 하나님 주위를 공전하도록 창조되었다. 하지만 우리는 각기 제 길로 가버렸다. 그렇게 이탈한 결과, 우리는 마땅히 누리도록 창조된 따스함, 색채, 빛, 삶을 빼앗겨버렸다. 우리를 제 궤도로 돌려놓을 영적 재정비가 없이는, 모든 생명체는 죽게 될 것이다.

D. 평안의 처소는 어디인가? • • •

그러므로 하나님과 함께하지 않는다면, 이 풍파 많은 세상에서 우리는 철저히 고독할 수밖에 없다. 우리는 그분과 교제를 나누도록 창조되었기 때문에 그분과 화목한 관계를 누리지 못한다면 우리는 평안을 얻을 수 없다. 하지만 어떤 자격이 있어서가 아니라 하나님께서 우리를 사랑하시기 때문에 우리는 평안할 수 있다. 성경은 이렇게 말한다.

"그러므로 우리가 믿음으로 의롭다 하심을 얻었은즉 우리 주 예수 그리스도로 말미암아 하나님으로 더불어 화평을 누리자"(롬 5:1)

그렇다면 종국에 하나님으로 더불어 화평을 누릴 '우리'는 과연 누구인가?

어떻게 하면 우리가 그 '우리' 중의 일부가 될 수 있을까? 우리는 평안의 처소를 찾아가야만 한다. 만일 그저 겉보기로만 판단한다면, 우리는 그곳을 평안을 발견할 수 있는 처소라 생각하지 않을 것이다. 하지만 그곳이야말로 우리가 찾을 수 있는 유일한 안식처이다.

"그의 십자가의 피로 화평을 이루사 만물 곧 땅에 있는 것들이나 하늘에 있는 것들을 그로 말미암아 자기와 화목케 되기를 기뻐하심이라"(골 1:20)

평안은 예수님께서 죽으신 십자가에서부터 시작된다. 우리가 십자가 앞에 나아가 "예수님, 저는 주님께서 저를 위해, 저의 죄를 위해 십자가에 달리셨음을 믿습니다. 주님께서 저를 사셨습니다. 주님께서 저를 택하셨습니다. 저를 받으시옵소서. 저는 주님의 것입니다!"라고 고백할 때 우리의 죄는 사라진다.

그 순간 우리는 마침내 본향으로 돌아오는 최고의 기쁨을 누린다. 하나님과 화평을 누리는 길로 들어섰기 때문에 이제부터는 하나님께서 주시는 평안에 다가갈 수 있게 된다. "내게서 시작되는" 평안을 찾기 위한 평생의 탐험이 끝나는 순간이다.

나는 조앤이 처음 평안을 찾았던 때를 기억한다. 그녀는 남편과 함께 상담을 받기 위해 내 사무실을 찾았다. 이미 그들은 결혼생활에 아무런 희망이 남아 있지 않다고 느끼고 있었다. 다만 열두 살 난 아들에게 부모의 이혼을 어떻게 알려야 할지가 고민이었다.

내가 조앤과 마크에게 지난 18년 동안의 갈등을 가지고 싸우기만 할 것이 아니라 함께 보낸 18년을 위해 함께 노력해보라고 말하자 분위기는 더욱 격해졌다. 조앤에게는 지난 세월 마크가 일에만 몰두하고 가장으로서의 역할을 다하지 못한 점 때문에 받은 수년간의 상처가 쌓여 있었다. 이제 마크가 직장도 없고 수입도 없어지자 불안이 문제를 최악의 상황으로 몰고 간 것이다.

조앤은 기관총을 쏘듯이 근심으로 가득 찬 마음을 한꺼번에 쏟아 뱉었다. 노력을 하기도, 포기를 해버리기도 두려워진 그녀는 흥분에 휩싸인 채 신경이 날카로워져 있었다. 말을 하는 중간 중간 눈물을 쏟아내기도 했다.

조앤과 마크는 이혼을 하지 않았다. 절망 중에도 그들은 평안의 처소를 찾으라는 나의 제안을 받아들이기로 한 것이다.

"하지만 저희는 교회에서 적극적으로 활동하고 있어요."

그들은 처음에 이렇게 이의를 제기했다.

"저희는 교회의 임원이에요! 종교가 아무런 도움이 되지 못했다고요."

"그리 놀랄 만한 일은 아닙니다."

나는 대답했다.

"종교라는 제도가 두 분께 필요한 새로운 사랑의 감정이나, 용서할 수 있는 은혜를 주지는 않습니다. 두 분은 예수 그리스도와 직접적인 관계를 맺으셔야 합니다."

그날 오후 조앤과 마크는 인생의 깨어진 모든 조각을 예수 그리스도께 의탁했다. 마크는 결연한 마음으로 내 사무실을 나섰다. 조앤은 놀랍게도 평안한 마음으로 사무실을 떠났다. 그들은 돌아오는 주말에 짧은 여행을 통해 새로운 삶을 위한 기초를 다졌다. 그리고 조앤은 마크에게 다시 한 번 기회를 줄 수 있을 만큼의 여유를 갖게 됐다.

이 변화에 가장 놀란 사람은 병적으로 민감한 조앤의 성격을 겪어왔던 이웃집 여자였다. 결국 그녀는 자신의 궁금증을 더 이상 참지 못하고 불쑥 이렇게 물었다.

"조앤, 무슨 약을 먹었어? 지난 몇 년 동안 이런 모습을 본 적이 없어. 뭐랄까…, 요즘 굉장히… 평온해 보여!"

이러한 내적 평안은 오직 예수 그리스도께 속한 사람만이 누릴 수 있다. 아버지의 품에 안겨 있는 어린아이처럼 그들은 평안의 처소를 찾은 것이다.

코네티컷의 스템포드에 있는 항구 입구에 커다란 구조물이 세워진 이유는 '안전' 때문이다. 내 친한 친구들은 배를 타고 그 항구에서 출항하곤 하는데 가끔은 아무것도 모르는 육지 사람들을 태우고 떠나기도 한다.

배를 얻어 탔던 나는 항구를 향해 가면서 선원인 한 친구에게 항구 어귀에 있는 기계 구조물의 용도가 무엇인지를 물었다. 그는 허리케인 게이트(hurricane gate)라고 대답했다.

그게 뭐냐고 묻는 내 표정을 읽었는지 그는 이렇게 덧붙였다.

"심한 폭풍이 바다를 덮치면 선원들이 이 게이트를 작동시키지. 이 게이트는 지금까지 불어온 폭풍을 모두 이겨낼 수 있었을 만큼 튼튼하다네. 그러니 일단 허리케인 게이트 뒤에만 있으면 아무리 강한 폭풍이 몰아친다 해도 보호받을 수 있어. 바람에 이리 저리 휩쓸리기는 하겠지만, 침몰하지는 않아."

안전한 곳, 바로 그런 곳이야말로 스트레스에 흔들리고 있는 우리들에게 필요한 곳이 아닌가?

　우리는 세상이 전력을 다해 공격해올 때 대항할 수 있을 만큼 강하지 않다. 예수 그리스도만이 우리 모두를 위한 안전한 처소이다. 물론 그곳에서도 우리는 여전히 여기저기 부딪치게 될 것이다. 그것도 아주 심하게 말이다. 하지만 결코 패배하지는 않을 것이다.

E. 그런데 어떻게 이 지경까지 될 수 있을까? •••

　나는 그리스도를 안 지 꽤 오래되었다. 앞에서도 얘기했듯이, 나는 평화의 왕이신 그분에 대해서 사람들에게 거의 25년 동안 강연해왔던 사람이다. 나는 그분이 수천 명의 사람들의 생애에 몰아치는 폭풍을 향해 "잠잠하라, 고요하라"고 말씀하시며 역사하셨던 것을 보아왔다.

　그런데 어떻게 내 인생은 이렇게 통제 불능이 되었을까?

　최근 교회 총회에 참석한 나는 어떤 연로한 목사의 영혼을 벌거벗기는 듯한 간증을 흥미롭게 들었다. 지난 20년 동안 그가 담당하던 교구는 대도시 중심부의 저소득층 거주 지역에 위치하고 있었다. 그는 어느 날 밤 자신이 신경쇠약에 걸릴 지경이었다는 사실을 모든 사람들 앞에서 시인했다. 구제 사역에 너무 공을 들인 나머지, 더 이상 아무것도 줄 것이 남아 있지 않는 상황에까지 갔다고 했다. 어떤 친구들은 신경쇠약의 위기를 겪은 다른 목사들에게 도움을 주었던 상담자를 찾아가 보라고 권했다. 그 상담자가 그에게 제시한 첫 번째 과제는 아주 특이했다.

"조용한 곳을 찾아가서 하루를 보내십시오. 그리고 당신의 삶을 상징할 만한 그림들을 그려보십시오."

일 주일 후 목사는 자신의 명작들을 가지고 와서 상담자에게 보여주었다. 그가 총회 참석자들에게 첫 번째 그림을 설명하는 것을 들으면서 나는 마치 화살이 내 심장을 뚫는 듯한 느낌을 받았다. 나도 그와 똑같았을 것 같았기 때문이다.

"집 앞을 달려가고 있는 이 차는 바로 제 차입니다. 하지만 제가 있어야 할 앞자리에는 제가 없습니다. 전 뒷좌석에 있고 앞좌석에는 아홉 명의 사람들이 운전대를 잡겠다고 계속 싸우고 있습니다. 전 제 인생의 시간표와 우선순위를, 바로 제 삶에 대한 통제권을 완전히 잃었습니다."

나는 나와 하나님과의 관계가 안정적이라는 사실을 알고 있었다. 하지만 내가 그분께 매달려 있기 때문이 아니라 그분이 나를 붙잡고 계시기 때문이었다. 평안은 하나님의 자녀로서 내가 소유할 수 있는 유산이었지만, 나에게 명령을 내리고 있는 것은 오히려 스트레스였다. 그래서 그 일을 계기로 내 '운전대'를 되찾기 위한 나의 탐험은 시작되었다.

오랜 세월 동안 평안을 수동적인 개념으로만 생각해왔던 나는 드디어

나를 자유롭게 만든 놀라운 일을 경험하게 된 것이다.

나는 평안의 본질을 성경에서 찾을 수 있을 것이라고 확신했다. 성경의 용어색인을 이용하여 평안과 안식, 평온, 그리고 나의 이해를 도울 수 있는 모든 구절을 찾아 읽는 것에 머무르지 않고 아주 진지하게 공부하기 시작했다.

마침내 내 마음을 사로잡고 놓아주지 않는 매우 간단한 구절을 찾아냈다. 그 이후로 그 구절은 단 한순간도 내 머리를 떠나지 않았다. 내게는 그 구절이 바로 평안에 대한 열쇠였다. 그 구절은 다윗이 읊은 시편 34편 14절이다.

"화평(평안)을 찾아 따를찌어다"

'평안을 찾으라고? 평안을 따르라고? 잠깐! 이건 행동을 의미하는 동사잖아! 다윗은 평안이 수동적인 것이 아니라고 말하고 있어!'

하지만 다윗은 우리처럼 이 21세기의 악덕 속에서 살았던 것이 아니지 않은가? 그가 도대체 스트레스에 대해서 뭘 알았겠는가 말이다. 어쨌든 그는 안락과 호사의 삶을 살았던 유대인의 왕이었다.

하지만 적어도 34편을 쓰고 있을 때는 그렇지 않았다. 그 당시 다윗은 살기 위해 도망치고 있던 도망자 신세였다. 사람들의 말에 따르면 이스라엘의 첫 번째 왕인 사울은 자신에 대한 통제력을 완전히 잃은 상태였다. 다윗의 인기에 대한 질투와 왕권을 잃을지 모른다는 두려움은 사울을 거의 미치게 만들었다. 다윗은 일급 지명수배자였다. 그의 낮은 도망과 굶주림과의 싸움으로 얼룩져 있었다. 그의 밤은 아침을 보지 못하게 될지도 모른다는 두려움으로 가득 차 있었다. 매일, 매 순간 스트레스가 호흡처럼 그의 목을 오르내렸다.

다윗은 "화평(평안)을 찾아 따를찌어다"라는 놀라운 영적 비밀을 담은 이 시편 구절을 쓸 당시에도 여전히 쫓기고 있는 처지에 있었다.

하지만 아무리 호소력이 있다 할지라도 글귀 하나로 사람의 인생이 완전히 개조되지는 않는다. 그렇다면 하나님의 말씀 가운데 또 어디에서 평안을 추구하는 일을 중요한 주제로 다루고 있을까?

F. 평안은 수동적인 것이 아니다 • • •

우리는 요즘 저녁 뉴스를 통해 '난민' 이라는 단어를 자주 접한다. 이 험난한 세상은 사람들을 평생 살아왔던 고국에서 거의 매일 타향으로 몰아내고 있다.

베드로 사도가 쓴 첫 번째 편지의 수신인은 피난민들이었다.

> "예수 그리스도의 사도 베드로는 본도, 갈라디아, 갑바도기아, 아시아와 비두니아에 흩어진 나그네…들에게 편지하노니"(벧전 1:1, 2)

그들은 예수 그리스도를 용감히 증거하다가 예루살렘에 있는 집을 버리고 떠나야만 했다. 그 중 많은 사람들은 반 기독교적 폭력에 의해 죽임을 당한 자기의 사랑하는 가족들을 땅에 묻자마자 고향을 떠나 온 사람들이다.

베드로가 쓴 편지의 주제가 주로 고난이었음은 그리 놀랄 일이 아니다. 그는 박해받고 고초를 겪고 쫓김을 당할 때 살아나갈 방법에 대한 내용을 썼다. 엄청난 스트레스로 고통 받고 있는 성인들에 대한 그의 도전은 구약으로 거슬러 올라가는데, 그 구절이 아주 익숙하게 느껴진다.

> "그러므로 생명을 사랑하고 좋은 날 보기를 원하는 자는 … 화평(평안)을 구하여 이를 좇으라" (벧전 3:10, 11)

같은 주제가 바로 여기에도 등장한다!

베드로처럼 집과 땅을 잃은 사람들을 섬겼던 사람이 또 있다. 바로 예레미야이다. 하나님께서는 오랫동안 이스라엘 민족에게 말씀하려고 하셨지만 그들의 영적 수화기에는 신호가 전혀 울리지 않았다. 본향인 그분께 돌아오라는 끊임없는 예언적 경고를 이스라엘 민족이 무시하자, 결국 징계의 단두대가 떨어지고 말았다. 승리한 바벨론의 군사들은 상당수의 이스라엘 백성들을 자기 나라로 끌고 가버렸다.

이스라엘 민족은 이제 다른 문화 속에서 살아가야 하는 포로가 되었다. 하나님의 계획에 따르면 그들은 바벨론에서 70년간 머무르게 되어 있었다. 불평하고 꾸물거리며 바벨론을 제대로 섬기지 않는 모습이 그들의 자연스러운 반응이라 하겠다. 하지만 예레미야는 이렇게 억압적인 상황에 봉착한 백성들에게 믿을 수 없는 조언을 한다.

"너희는 내가 사로잡혀 가게 한 그 성읍의 평안하기를 힘쓰고 위하여 여호와께 기도하라"(렘 29:7)

만일 그들이 하나님의 평안을 구한다면 그들은 견뎌낼 것이다. 마찬가지로 하나님의 평안이야말로 우리가 찾고 좇아야 할 대상이다!

바울은 매일 이어지는 일상에서 평안을 찾기 위해 계속해서 힘쓰라고 격려하는 편지를 보내었다. 평안을 좇으라는 바울의 조언을 들어야 하는 사람들에게는 공통적인 특징이 있다. 모두 스트레스로부터 자유롭지 못하다는 것이다.

디모데는 아직 젊은이였기 때문에 사역을 시작하기 위해서는 바울의 도전을 보완할 만한 보다 구체적인 조언이 필요했다. 디모데에게 보낸 두 번째 편지에서 바울은 육체를 깨끗하게 하라는 개인적 순결에 대해서 이야기했다.

먼저 그는 "청년의 정욕을 피하"(딤후 2:22)라고 말하면서 디모데에게 권면하였다. 이는 금지를 의미한다.

"또한 네가 청년의 정욕을 피하고 주를 깨끗한 마음으로 부르는 자들과 함께 의와 믿음과 사랑과 화평(평안)을 좇으라"(딤후 2:22)

바울은 디모데에게 정욕이라는 한 가지 악덕을 없애고 네 가지 덕을 가지라고 권면했다. 젊고 순결하게 살기 위한 방법은 평안을 추구하는 것이다!

평안을 얻기 위해서는 '추구함'(pursuit)이라고 하는 힘든 작업이 필요하다.

평안한 삶을 살라는 바울의 외침이 적힌 서한은 바쁘고 분주한 데살로니가교회에도 보내졌다. 바울은 '복음 전도의 폭발' 속에서 데살로니가교회가 전속력으로 달리고 있다고 말했다.

이들은 매우 역동적인 신앙인들이었지만 주님을 섬기다가 그들 자신의 삶을 잘못되게 할 수도 있는 사람들이었다. 바울은 그들의 복음 증거를 칭찬하고, '자녀'를 보면서 느끼는 아버지의 자랑스러움을 그들을 통해 느낀다고 밝힌 후, 다음과 같은 간단한 예방적 차원의 조언을 한다.

> "또 너희에게 명한 것같이 종용하여 자기 일을 하고 너희 손으로 일하기를 힘쓰라"(살전 4:11)

바울은 온전한 삶을 추구해 나가라고 권했다.

문제가 젊은 시절의 유혹으로 인한 스트레스이거나, 다양한 사람들 사이에서의 불화이거나, 이교도들로 둘러싸인 환경이 끌어당기는 힘이거나, 그리스도인으로서의 봉사로 바쁜 인생이건 간에 직면해야 할 도전은 동일하다. 평안을 추구하고, 평안을 힘쓰고, 평안을 위해 정진하는 것이다. 분명 사도 바울에게 있어 평안은 수동적인 것이 아니다!

영웅이란 바로 소용돌이치는 스트레스에 맞서는 사람들이다! 조지(George)가 그랬다. 회사는 진심으로 그를 좋아했다. 그의 서재에 날마다 늘어가는 상장과 감사패만 봐도 알 수 있었다. 회사는 그를 무척 마음에 들어 했고, 그래서 더 좋은 직위와 더 많은 봉급을 제안했다. 다만 근무지가 현재 거주하고 있는 지역에서 멀리 떨어진 곳이라는 점이 문제였다. 경영정책에 따르면, 만일 조지가 이러한 승진 제안을 거부할 경우 좌천될 가능성도 있었다.

하지만 조지는 그의 가족이 현재 살고 있는 곳을 떠나지 말아야 한다는 것을 알았다. 다니던 교회가 있었고, 아이들의 학교, 그리고 친구들이 있었다. 가족이 안심하고 살 수 있는 곳이었다. 그리고 그는 더 많은 부와 명예가 따를수록 더 많은 부담을 떠안게 되리라는 사실도 알았다. 앞에는 성공으로 가는 사다리가 놓여 있었다. 그 사다리를 오르라는 부추김도 있었고 오르지 않으면 떨어지리라는 협박도 있었다.

하지만 조지와 그의 가족은 스스로 결정을 내렸다. 용기와 확신을 가지고 평안을 찾았다. 그들은 회사의 제의를 거절했다. 하지만 조지는 좌천되지 않았고, 회사는 여전히 그에게 상을 주고 있다. 그리고 그의 가족의 귀중하고 근본적인 삶의 방식은 점점 더 성공적이고 든든해지고 있다.

평안을 추구하는 것은 이처럼 적극적인 선택을 요구한다. 이 선택은 성경의 도전과 조화를 이룬 상태에서 이루어지는 선택이다. 예수님께서 우리에게 말씀하셨다.

"화평케 하는 자는 복이 있나니 저희가 하나님의 아들이라 일컬음을 받을 것임이요"(마 5:9)

다윗이 본래 추구한 것은 평안으로 가는 길이었다.

"화평(평안)을 찾아 따를찌어다"(시 34:14)

이 말씀은 스트레스가 가득한 한밤의 폭풍우로 뒤덮인 어둠을 꿰뚫고 우리에게 본향을 찾는 길을 가리키는 표지이다.

G. 평안을 찾기 위한 계획 • • •

지금 내 삶이 아무리 풍파가 심하고 고통스러울지라도 바로 그 안에 내가 추구해야 할 평안이 있다는 사실을 나는 배우고 있다. 만일 앉아서 평안을 기다린다면 그것은 영영 오지 않을 것이다. 하지만 평안을 좇는다면 결국 그것을 찾게 될 것이다.

평안을 얻으려면 노력과 지침이 필요하다. 여기서의 노력이란 나를 지배하는 스트레스를 권좌에서 끌어내리고 대신 평안을 그 자리에 앉히기 위해 필요한 모든 일을 하는 것이다. 통제력, 분명한 의사 결정, 용기 있는 태도를 회복하기 위해서는 강력한 교정 작업이 필요하다. 현 상태에 머무는 고통이 변화로 인한 고통보다 더 크게 느껴질 지경에 이르러야 한다.

노력한다는 그 자체만으로 모든 일이 해결되지는 않는다. 평안이 통제력을 가질 기회를 주기 위해서는 지침이 필요하다. 이 지침들은 전혀 비밀스러운 것이 아니다. 성경은 이미 확실한 지침을 우리에게 보여주고 있다.

만일 우리가 적극적이며 지속적으로 평안을 추구하기 위해 노력할 준비가 되어 있다면, 우리는 평안을 위한 네 가지 단계를 탐험할 준비가 되어 있는 것이다. 나는 평안을 찾는 중에 성경을 통해 이 단계들을 발견했다.

1. '평온한 중심'(quiet center)을 지키라.
2. 불안의 뿌리를 제거하라.
3. '스트레스의 중심'(stress center)을 공격하라.
4. 평안한 습관을 기르라.

보물찾기처럼 평안을 추구하는 것도 하나의 모험이다. 만일 치열한 삶의 내적 빈곤에 지쳐 있다면 당신은 이미 그 모험을 위한 준비가 된 것이다.

스트레스는 우리의 가정에서, 직장에서, 그리고 신앙생활에서 너무나 오랫동안 우리를 지배해왔다. 우리의 온전한 모습은 심하게 일그러지고 변형되었다. 평안하게 살도록 지어진 우리의 모습이 말이다. 평안하게 사는 것이 정상적인 모습이다!

우리 내부에, 그리고 우리 주위에는 더 나은 삶에 대한 부르짖음이 있다. 하나님께서는 우리에게 보물을 찾을 수 있는 지도를 주셨다. 그 지도는 우리의 평안을 값을 치르고 사신 십자가에서부터 시작되며, 또 "그리스도의 평강이 너희의(우리의) 마음을 주장"(골 3:15)하는 '폭풍의 눈'으로 우리를 이끌어준다.

2
다섯 가지 '평온한 중심' 지키기

3장
하나님의 임재 체험 훈련하기

> 해가 뜨는 것을 보며 아침에 하나님을 사랑하라.
> 하루를 인도해 주셨으니 저녁에 하나님을 사랑하라.
> 아침과 저녁 사이에 고난이 닥쳐온다고 느낄 때는
> 그분이 너를 사랑하며 함께하시겠다고 약속하셨음
> 을 기억하라.

최근에 내가 살던 곳은 뉴저지 북부 지역의 홍수의 수도(首都)라 해도 과언이 아니다. 그 지역은 세 개의 강이 한데 모이는 곳이기 때문에 거의 매년 봄마다 비상사태가 벌어지곤 한다. 그래서 부동산 업자들은 농담 삼아 강 근처의 집들은 보트를 갖추고 있어야 제대로 된 집이라고 말한다.

몇 해 전, 그 지역은 사상 최대의 홍수 피해를 입었다. 12센티미터 가량의 비가 와서 25센티미터의 눈을 녹이는 바람에 결국 그 수압으로 두 개의 댐이 무너졌다. 물이 워낙 빨리 불어났기 때문에 사람들은 몇 분 이내로 대피해야만 했다.

홍수 피해는 정말 끔찍했다. 우리 가족은 수해를 제일 많이 받은 지역을 찾아가서 몇몇 친구들의 집을 확인하고 도움을 주었다. 나는 그날의 광포한 강물의 모습을 결코 잊을 수가 없다. 물은 들끓고 있었으며, 거세게 휘젓는 물이 지나간 곳에는 사람도, 물건도, 그 어떤 것도 남아나지 않았다. 우리는 한때 누군가의 거실이었고 차고였던 곳이 성냥갑처럼 물살에 휩쓸려 내려가는 것을 보았다. 범람하는 물의 힘은 자동차도, 가구도, 집도, 동물들도 모두 쓸어갔다. 급습하는 물 앞에서는 그 어떤 것도 저항할 수 없는 듯했다.

하지만 나무들은 예외였다. 엄청난 홍수가 모든 것을 쓸고 갔지만 저 거대한 떡갈나무는 움직임 없이 강둑에 우뚝 서 있었다. 나무들은 집과 차들이 가지지 못한 것, 바로 뿌리를 가지고 있다. 땅속으로 뻗어 있는 뿌리 조직에 의해 나무가 든든하게 세워져 있었기에 금세기 최악의 홍수조차도 그것들을 어쩌지 못했다.

우리가 가진 대부분의 것을 파괴하는 '홍수'는 보통의 강으로부터 오는 것이 아니다. 우리는 주변의 여러 요구들과 최종기한, 의사결정, 적자, 실망 등 삶 가운데 홍수처럼 범람하는 힘들을 느낀다. 만일 '폭풍우'로 충분치 않다면, 사고와 질병, 상해, 배신, 실패, 그리고 가정의 위기를 일으키는 댐의 범람이 우리를 강타한다. 어떤 경우에는 사람들이 홍수에 휩쓸려 갈 위기에 처하기도 한다.

'홍수 피해자'들인 우리 모두에게는 강둑에 건재하게 서있는 떡갈나

무의 교훈이 필요하다.

쓸려 내려가고 싶지 않다면 뿌리를 깊이 내리라!

홍수를 멈출 수는 없지만 지속적인 평안과 안정, 평온을 제공해줄 뿌리 조직을 개발할 수는 있다. 일단 뿌리를 내리기만 하면 어미 사자가 새끼 사자를 보호하듯, 최선을 다해 뿌리를 보호해야 한다.

A. 평안의 뿌리는 무엇인가? • • •

평안을 추구하지 않기 때문에 우리에게는 평안이 없다. 이것이 바로 성경이 말하는 바다. 평안이 우리를 좇지는 않는다. 오직 스트레스만이 우리를 좇을 뿐이다.

"화평(평안)을 찾아 따를 찌어다"(시 34:14)라고 말한 구절에 사용된 동사들은 최고의 강도를 담고 있다. '따른다'(pursue)라는 단어는 헬라어 '디오코'(dioko)이며, '좇다'(go for it)라는 뜻의 동사이다. 다시 말해서 '뒤쫓고 노력하고 맹렬히 추구하라'라는 말이다.

어떤 의미로 '디오코'는 '상을 위하여 달려가는'(빌 3:14) 올림픽 육상 선수에게도 적용될 수 있다. 선수는 결승선을 향해 달려온다. 혈관은 팽창해 있고, 근육은 한껏 긴장하고 있으며, 허파는 터질 지경이다. 그는 금메달을 획득하기 위해 자기 능력의 110퍼센트를 발휘한다. 만일 그 상이 온전한 삶의 방식이라면 우리도 우리가 가진 모든 힘을 발휘해 그 상을 쟁취해야 한다!

히브리어에서 '좇다'(go for it)라는 의미를 가진 동사는 '노루 사냥'을 묘사할 때 사용되는 동사이다(사 13:14).

"오늘 밤에는 사냥감을 잡아가지고 집에 돌아오겠소."

한 시골 사람이 오두막 문을 나서면서 이렇게 말한다. 그는 사냥감을 잡아 집에 돌아올 때까지 노련하게 사냥감의 뒤를 밟는다. 만일 우리가 뒤쫓고 있는 것이 우리 자신의 평안이라면 우리는 사냥꾼의 집중력을 가지고 평안을 뒤쫓아야 한다.

알코올 중독자들이 보여주는 행동이 성경이 말하는 '추구'(pursuit)와 비슷하다고도 볼 수 있다.

"아침에 일찌기 일어나 독주를 따라가며 밤이 깊도록 머물러 포도주에 취하는 그들은 화 있을찐저"(사 5:11)

그들은 중독 되었다. 술을 마셔야만 한다. 그래서 술을 발견할 때까지 찾아 헤맬 것이다. 마찬가지로 잘 통제된 인생은 오로지 제대로 된 인생에 중독 되어 있는 사람들만의 것이다.

이렇듯 평안에 대한 적극적이고 전면적인 추구는 뿌리에서 시작된다. 평안의 뿌리는 '평온한 중심'(quiet center)이라고 표현하는 것이 가장 좋겠다. 이 뿌리들은 우리를 제자리에 붙잡아주는 다섯 가지의 양보할 수 없는 요소로 구성되어 있다.

분명히 삶에는 '스트레스의 중심'(stress center)도 수없이 많이 있다. 이 부분은 나중에 검토하기로 하겠다. 하지만 평안은 삶의 '평온한 중심'에서 시작된다.

'스트레스의 중심'은 많은 소음을 낸다. 관심을 원하기 때문에 관심을 끌려고 하는 경향이 있다. '평온한 중심'은 말 그대로 평온하고 고요하다. 이 때문에 쉽게 소홀히 여김을 받고, 간혹 뒤로 밀려나기도 하며, 종종 버려지기도 한다. 하지만 이것이 없이는 평안도 없다.

기억하라. 평안을 추구하는 것은 '가서 쟁취하는' 십자군과도 같다. 첫 번째 적극적인 단계는 다섯 가지 '평온한 중심'을 세우는 일이고, 그 다음은 이 중심들을 그 어떤 침입으로부터도 확실하게 지켜내는 것이다.

B. 하나님과 포옹하라 • • •

1963년 4월 핵잠수함 쓰레셔(Thresher) 호가 뉴잉글랜드 해변에서 320킬로미터 떨어진 곳에서 모습을 감추었다. 무선 연락이 끊겼을 때, 잠수함은 심해 잠수 기능을 테스트하는 중이었다. 연락을 재개하고 승무원들의 위치를 파악하려고 갖은 노력을 다 기울였지만 결국 실패하고 말았다.

쓰레셔 호는 틀림없이 사전에 계산했던 것보다 더 큰 압력을 받아 깊은 물 속으로 들어갔을 것이다. 일순간 바깥 압력이 잠수함 내부 압력보다 더 커져버렸다. 바닷물은 증기를 분출하듯 잠수함 속으로 빨려 들어갔고, 129명의 미국 해군들이 실종되었다.

균형을 이루지 못한 압력은 잠수함뿐 아니라 사람들도 넘어뜨린다. 다섯 가지 '평온한 중심'들 중 첫 번째는 앞으로 우리에게 다가올 압력보다 더 강한 하나님의 임재를 경험하는 것이다.

우리는 창조주 하나님과 함께 매일의 삶을 시작하도록 만들어졌다. 이것은 "그날 바람이 불 때 동산에 거니시는 여호와 하나님"을 만난 아담으로부터 시작된다. 그날 이후로 남자와 여자는 깨닫든지 깨닫지 못하든지 아침에 하나님과 함께 거닐지 않고서는 불완전할 수밖에 없었다.

다윗은 말 그대로 자신의 인생을 위해 달리면서 "화평(평안)을 찾아 구하라"고 말했다. 끊임없이 자신을 쫓아다니는 스트레스에도 불구하고 어떻게 그는 평안에 사로잡힐 수 있었을까?

그는 이렇게 설명했다.

> "내가 여호와께 구하매 내게 응답하시고 내 모든 두려움에서 나를 건지셨도다 저희가 주를 앙망하고 광채를 입었으니 그 얼굴이 영영히 부끄럽지 아니하리로다 … 너희는 여호와의 선하심을 맛보아 알찌어다"(시 34:4-5, 8)

다윗은 그런 다음 '평안을 좇는' 일에 매진할 수 있었다. 자신의 평온한 중심을 찾았기 때문이다. 이는 주님과 함께하는 시간이 있었기 때문에 가능한 일이었다.

심지어 예수님께서도 평온한 중심을 지키셨다. 성경은 예수님께서 매일 아침 일찍 자리에서 일어나셨음을 보여준다. 열두 제자들이 처음 예수님을 따르기 시작했을 때도 그들은 왜 자신들이 잠에서 깼을 때 항상 예수님께서 거기 계시지 않는지 의아해 했다. 그에 대해 성경은 이렇게 설명하고 있다.

"예수는 물러가사 한적한 곳에서 기도하시니라"(눅 5:16)

때로 우리 집을 방문하는 사람들은 거실 안락의자에 앉아 있는 낯선 피조물을 보게 된다. 마치 다리 달린 신문처럼 보인다. 바로 내가 그날의 파업이나 전쟁, 살인사건들로 가득 찬 신문을 읽고 있는 모습이다.

그렇게 신문을 보고 있을 때 딸아이가 갑자기 내 무릎 위로 기어 올라오곤 한다. (그러면 그것으로 그날 저녁 신문 보는 일은 끝이다.)

위기	예수님의 평온한 중심	결과
도움을 필요로 하는 사람들에게 둘러싸임	기도하셨다. (눅 5:16 참조)	사람들을 향한 새로운 자비심
우선순위 세우기	기도하셨다. (눅 4:42 참조)	무엇을 해야 할지 아시게 됨
인생의 가장 중요한 결정	기도하셨다. (눅 6:12 참조)	명쾌한 선택
더 많은 것들이 필요한 상황	기도하셨다. (눅 9:16 참조)	기적적인 공급
고통과 고난에 직면함	기도하셨다. (눅 9:28 참조)	용기

딸은 팔로 내 목을 감고 활기차게 이렇게 말한다.

"아빠, 안아줄 시간이야!"

그러면 나는 그렇게 한다. 아빠는 딸의 애교에 온 몸이 녹아버리기 마련이다.

'포옹의 시간'은 어떤 관계에 있어서건 특별하다. 하나님과의 관계 또한 예외가 아니다. 현대의 압력을 이겨내면서 스스로의 '냉정을 유지'하려면 하나님과 포옹하는 시간이 꼭 필요하다.

만일 이것을 의무 사항으로 여긴다면 변명거리는 끝도 없이 만들어 낼 수 있다.

"아침마다 가족들을 모두 깨우고 집안 정리하다보면 남는 시간이 없어요!"

"지금 하는 일을 제대로 감당하기도 버거워요."

"장난하세요? 제가 학교 가려면 몇 시에 집에서 나가야 하는지 아시냐고요?"

"아침 10시 30분이 되기 전에는 제 심장이 작동을 안 한다고요."

본질적으로 모든 구실이 의미하는 것은 늘 같다.

"죄송해요, 주님. 어떻게 해도 주님을 끼워 넣을 짬이 없어요."

결과적으로 우리는 영적으로, 그리고 정서적으로 '풀어진 채' 또 다른 하루를 향해 달려간다.

주님과 함께할 시간을 확보하기 어려워질수록 더욱 주님과 함께하는 시간이 필요하다.

마르틴 루터는 이렇게 말했다.

"바쁜 하루가 될 것 같으면 나는 한 시간을 주님과 함께 보냅니다. 만일 아주 분주한 하루가 될 것 같으면 나는 두 시간을 주님과 함께합니다."

마르틴 루터처럼 말할 정도가 되려면 나는 아직 멀었다. 하지만 나는 마르틴 루터가 무엇을 강조했는지 이해할 수 있다. 스트레스로 가득 찬 나의 일상에서 주님과 함께하는 '평온한 중심'을 지켜 나가기 위해서는 싸우지 않을 수 없다. 이 싸움은 평안의 추구에 절대적으로 중요한 것이다.

C. 다섯 가지 실행 단계를 실천하라 • • •

주님과 함께 새로운 대화를 나누는 것보다 하루를 더 좋게 시작하는 방법은 없다. 누구에게도 양보하지 않고 하나님과 함께 보낼 시간을 확보하기 위해서는 다음의 다섯 가지 단계를 실천해야 한다.

첫째, 시간과 장소를 정하라.

일정한 시간과 장소를 결정하지 않으면 이 평온한 중심은 곧 북적대게 될 것이다. 예수님께서 우리의 아침 일정에 자리하셔야 한다. 대부분의 사람들은 아침의 회복 시간을 바쁜 일정 때문에 소홀히 해버린다. 만일 예수님과 15분이라는 시간을 보내려 한다면 전날 밤에 미리 시간을 계산하고 자명종을 맞추어야 한다. 그리고 고정적인 장소를 정해서 거기에 성경과 노트와 기도 제목들을 준비해야 한다.

둘째, 머리를 비우라.

하나님께서는 우리와 함께하는 시간을 통해 우리에게 뭔가를 전달하기 원하신다. 만일 회선에 너무 많은 혼선이 있으면 우리는 그 메시지를 받을 수 없다. 머릿속에서 이미 일어나고 있는 그날의 요구사항들 때문에 주님의 음성을 들을 여지가 없다. 하지만 하나님께서는 우리에게 "너희는 가만히 있어 내가 하나님 됨을 알찌어다"(시 46:10)라고 말씀하신다.

몇 분 동안 마음을 가라앉히고 하나님께만 마음을 집중하게 해달라고 기도하라. 방해 요소들과 산만함을 물리치라. 이 평온한 중심을 지키는 일은 시간과 장소를 지키는 일보다 더 많은 노력이 필요하다. 당신이 함께하고 있는 분께 집중함으로써 그 시간의 친밀한 교제를 지켜나가야 한다.

만일 내가 자녀들과의 '포옹 시간'에 포옹을 하면서 계속해서 중간중간 신문을 읽는다면 그 시간은 아이들에게 별 의미가 없을 것이다. 하루 중 남는 시간으로 예수님과의 시간을 때울 수 없다. 오히려 주님과의 시간이 하루의 나머지 시간들을 지배하도록 하라.

셋째, 손을 펴라.

당신은 어제 아침 이후로 두 팔 가득 또다시 새로운 무언가를 쌓았다. 누군가에게 고마움을 표시하기 위한 선물, 가까운 사람에게서 받은 상처, 어떤 사람에 대한 걱정, 그분에게서 멀어져 있는 당신의 일부, 바쁜 스케줄, 답변하지 않은 질문들, 마음을 빼앗는 걱정거리. 포옹의 시간은 이 모든 것을 평화의 왕이신 그분께 인계하는 시간이다.

넷째, 과제를 발견하라.

하나님께는 매일 우리에게 주시는 말씀이 있는데, 그 말씀은 그분이 쓰신 유일한 책, 곧 성경에 기록되어 있다. 평안을 따르는 것과 마찬가지로 성경을 읽는 일도 결코 수동적인 경험을 의미하지 않는다. 단순한 책과의 만남이 아니라 하나님과의 만남을 의미한다. 우리는 오늘 할 일을 찾고 있는 것이지 그저 알아야 할 것을 찾는 것이 아니다. 우리는 그날 우리가 겪게 될 일에 그 말씀이 적용될 수 있을 때까지 그분의 말씀과 함께 거함으로써 응답해야만 한다. 이것이 바로 우리의 과제를 발견하는 방식이다.

신앙 일기에 그 대화를 기록함으로써 우리는 하나님의 아름다운 약속을 받는 사람의 대열에 서게 된다.

"주의 법을 사랑하는 자에게는 큰 평안이 있으니 저희에게 장애물이 없으리이다"(시 119:165)

다섯째, 장소를 정하고 머리를 비우고 손을 펼쳐 과제를 받았으면, 방향을 결정하라.

당신의 하루를 채우게 될 사건과 사람들에 대해 생각해보라. 미리 그 모든 것들에 대해 기도하라. 다가올 24시간에 대해 구체적으로 예상되는 것들을 그리스도께 의식적으로 맡기라. 그리고 주님께 의탁한 당신의 마음에 주님께서 심어주실 교훈과 생각에 주의를 기울이라.

이 과정이 불과 몇 분밖에 소요되지 않을지라도 나는 가슴 깊은 곳으로부터 내 존재의 안녕에 대한 느낌을, 혹은 평안한 느낌을 안고 포옹의 시간을 마무리하게 된다.

주님과 함께하는 시간은 온종일 물을 퍼 올릴 수 있는 우물과 같다. 우물이 오염되거나 무시되는 것을 막기 위해서는 방심하지 말고 그 우물을 지켜야 한다.

예수님과 함께하는 시간이 당신 스케줄의 우선순위가 되면 당신의 영혼은 오직 그분만이 주실 수 있는 항구에 정박하게 된다. 무슨 일이 있더라도 그분과의 시간을 양보하지 말라!

D. 친밀한 교제를 유지하라 •••

내 친구 빌은 광야 학교(Wilderness School)라고 불리는 2주간의 피나는 훈련 프로그램의 마지막 날을 보내고 있었다. 빌과 동료 '개척자들'은 암벽타기, 담력훈련, 등산, 하이킹 등 체력적 인내를 요하는 힘든 도전들을 이겨왔다. 베이스캠프로 돌아갈 시간이 되자 팀의 리더는 빌에게 두 가지 선택권을 주었다. 리더와 함께 차를 타고 돌아가거나 마지막 15킬로미터를 뛰어가는 것이었다. 빌은 뛰어가기로 결정했다.

처음 1.5킬로미터는 빌의 지친 육신을 마비시키기에 충분했다. 포기하려고 생각할 때 쯤, 그는 다른 동료도 달리고 있다는 것을 의식하게 되었다. 달리기를 계속하면서 그들은 서로의 느낌과 결단, 그리고 간간이 웃음을 함께 나누었다. 그때의 몸 상태를 생각해볼 때 놀랍게도 빌은 15킬로미터를 완주하고 아드레날린이 고조된 유쾌한 상태에서 베이스캠프로 달려 들어왔다.

그때의 달리기를 머릿속으로 회상하면서 빌은 무엇이 그 차이를 만들어 냈는지 우리에게 말했다.

"달릴 수 있다고 생각했던 것보다 훨씬 빨리 달렸는데, 내가 좋아하는 사람이 나와 함께 달리고 있었기 때문이었어."

내 전형적인 하루의 삶은 마치 마라톤과 같다. 그리고 나는 어제 언덕을 올랐기 때문에 이미 지쳐 있다. 앞으로의 일정도 꽉 차 있어서 쉴 시간도 전혀 없다. 평안을 능동적으로 추구하기 시작한 이후 나는 내 자신의 마라톤에서 그분의 임재가 만드는 차이가 어떤 것인지를 배우고 있다. 예수님께서는 이렇게 약속하셨다.

"내가 세상 끝날까지 너희와 항상 함께 있으리라"(마 28:20)

만일 내가 평안을 주는 그분의 임재를 의식적으로 느끼지 못한다면 내가 하는 매일의 경주는 여전히 외롭고 힘들 것이다.

나는 오랫동안 아침 시간에 주님과 교제를 나누었다. 내가 정기적으로 써왔던 신앙 일기가 그분과 함께 시작했던 오랜 세월을 내게 상기시켜 준다. 그것은 마치 성령의 소나기와 같아서 전날의 더러움을 씻어버리고 신선하고 새로운 관점으로 새 날을 시작하게 해준다.

하지만 그것만으로는 충분하지 않다. '그분의 법을 사랑함'으로 인해 내가 얻은 가슴 벅찬 평안은 종종 그날 내게 주어지는 수많은 요구로 인한 육중한 압력에 길을 잃곤 한다. 정오가 되기도 전에 나는 그분과의 교제에서 벗어나 게르빌루스쥐처럼 또다시 내 '쳇바퀴' 위로 돌아간다.

다음날 아침 내 영혼은 또다시 교제의 시간을 위해 속도를 늦추지만, 곧 그분의 임재에 대한 의식을 버리고 또다시 속도를 올린다. 이렇게 단절된 축복의 시간은 평안을 맛보는 정도까지만 스트레스를 멈추게 해주었다.

하지만 스트레스와의 전쟁을 시작하고 나니 나는 평안을 맛보는 것만으로는 충분치 않다는 것을 알게 되었다. 나에게는 내 하루를 채우고 있는 소란한 시간 중에도 묵상의 시간이 주는 평안이 필요했다.

나는 매일 아침의 짧은 신앙의 잔치에 싫증이 나버렸다. 아침 교제 장소에서 그분을 떠나자마자 그리스도의 임재는 나의 반응을 변화시키는 데 아무런 영향을 끼치지 못했다.

우리 아이들이 좋아하는 짧은 합창곡 가사에는 내가 잃어가고 있던 단순한 지혜가 담겨 있었다.

해가 뜨는 것을 보며 아침에 하나님을 사랑하라.
하루를 인도해 주셨으니 저녁에 하나님을 사랑하라.
아침과 저녁 사이에 고난이 닥쳐온다고 느낄 때는
그분이 너를 사랑하며 함께하시겠다고 약속하셨음을 기억하라.

문제가 된 것은 바로 아침과 저녁 사이에 있는 시간이다. 이른 아침의 친밀한 교제가 전쟁터의 열기로 이어질 수 있어야 한다.

주님과 함께하는 시간이라는 평온한 중심을 보호하는 것은 나에게 새로운 훈련을 요구했다. 바로 온종일 그리스도의 임재를 훈련하는 것이다.

E. 주님께 집중하라 • • •

그분과 어디를 함께 가고 무엇을 함께 한다는 특별한 감정은 정말 평안의 차이를 만들어낸다. 나는 이런 태도가 전화통화를 하거나, 청구서를 지불하거나, 심지어 교통지옥 속에서도 어떻게 내게 영양분을 공급해 주는지 알아가고 있다. 솔직히 나는 예수님께서 함께 계신다고 생각하면 모든 일을 훨씬 잘 처리하게 된다.

예수님께서는 늘 이렇게 되길 원하셨다. 열두 제자를 지목한 첫 번째 이유는 인원을 채우거나 어떤 일을 하도록 하기 위함이 아니었다. 성경은 이렇게 말한다.

"이에 열둘을 세우셨으니 이는 자기와 함께 있게 하시고"(막 3:14)

분명히 완수해야 할 사명은 바로 '주님과 함께 있는 것'이다.

이 '함께함'은 신비적 명상에 의한 수동적인 상태를 의미하지 않는다. 하루 종일 생생한 현실로 다가와야 한다. 이것은 그분이 실제로 '우리와 함께 달리고' 계심을 우리 마음이 인정할 때 현실이 된다.

아래는 그리스도의 임재를 의식적으로 훈련하기 위한 다섯 가지 체크포인트이다.

- 잠에서 깨어나는 순간들
- 달리는 순간들
- 놀랄 만한 순간들
- '아무것도 하지 않는' 순간들
- 잠드는 순간들

우리가 잠에서 깨어나는 순간이 그날의 속도를 결정짓는다. 그 처음 30분 동안 우리의 머리를 채우는 것이 결국 하루 종일 계속 재생되도록 되어 있다. 사람들은 보통 잠에서 막 깬 몽롱한 시간에 우리의 뇌가 죽어 있다고 생각할지 모르지만 사실은 그 시간에 정말 많은 일이 벌어지고 있다.

우리의 사고는 어쩌면 아침 뉴스나 오늘 '할 일'의 목록, 혹은 친근한 아침 음악방송 디제이의 목소리에 집중되어 있을지 모른다. 이 때는 정신적으로 굼뜬 때라 죄와 스트레스로 가득 찬 사고가 잠에서 덜 깬 감지장치를 피해 우리 속으로 숨어들어 올 수 있는 시간이다.

그리스도께서는 우리가 잠에서 막 깨어나는 순간에 왕좌에 앉으실 수 있다. 나는 나의 첫 번째 의식적 사고의 방향을 그리스도께 맞춰 집중하려고 노력하면서 제일 먼저 주님께 아침인사를 드린다. 만일 음악이 듣고 싶으면 그분을 생각나게 하는 음악을 듣는다. 잡지를 볼 때도 그분이 함께하시는 글이 담긴 책을 보려고 힘쓴다.

물론 다른 잡생각이 끼어들기도 한다. 하지만 깨어나는 시간에는 약간의 집중력만 있어도 그날의 중심 무대를 예수 그리스도께 내어드릴 수 있다. 우리는 다윗 왕이 발견한 활기 넘치는 아침을 공유할 수 있다.

"내가 깰 때에도 오히려 주와 함께 있나이다"(시 139:18)

하루의 대부분은 일을 하든 놀든, 어떤 것을 하는 순간의 흐름으로 이루어진다. 솔로몬 왕은 다음과 같이 말함으로써 우리가 언급하고자 하는 내용을 표현했다.

"너는 범사에 그를 인정하라 그리하면 네 길을 지도하시리라"(잠 3:6)

기하학을 배우는 첫 수업시간에 우리는 직선이 두 점을 잇는 가장 짧은 거리라는 사실을 배웠다. '직선'의 삶은 우리에게 스트레스를 주는 꼬임과 회전을 제거하고 더 빠른 길로 우리를 안내한다. 스트레스를 줄여줄 이 약속은 우리에게 모든 상황에서 주님을 인정하라고 요구한다.

누군가를 인정하는 일은 그를 주목하고 그가 거기에 있다는 사실을 인식하는 것이다. 구부러진 길에 너무 지쳐 있던 나는 이 바쁜 삶, 약속들이 꼬리를 물고 이어진 사이사이에, 또는 약속을 지키고 있는 도중에도, 전화를 받거나 차 안에 있을 때도, 식품점에서 계산을 기다리며 줄 서 있을 때도, 쓰레기통을 비우고 야구를 하고 야근을 하는 가운데서도 더욱 주님께 주목하기 시작했다. 그분이 계시다고 가정하는 것이 아니다. 그분이 약속하신 임재를 깨닫고 인식하려고 애쓰는 것이다.

　　내가 구세주와 친밀한 교제를 나누고 있다는 사실을 말하는 것이 어떤 사람에게는 불가능하다. 나는 혼잡하고 갖가지 대화가 끊이지 않고 이어지는 사무실 한가운데서 무릎을 꿇지는 않는다. 그분을 인정하는 방법은 단순히 "예수님, 주님께서 여기 계셔서 기쁩니다. 표적을 향해 돌진하게 하소서"라고 말하는 것일 수도 있다. 때로는 깊은 심호흡과 함께 그런 고백이 나오기도 하는데, 그런 때면 나는 숨을 들이쉴 때 산소 외에 대단한 뭔가를 함께 들이마시게 된다.

　　내 아내는 아이들이 등교할 때 그리스도께서 함께하심을 마음에 새기라고 가르쳤다. 점심 값과 잊어버린 숙제를 챙기며 분주한 동안에도 그녀는 늘 아이들에게 "예수님과 즐거운 하루를 보내도록 해라"라고 인사한다.

　　훌륭한 주일을 보내기 위해 달려온 집에서의 일 주일 간의 경주 후에 우리 가족은 교회로 가는 차 안에서도 예수님께 주목하는 법을 배우고 있다. 우리 집에서 위대한 교회학교 경주(Great Sunday School Race)를 한 이후, 우리는 교회로 가는 길에서도 그분을 기억해야 함을 깨달았다. 우리는 그분을 바라는 마음으로 그분께 찬양과 기도를 드리며 교회 안으로 들어간다.

　　그분의 임재가 가장 필요하다고 느끼는 때는 바로 바쁜 생활로 인해 정신없이 달려가고 있는 순간이다. 그리고 그 순간이 바로 우리가 그분을 가장 잘 잊는 순간이기도 하다. 하지만 그분과 함께 달리는 방법을 배우면 모든 사물과 사람에 대한 시각이 바뀐다. 우리는 달리는 속도를 줄이지 않으면서도 긴장을 늦출 수 있다.

인생의 여러 가지 모험 중의 하나는 하나님께서 놀라운 분이심을 발견하는 것이다. 세상의 모든 좋은 아버지가 그러하듯, 그분은 자녀들에게 맛난 것을 예고 없이 선물해 주신다. 이것이 바로 우리가 놀라운 순간에 주님을 찾는 이유이다.

기대치 않던 돈, 힘을 북돋아주는 말, 예기치 못하던 돌파구들은 분명 좋은 것들이다. 이 놀라운 것들을 선물한 사람이 누구이든 간에, 당신은 그 선물의 궁극적인 원천이신 예수님께서 그 사람의 어깨 너머로 당신을 지켜보고 계심을 알게 된다.

나는 예기치 못한 상황들 속에서 하나님의 임재 체험을 연습하는 것이 더욱 힘들다는 사실을 발견한다. 하루를 1분 단위까지 나눠서 계획을 꼼꼼하게 세워놓고도 누군가가 나를 필요로 하기 때문에 내 모든 계획을 포기해야 할 수도 있다. 1분도 허비할 수 없지만 수십 가지의 방해물이 내 시간을 깎아먹는다. 휴가 계획은 다 세워졌는데, 누군가가 아프다. 그럴 때면 나는 내 계획을 수정하도록 만드는 뜻밖의 일이 달갑지 않다.

하지만 그런 상황 가운데도 하나님께서는 계신다. 방해물이라고 느꼈던 사건들이 매우 고무적인 일이었으며 나의 실망이 그분의 약속이었다는 것을 알게 된 경험이 한두 번이 아니다. 뜻밖에 일어난 일들 중에 어떤 일은 오늘 당장 좋아 보이고, 어떤 일들은 궁극적인 결과를 보게 된 다음에야 좋아 보인다. 하지만 일상에서 기대치 않던 사람들과 예상치 못한 상황을 통해 놀라운 일을 행하시는 하나님을 바라볼 때, 내 삶은 새로운 활기를 되찾는다. 그 일들 때문에 우리가 지칠 수도 있지만, 그분을 기억할 수도 있다.

우리가 너무 적은 시간을 투자하고 있는 큐티 시간도 그리스도의 임재 체험을 훈련하는 일에 포함된다. '방송 중단'(dead air) 사태만큼이나 방송국 직원들을 서두르게 만드는 사건은 없다. 이 표현은 방송을 통해 아무 소리도 나오지 않는 황당한 상태를 두고 하는 말이다. 좋은 라디오 프로그램 제작자의 목표는 방송의 매 순간을 효과적인 프로그램으로 가득 채우는 것이다.

우리도 역시 방송 중단 사태를 좋아하지 않는 듯하다. 우리 일생의 대부분은 기계의 떠들썩함과 사람들의 떠들썩함으로 가득 차 있다. 삶에 필요한 소음이 방송되고 있는 동안에는 고요함을 선택할 수 없다.

하지만 우리 모두에게는 모든 소음이 멈추는 시간이 조금씩 있다. 매일 아침 욕실에서 보내는 준비의 시간, 어떤 일이 일어나기를 기다리는 시간, 여행 등이다. 좋은 제작자가 그렇듯이 우리는 대개의 방송 중지 시간까지도 많은 소리로 채운다.

만일 그리스도의 '함께하심'을 의식하는 것이 우리가 지켜야 할 '평온한 중심'으로 생각한다면, 우리는 '주님께 아무 의미도 없는 순간들'을 어느 정도 줄일 수 있을 것이다.

이상하게 들리겠지만 나의 샤워 시간은 점차 예배의 시간으로 변해 가고 있다. 내가 그분의 존재로 나를 감싸고 있을 때는 피곤한 나의 감정들도 역시 샤워를 한다. 나는 여전히 신문과 잡지들을 탐독하지만 나의 정보에 대한 식욕을 조금씩 억제함으로써 약간의 여유 시간들을 만드는 방법을 배우고 있다. 그리고 이전에는 항상 꽉 차 있던 스케줄 가운데 몇 분의 시간을 떼어서 큐티를 하기도 한다.

지금까지 나는 하루를 어떻게 살아야 할지 조용히 명상을 하는, 멍한 표정의 신비주의자가 될 위험에 빠질 위험은 결코 없었다. 음악, 라디오, 독서, 운동은 여전히 중요한 기분전환거리를 제공한다. 하지만 나는 점차 그분을 생각하면서 그저 휴식을 취하는 그런 고요한 순간들을 지키는 사역을 배워가고 있다.

만일 '끝만 좋으면 다 좋다'라고 생각한다면, 하루의 마지막을 보내는 의식적인 순간들 역시 중요하다. 어린아이들은 긴장이 풀리면 벽장 속의 괴물이나 침대 속의 벌레들에 대한 생각이 마음속에 떠오르기 시작한다. 성인들은 좀더 큰 괴물, 즉 끝마치지 못한 일이나 풀리지 않은 문제들에 대해 생각한다.

평안을 추구하라고 제안했던 다윗 왕은 매일 밤을 정리하는 시간으로 삼는 아주 건설적인 방법을 제시했다.

> "너희는 떨며 범죄치 말지어다 자리에 누워 심중에 말하고 잠잠할지어다(셀라) 의의 제사를 드리고 여호와를 의뢰할지어다 … 내가 평안히 눕고 자기도 하리니 나를 안전히 거하게 하시는 이는 오직 여호와시니이다"(시 4:4-5, 8)

때때로 어떤 사람은 "저는 항상 기도 중에 잠들어버려요"라고 고백하며 부끄러워한다. 나는 솔직히 잠드는 데 그보다 좋은 방법은 없다고 생각한다. 만일 그 시간이 우리가 기도하는 유일한 시간이라면 부끄럽게 느껴야 할지 모르겠다. 하지만 우리가 하루 종일 그분과 동행했다면 그분과 그날에 대한 이야기를 나누면서 하루의 마지막 시간을 보내는 것은 전혀 나쁘지 않다.

다윗은 자신도 모르게 스르르 잠드는 것이 '평안한 마음으로 잠드는' 것을 도울 수 있다고 말했다. 평안한 다음날을 위한 장을 마련하기 위해서 평안한 잠만큼 좋은 것이 없다.

우리에게 평안을 주는 것은 주님의 임재이다. 다시 말하면 그분이 얼굴을 우리에게 돌리실 때 우리가 평안을 얻을 수 있다. 하루 동안 지나치는 수많은 얼굴들 중에 나는 가장 중요한 그분의 얼굴을 바라보는 일을 너무 자주 잊고 지낸다.

하지만 나는 계속 배우고 있다. 만일 내가 진정 평안을 원한다면 그리스도와 함께하지 않은 상태로는 더 이상 살아갈 수 없을 것이다. 나의 평안은 매일 아침 내가 절대로 타협하지 않고 지켜나갈 그분과의 포옹 시간, 그분 이외에 그 누구와도 가질 수 없는 시간에 시작된다.

그분과 함께하는 하루, 그분과 함께 뛰는 하루는 우리가 울퉁불퉁한 길을 여행할 때 그 모든 충격을 흡수해준다. 평안으로 가는 길에서 신중하게 지켜야 할 것이 바로 평온한 중심이다.

4장
규칙적으로 휴식하기

> 평안. 우리가 부르짖는 마음속 깊은 곳의 고요한 평안은 타협하지 않는 평온한 중심이 없이는 불가능하다. 이 평안은 매일 주님과 함께 보내는, 다른 것에 양보할 수 없는 시간으로 시작되고, 정기적인 휴식과 회복으로 소생된다.

내가 지금까지 가봤던 나라들 중 가장 먼 곳이 바로 뉴질랜드이다. 뉴질랜드에서 가르치는 일이 대단히 즐겁기는 했지만, 그 즐거움 못지않게 집으로 돌아오고 싶은 마음도 컸다. 가족들도 많이 그리웠고 나를 기다리고 있는 잔뜩 쌓인 일거리도 신경이 쓰였다.

뉴질랜드를 떠나 집으로 돌아오기 바로 전날, 연방항공국(FAA)은 미국 내에서 운행되거나 미국으로 들어오는 DC-10기의 비행을 금지시켰다. 연방항공국이 DC-10기에서 기계 상의 위험한 문제점을 발견했던 것이다. 그래서 이와 관련된 항공기는 모두 검사를 받아야 했다.

뉴질랜드로 운항하는 세 개의 항공사 중에서 두 항공사가 DC-10기를 사용하고 있었다. 운행할 수 있는 항공기라고는 격일 밤으로만 운행되는 350명 정원의 747기뿐이었다. 나는 집으로부터 천리만리 떨어져서 오도 가도 못하는 4천 명의 사람들 가운데 하나가 되었다. 예정된 시간에 집으로 돌아가지 못해서 지키지 못하게 된 므든 약속들을 생각하면서 내 분노의 수준은 점점 높아져 갔다.

그나마 다행인 것은 출발이 예정되었던 그날 밤에 모든 가구가 구비되어 있는 숙소에 혼자 머물 수 있었다는 점이다. 다음날 아침에 나는 커다란 안락의자에 앉아서 조절되지 않는 자동차처럼 열을 내뿜고 있었다.

돌아가야 할 집에 할 일이 쌓여 있는데 내가 왜 뉴질랜드에 이렇게 처박혀 있어야 하나?

그러자 갑자기 머릿속에 내가 지난 6개월 간 주님께 고백했던 말이 떠올랐다.

"주님, 제 심령은 지치고 메말라버렸습니다. 저는 정말 휴식이 필요합니다. 방해받지 않고 주님과 함께 있을 시간이 필요해요. 시간만 좀 있다면 속도를 늦추고 싶습니다."

주님께서는 나를 위한 시간을 찾아주셨다. 뉴질랜드의 오클랜드에 틀어박히게 만드심으로써 말이다. 그분은 나를 인간 DC-10처럼 이륙시키지 않으셨다. 그 시간은 결국 내 휴식시간이었다.

나는 진리를 깨달았다. 그래서 우선 잠을 푹 자고 난 다음에 성경과

필기구와 노트를 가지고 어떤 것에도 방해받지 않는 시간을 보냈다. 하나님께서는 그곳에서 이틀 지내는 동안 온전히 새로운 것으로 나를 채워주셨다. 나는 메모지를 꺼내 내 머리를 스치는 새로운 아이디어를 적어 내려가면서 그 사실을 알 수 있었다. 꼭 한 시간 동안을 나는 내 인생의 모든 주요 부분에 관한 신선한 생각들로 한 쪽 한 쪽 채워나가면서 가능한 빨리 메모했다. 창조주 하나님과 함께한 그 시간은 내가 그때까지 경험해 왔던 창조성이 집중적으로 폭발한 시간이었다.

편하게 쉬면서 원기를 회복하고 재충전하는 시간을 너무 오래도록 갖지 못했다는 것은 정말 내게 비극이다. 내가 노예처럼 섬겨왔던 스트레스의 사슬을 하나님께서 친히 깨뜨리셔야 했던 것이다. 그분은 이런 치유의 말씀을 하셨다.

"이제는 쉬어야 할 때이다."

그분은 이렇게 자주 우리에게 말씀하신다. 다만 우리가 듣지 않을 뿐이다. 우리는 이리저리 휩쓸리는 세상 속에서 폭풍과 같은 존재이다. 우리의 세상은 안식일을 모르는 **빽빽**하게 감겨진 용수철과 같다. 우리 가족, 몸, 인격은 붕괴되고 있다. 우리는 쉼이 필요하도록 창조된 인간들이지만 우리는 좀처럼 쉬지 않는다.

A. 고수(鼓手)가 사라졌다 • • •

필그림 파더스(the Pilgrims, the Pilgrim Fathers, 1620년 메이플라워호를 타고 영국을 떠나 미국 매사추세츠 주 플리머스에 정착한 청교도 일단 – 역자 주)는 매년 8월이면 플리머스를 행진한다. 실상은 매사추세츠에 거주하는 사람들이 백 명 이상 모여 순례자의 옷을 입고 초기 정착민들의 모습을 재현하는 것이다.

우리 세 아이들은 그 행렬을 따라 항구에서부터 도시 가운데에 있는 교회까지 갔다. 아이들은 누구보다도 그 행군을 이끄는 고수(鼓手)에게 가장 흥미가 많다. 그가 치는 느리고 꾸준한 북소리가 행진의 속도를 지휘한다.

"왜 순례자들에게 고수가 필요하죠?"

막내가 물었다. 나는 1620년 이후에 얼마나 시대가 변했는지를 설명해주었다. 그 시절에는 주일마다 모든 사람들이 교회에 갔다. 고수의 북소리가 사람들을 집에서 불러내어 교회로 가는 공동 대열에 끼게 만들었던 것이다. 누구든 나타나지 않는 사람은 법을 지키지 않는 것이나 다름없었다. 그리고 분명 목사님의 설교가 가축들에 둘러싸여 있는 것보다 따분하지는 않았을 것이다.

실제로 주일에도 일하려고 했던 사람은 체포당했을 가능성도 있다. 청교도들은 '안식의 날'(a day of rest)을 매우 중요하게 받아들였다. 그래서 이 '특별한 날'을 위반하는 어떤 행위도 '안식일 위반'

(Sabbath breaking)으로 간주되어 고발당할 수 있었다.

물론 이제는 시대가 변했다. 이제는 주일에 고수가 동네를 돌아다니며 사람들에게 주일을 구별해 지키도록 환기시키는 소리를 듣지 못한다. 대신 전기톱과 잔디 깎는 기계의 소리가 무수히 들려온다.

과거 수백 년 동안에는 주일을 지키지 않는 사람들이 흔치 않았다. 오늘날은 주일을 제대로 지키는 사람을 찾기가 쉽지 않다. 우리는 매주 하나님께서 계획하신 특별한 날을 공개적으로 위반하며 살고 있다. 예배를 드려야 할 시간에 일을 하고, 안식을 취해야 할 시간에 볼 일을 보러 다닌다.

일에 쫓기고 있는 우리가 주일을 알려주는 고수를 몰아낸 것이다. 그리고는 또 다른 고수가 치는 북소리에 맞춰 달리고 있다. 그 고수는 바로 알레그로 빠르기로 북을 쳐대면서 우리 피조물들에게 도무지 쉴 시간을 주지 않는 마귀이다.

안식의 날은 창조 시에 정해진 것이다. 그러므로 반드시 지켜져야 한다.

> "하나님이 일곱째 날을 복 주사 거룩하게 하셨으니 이는 하나님이 그 창조하시며 만드시던 모든 일을 마치시고 이날에 안식하셨음이더라"(창 2:3)

하나님의 형상대로 지음 받은 우리는 6일 동안 일한 후에 안식하도록 창조되었다.

> "너는 엿새 동안 일하고 제칠일에는 쉴찌니 밭 갈 때에나 거둘 때에도 쉴찌며"(출 34:21)

하나님께서는 우리가 "바쁜 일 끝나면 쉬겠습니다"라고 대답할 것을 미리 아시고서 "밭을 갈 때에나 거둘 때라 할지라도 너희는 쉬어야 한다"라고 말씀하셨다. 그분은 아무리 바쁘다고 해도 우리의 휴식 시간은 지켜져야 한다고 명하셨다.

정기적인 휴식과 회복은 선택 사항이 아니다. 반드시 지켜야 하는 하나님의 계획이다. 그것을 태만히 했을 때는 대가를 치러야 한다.

B. 빠른 보조는 대가를 치른다 •••

미국 가정의학 아카데미(American Academy of Family Physicians)에 따르면, 가정의학과를 찾는 사람들의 3분의 2 정도가 스트레스와 관련된 증상으로 인한 고통을 호소하고 있다고 한다.

스트레스는 미국 내에서 심장병, 암, 폐병, 우발적 상해나 간경변증, 그리고 자살에 이르기까지 직, 간접적으로 죽음을 초래하는 여섯 가지 이유의 핵심 원인인 것으로 밝혀졌다.

루이빌 대학의 행동의학 프로그램 대표로 있는 조엘 엘크스 박사는 이렇게 결론지었다.

"우리 삶의 양식, 우리가 살아가는 방식 자체가 현대 질병의 주요 원인으로 부상하고 있다."

주일을 지키지 않음으로 인해 겪는 정서적 희생은 육체적 희생보다 측량하기가 힘들지만 아주 파괴적임에 틀림없다. 우리의 기본 관계들은 아동학대, 이혼, 정신이상과 같은 파편 속에서 붕괴되어 간다. 그리고 자살이 풍토병처럼 번져가고 있다.

간단히 말해서, 우리는 이런 식으로 살도록 창조되지 않았다. 분명히 뭔가가 크게 잘못되었다. 너무 많은 사람들의 몸과 생활이 한계점을 넘어가도록 떠밀리고 있다. 이유는 복잡하다. 하지만 그 중에는 우리가 회복을 위한 휴식을 가능하게 하는 주일의 원칙을 소홀히 한 까닭도 포함되어 있다.

원칙적으로는 나도 오랫동안 이 정기적인 휴식이 매우 중요하다고 믿어왔다. 하지만 실제 내 삶에서는 이러한 휴식이 종종 취소되고 연기되고 단축되었다. 심지어는 일을 하지 않을 때도 나는 휴식 일정을 업무 일정만큼이나 **빽빽**하게 채워 넣었다.

나는 스스로 일벌레라고 생각하지는 않는다. 나는 쉬는 시간을 참 좋아한다. 하지만 나는 쉼을 위해 멈춰 있지 못하고 책임감 때문에 앞으로 달려가고 만다. 어쨌든 나는 언제나 스스로 뒤쳐져 있다고 생각하는 듯하다. 나는 가족과 함께 보내는 시간을 만들기 위해 시속 150킬로미터의 속도로 일한다. 가족들과 함께 있을 때도 밀린 일을 따라잡기 위해 최고 속도로 달린다. 내가 책임져야 할 모든 일들에 대한 부족함을 느끼며 나는 늘 모든 일을 잘 해내기 위해 급하게 서둘러왔다.

주일은 점점 산만해져 갔고 제대로 지키지 못하게 됐다. 휴가를 보내기 위해 시간을 저축했지만 휴가가 삶의 균형을 회복시켜 주지는 못한다는 것을 발견했을 뿐이었다.

나는 종종 아내에게 이렇게 말해왔다.

"내가 느끼는 피로는 정말 심각한 수준이야, 여보. 피로가 겹겹이 쌓여서 모두 걷어낼 수 없는 것처럼 느껴져."

나는 몹시 연약해졌고 누적된 피로에 깊이 파묻혀 내 삶의 영역에 수반되는 스트레스를 다룰 여력이 없었다.

그렇게 심각한 피로 때문에 나는 이 치열하고 무의미한, 경쟁적인 삶에 대해 "이제 지쳤다"라는 결론을 내리게 되었다. 그래서 평안을 찾는 일을 시작하게 되었다.

평안을 추구하는 일은 나에게 다섯 가지의 평온한 중심을 깨닫게 해주었다. 그리스도의 임재를 훈련하는 일은 매일매일 개인적인 평안을 퍼 올릴 수 있는 첫 번째 우물을 제공해주었다. 지속적으로 적용되는 주일의 원리는 평안의 두 번째 보고를 열어주었다.

규칙적인 휴식과 회복은 우리를 안정시키는 평온한 중심을 제공해 준다. 모든 평온한 중심이 그렇듯이, 정기적인 휴식과 회복 또한 평안의 추구라는 차원에서 지켜져야 한다. 지켜지지 않으면 소홀하게 된다. 그렇게 되면 스트레스가 계속 승리하게 될 것이다.

C. 잠식당하기 • • •

최근 한 젊은 여성이 자신의 삶에 대해 느끼는 바를 다음과 같이 생생하게 표현했다.

"제가 꼭 쿠키 같다는 생각이 들어요. 너무나 많은 사람들이 나를 한 입씩 베어 먹어버려서 이제는 거의 남은 것이 없다고요."

많은 사람들이 차츰차츰 잠식당하는 기분이 어떤 것인지 안다. 전업주부들은 끝도 없는 먼지와 설거지, 지저분한 빨랫감들과 끊임없는 전쟁을 해야 한다. 빠른 속도로 빨랫감들이 쌓여 가는 빨래 바구니도 한몫 거든다. 학생들도 어머니와 아버지, 그리고 이랬다저랬다 하는 친구들, 많은 선생님들로부터 상처를 받고 있다.

직장생활을 하는 사람들도 회사에 영혼을 빚지고 있는 듯한 느낌을 받는다. 주어진 일을 다 처리해도 또 새로운 일감들이 추가되는 업무 목록이 직장인들을 잠식한다. 월급보다 지불해야 할 청구서 액수가 더 많아서 어쩔 수 없이 해야 하는 야근이나 아르바이트가 또 우리를 한 입 베어 문다.

반면, 하나님의 일에는 적극적으로 참여하지 않는다. 만일 당신이 관심을 가지고 적극적으로 참여하고자 한다면 처음으로 감당한 사역 가운데서도 깊은 성취감을 맛보게 될 것이다. 하지만 여유가 전혀 없기에 당신은 계속해서 요청받기만 하다 끝나버린다. 약속이 잡히지 않은 저녁은 하루도 없다.

우리는 직장에서도, 가정에서도, 회사에서도 끊임없이 준다. 그러다가 결국은 더 이상 줄 것이 없어진다. 자신을 쿠키와 같다고 생각한 여성처럼 더 이상 우리에게는 남아 있는 것이 없다.

솔직히 피로에 지친 사람과 함께 있는 일은 그리 즐거운 일이 아니다. 냉혹한 책임감은 사람들을 로봇으로 만든다. 그들은 기계적으로, 즐거움 없이 이 일 저 일을 처리한다. 그러면서 사람들을 짓밟고 지나간다. 너무 지쳐 있을 때는 여간해서 사람들의 필요에 민감해지기가 쉽지 않다.

휴식을 취하지 못한 사람들은 인내력이라고는 거의 없기 때문에 사소한 문제로 친구나 가족에게 핵폭탄을 터뜨리곤 한다. 피로에 지친 눈을 통해 보면 작은 문제도 훨씬 커 보이게 마련이다. 피로는 숨겨져 있던 비열한 성향을 끄집어낸다.

가장 치명적인 손해는 우리 자신이 바로 스트레스와 죄책감과 분노를 옮기는 매개체가 되어서 가는 곳마다 긴장의 흔적을 남기게 된다는 사실이다. 이전에는 늘 우리를 반갑게 생각하던 사람들도 우리가 언제 사라져줄지 힘들게 기다리게 된다.

설사 우리가 휴식을 취하고 있다 하더라도 규칙적이지 않다. 가끔의 휴가와 숙면, 휴일만으로는 그 피해를 복구하기에 역부족이다. 우리는 일 보 전진, 삼 보 후퇴한다. 규칙적인 휴식이 절박하게 필요한 우리는 절망하며 이렇게 외친다.

"도대체 언제 쉬어야 하나?"

D. 우리를 지치게 하는 미신 • • •

휴식과 책임의 균형을 회복하려면 우선 우리를 계속 달리게 하는 미신들을 공격해야 한다. 그 미신은 계속해서 우리가 "멈춰야 하는데 멈출 수가 없다"라고 말하게 만든다. 그리고 정말로 우리는 멈추지 않는다. 하나님께서 멈추게 하실 때까지는 말이다.

미신 1. "내가 꼭 필요해"

"내가 없다면 그 사람들은 잘 지낼 수가 없어."

우리는 점점 우리가 없으면 일이 되지 않는다는, 적어도 제대로 되지 않는다는 그런 믿음에 사로잡힌다. '없어서는 안 될' 사람들이 매일 아프거나 죽지만, 어쨌든 세상은 그들 없이도 계속 잘 돌아간다.

최근 내 친구 부부가 바하마(Bahamas)로 두 번째 여행을 떠났다. 친구의 아내는 아무리 낭만적인 곳으로의 여행이라고 하더라도 아이들만 혼자 놔두고 떠나기가 힘들다고 생각했다.

'엄마 없이 아이들끼리 잘 해나갈 수 있을까?'

친구 아내는 음식도 미리 준비하고, 비상시에 연락할 수 있는 전화번호와 여러 가지 지시사항들을 끝도 없이 적어놓고 떠났다.

드디어 일주일 후에 부모가 돌아왔을 때, 두 아이들은 놀랍게도 살아서, 그것도 아주 건강한 모습으로 부모를 기다리고 있었다. 비상 전화번호도 필요 없었고, 지시사항을 모두 따르지도 않았고, 미리 준비한 음식은 채 반도 손대지 않았다. 다만 아이들은 쓰레기를 일주일 내내 방치해 놓고 있었다. 훌륭하게는 아니더라도 아이들은 엄마가 없는 동안 썩 잘 지냈다. 그래서 친구 아내는 자신의 삶을 옥죄던 '의무감'의 사슬을 끊을 기회를 얻게 되었다.

한때 어머니가 간염으로 편찮으셨을 때의 우리 집을 떠올려보았다. 모든 일의 중심에 계셨던 어머니의 부재는 커다란 공백을 낳았다. 하지만 우리는 가사를 분담하는 새로운 방식을 터득했다. 어머니를 사랑하고 필요로 하는 만큼 우리는 "친구들의 작은 도움으로"라는 노래 가사처럼 버텨나갔다.

나는 사람들이 나 없이도 잘 해나갈 수 있길 바란다. 결국 그렇게 될 것이다. 여기에 필요한 전제조건이 있다. 판단력, 자세, 효율성, 건강,

건전한 사고.

휴식과 회복이 평온한 중심으로 자리 잡게 하려면, 먼저 한발 뒤로 물러서서 자신을 현실적으로 바라보아야 한다. 자신이 준비되지 않는 것보다는 일이 진행되지 않는 편이 훨씬 낫다. 평안을 찾는 일은 당신 삶의 주위에 한계선을 긋고 그 안에서 살아가는 것을 의미한다. 케니 로저스의 노래 제목 〈도박꾼〉(Gambler)처럼, 우리는 "언제 판을 접어야 할지"를 알아야만 한다.

미신 2. "당신이 어떤 사람인지는 당신이 하는 일에 의해 좌우된다"

우리는 어렸을 때부터 이 미신에 사로잡히기 시작한다. 누군가가 어린 소년에게 묻는다.

"크면 어떤 사람이 되고 싶니?"

이때 우리는 "저는 감수성이 예민하고 친근하고 사람들에게 유익을 끼치는 사람이 되고 싶어요"라는 답변을 기대하지 않는다.

"저는 의사…, 변호사…, 농부가 되고 싶어요"라는 식의 대답을 기대한다. 이쯤이면 우리는 이미 그 아이를 잘못 인도한 것이다. 우리의 잘못된 인도 때문에 아이는 자신이 하는 일이 바로 자신이 누구인가를 나타낸다고 생각하게 된다.

그 어린아이들이 자라게 되면 일을 자신의 최고 우선순위에 두려고 할 것이다.

'만일 내 직업이 내가 아니라면, 그렇다면 도대체 나는 누구란 말인가?'

일벌레들은 일을 하지 않으면 자신의 존재가 무가치하다고 느낀다. 자신의 일이 곧 자신의 가치이다. 그래서 그는 자신의 존재가치를 증명하기 위해 주일에도 쉬지 않고 일하게 될 것이다. 하지만 어떤 노고와 성취도 결코 충분하지 않을 것이다. 그는 잠에서 깨자마자 그의 곁에 있기를 간절히 바라지만 그를 따라잡을 만큼 빨리 달리지 못하는 사람들을 떠나버릴 것이다.

'당신이 어떤 사람인지는 당신이 하는 일에 달려 있다' 라는 사고를 가진 주자는 혼자서 성취감도 느끼지 못한 채로 결승선에 도착하게 될 것이다. 아무 일도 하지 않고 그냥 보내는 시간은 그에게는 결코 없다. 휴식이나 회복을 위한 시간을 가질 여유도 없이 그는 인간 됨의 너무나 많은 부분을 상실하고 만다.

미신 3. "헌신 때문에 쉴 시간이 없어"

이 미신은 저녁시간을 전적으로 할애하는 것을 헌신과 동일시한다. 헌신적으로 그리스도를 따르는 어떤 사람이 주님의 일을 감당하기 위해 박차를 가한다. 그는 스케줄이 꽉 차 있는데도 불구하고 15일간 매일 밤을 교회에서 지새운 것 때문에 칭찬을 받는다. 만일 영적인 지도자들이 헌신에 대해서 올바로 이해했더라면 15일 가운데 며칠은 그를 집으로 돌려보냈을 것이다.

사람들은 헌신하는 것뿐만 아니라 쉬는 것도 배워야만 한다. 균형을 배우면 더 오랜 세월 동안 헌신할 수 있을 것이다. 하지만 만일 규칙적인 휴식을 취하지 않는다면, 1쿼터에는 훌륭한 경기를 할 수 있을지 몰라도 곧 쓰러져서 남은 생애 동안 그 경기를 혐오하며 지내게 될 것이다. 사단이 우리를 온전히 헌신하지 못하도록 만들지 못할 때 오히려 과도하게 헌신하도록 만드는 듯하다.

우리는 오늘날 위험한 속도로 여행하고 있다. 심지어 휴식을 취하지 못하게 하는 이러한 미신 때문에 연료도 없이 달리고 있다. 이 미신들은 우리의 브레이크 페달을 모두 없애고 오로지 가속기 페달만 남겨둔다. 이것이 바로 사람들이 사고를 일으키는 이유다.

오래 전 하나님의 백성이었던 유대인들은 안식 취하기를 거부했기 때문에 몰락했다. 그들이 무시했던 안식일의 원칙은 지주뿐 아니라 토지에도 해당하는 것이었다.

> "너는 육 년 동안은 너의 땅에 파종하여 그 소산을 거두고 제칠년에는 갈지 말고 묵여 두어서 네 백성의 가난한 자로 먹게 하라 그 남은 것은 들짐승이 먹으리라"(출 23:10-11)

현대의 많은 사람들이 그렇듯이, 구약시대의 유대인들도 역시 속도를 늦추는 법이 없었다. 하나님께서는 그들이 곧 안식과 회복이라는 평온한 중심을 지키지 않을 때가 오리라는 것을 예견하고 계셨다.

> "너희가 대적의 땅에 거할 동안에 너희 본토가 황무할 것이므로 땅이 안식을 누릴 것이라 그때에 땅이 쉬어 안식을 누리리니 너희가 그 땅에 거한 동안 너희 안식시에 쉼을 얻지 못하던 땅이 그 황무할 동안에는 쉬리라"(레 26:34-35)

무려 490년 동안, 그러니까 총 70번의 안식년이 지나는 동안 유대인들은 땅이 안식을 취하도록 하지 않았다. 바벨론 제국은 그들을 포로로 잡아갔고 그로 인해 유대 땅은 70년 동안 안식하게 되었다.

우리는 정기적인 안식일, 즉 휴식과 회복을 위한 시간을 지키도록 지음 받았다. 만일 우리가 우리의 한계를 계속해서 위반한다면, 하나님께서는 그분의 안식의 날을 스스로 세워 가실 것이다. 비록 그 휴식이 사고나 상해, 질병, 혹은 폐업을 통해서 온다 할지라도 말이다. 그분은 그렇다 하더라도 우리가 쉼을 택하기를 바라신다. 그리고 그것이야말로 신중한 선택이 아닐 수 없다.

E. 속도 줄이기 • • •

우리는 휴식을 계획해야 한다. 그렇지 않으면 휴식을 취할 수 없다. 계획을 세운다면 생기를 회복시켜 주는 평온한 중심을 지킬 수 있다.

제일 먼저 우리는 하루하루의 휴식을 위한 계획을 세워야 한다. 오늘 밤에 잠깐이라도 자는 것이 오늘은 밤을 새고 내일 밤 실컷 자는 것과 맞먹는 효과가 있다. 수면은 우리의 건강과 성격을 조절해주는 평형 바퀴이다. 최근의 연구에 따르면 자정 전 몇 시간의 수면이 최고의 효과를 보인다고 한다. 매일 매일 적당한 휴식을 취한다는 것은 밤에 TV 시청이나 독서를 포기하는 것을 의미한다. 다음날의 가볍고 맑은 머리와 상쾌한 기분이 전날 밤 전등불을 끌 때 느꼈던 아쉬움을 충분히 보상해준다. 나는 적절한 수면을 취하면 일할 시간은 줄어들지만 시간을 훨씬 능률적으로 사용할 수 있다는 사실을 차츰 배워가기 시작했다.

둘째로, 우리는 휴식을 위한 주간계획을 세워야 한다. 이 말은 중요한 약속이나 회의를 표시할 때 사용하는 눈에 잘 띄는 색깔 펜으로 휴식 시간도 표시를 해야 한다는 뜻이다. 만일 누군가가 그 시간을 요구하면 당신은 이렇게 말할 수 있어야 한다. "죄송합니다만 이미 중요한 약속이 있어서요." 그 약속이란 바로 자신과 가족을 다시 세우는 일이다.

셋째로, 우리는 특별한 휴식을 계획할 필요가 있다. 주말과 휴가를 통해서 말이다. 장소가 가장 중요한 요소는 아니다. 문제는 변화다. 결혼하고 아이를 가진 후 초기에 보냈던 휴가 때 우리는 이 여행지에서 저 여행지로 매일 옮겨 다녔다. 결국 휴가를 보낸 후에 그 피로를 회복하기 위해 또다시 휴식을 취해야 했다. 우리 삶은 1년 내내 계속되는 달리기와 같다. 이제 우리는 한 장소에 조용히 자리 잡고 그저 세계의 아주 작은 구석의 일부가 되는 법을 배웠다. 우리는 새로운 장소를 탐험하고, 그 지역 신문을 사고, 골목에서 길을 잃는다. 우리의 휴식 시간은 우리의 여생이 그런 것처럼 제대로 계획되지 않는다. 변화는 충전과 회복을 가능하게 해준다.

어떤 사람들은 매년 한두 번의 화려하고 굉장한 휴가를 위해서 주일을 지키지 않고 그 시간을 비축해 둔다. 그들의 육체와 가족 구성원들이 휴식을 취할 만큼 긴장이 풀릴 때쯤이면 벌써 집으로 돌아가야 할 시간이 돼버린다. 휴식과 회복의 시간을 몰아서 갖는 것은 효과가 없다! 매일, 그리고 매주 쉬어야 할 시간을 놓치게 되면, 몇 개월에 한 번 특별한 휴식을 갖는다 해도 절대로 보상받을 수 없다.

내가 평안과 휴식 사이의 관계를 중요하게 여기기 시작할 즈음에 새 수첩을 구입해야 했다. 전에 쓰던 것은 한눈에 하루 일정밖에 볼 수 없었다. 한 달 동안 내가 나 자신과 가족들에게 어떻게 해왔었는지를 볼 수 없었다. 요즘 나는 새로운 책임을 맡기 전에 한 달 계획표를 본다. 이런 방식으로 나는 일하는 시간과 휴식하는 시간의 균형을 맞추는 데 도움을 얻는다.

F. 특별하게 지켜야 할 날 •••

1980년대 초기 영화 산업계의 최고 호황기는 바로 〈불의 전차〉(Chariots of Fire)라는 영화가 나왔을 때였다. 표면적으로 이 영화는 1924년 파리 올림픽에 관한 이야기이다. 하지만 실제로 이 영화는 흔들리지 않는 신념을 가진 한 사람을 기리는 작품이다. 그의 이름은 에릭 리델(Eric Liddell)이다.

리델은 100미터 단거리 달리기 종목에서 영국 최고의 선수였다. 하지만 실망스럽게도 파리로 가는 도중에 그는 자신이 출전해야 할 경기가 주일에 있다는 사실을 알게 된다. 결국 그는 경기에 참가하기를 거부했다. 기독교적 신념에 따라 주일을 특별하게 지키기를 원했기 때문이었다. "주일을 거룩히 지키겠다"라는 그의 결정이 올림픽을 뒤흔들어 놓았다.

100미터 경기에 참가하지 못하는 대신 에릭 리델은 이틀 후에 벌어진 400미터 경기에 출전하기로 했다. 하지만 400미터는 연습도 한 번 해보지 않은 종목이었다. 영화 〈불의 전차〉 가운데 잊지 못할 장면은 바로 올림픽에 출전한 어떤 선수가 리델에게 손으로 적은 메모를 전달하는 장면이다. 리델의 종교적 신념에 의한 이런 행동을 본 그 미국인 선수는 이런 성경 말씀을 인용했다.

"나를 존중히 여기는 자를 내가 존중히 여기고"(삼상 2:30)

에릭 리델은 올림픽 금메달과 하나님의 상급을 안고 파리에서 돌아왔다. 그는 담대히 주의 날을 특별하게 지켜냈다. 그로부터 60년이 지난 후에 또 다른 세대는 에릭 리델의 이야기에 아카데미 금상의 영예를 안겨주었다. 비록 에릭 리델이 세상을 떠난 지 40년이 지났지만 그의 삶은 여전히 항간에 오르내리고 있다.

어떤 의미에서 보면 에릭 리델은 나에게 이 책을 쓰도록 영향을 미친 사람이기도 하다. 글을 쓰는 시간을 만들어내는 것은 이미 지나치게 많은 일로 가득 차 있는 내 일상을 생각해볼 때 결코 쉬운 일이 아니었다. 몇 주 동안의 주말을 온전히 이 일에만 매진해야 이 책을 완성할 수 있을 것 같았다. 첫 번째 주말부터 좌절과 갈등을 겪어야 했다. 나는 주일에 글을 써야 할 필요를 심각하게 느꼈다. 마치 모래시계에서 모래가 **빠져** 나가는 것처럼 시간이 흘러가버렸다.

하지만 우리 가정에서는 무엇보다 평안을 찾기 시작한 이후로 주일을 특별한 날로 지키기 위해 늘 노력해왔다. 하지만 만일 내가 주일에 작업을 하지 않는다면 분명 스트레스를 좇게 될 것이라는 확신이 들었다. 이 소중한 주일을 이용하지 않는다면 어떻게 책을 끝낼 수 있겠는가(물론 예배는 마치고서 말이다)?

그 가운데 갈등하고 있는 내 모습을 지켜보고 있는 아이들 때문에 나는 결국 주일에 내 타자기를 치워버렸다. 우리는 교회에 함께 다녀왔고, 저녁을 먹으면서는 편안한 대화를 즐겼으며, 동네 운동장에서 한바탕

뛰어놀고, 드라이브를 했으며, 간단하지만 귀중한 가정 예배 시간을 가질 수 있었다.

'나를 존중히 여기는 자'에 대한 메모가 바로 정확히 궤도에 오른 것이다. 나는 다음날 타자기 앞에 앉았고, 이틀 동안 쓸 분량 이상의 내용을 하루 만에 쓸 수 있었다. 마치 하나님께서 온갖 생각들을 내 두뇌와 손가락에 바로 퍼부어주시는 것 같았다.

나는 우리가 앞으로 주일의 형식에 구애되리라고는 생각하지 않는다. 그리고 주일 예배를 위해서 '고수'(鼓手)를 고용할 계획도 없다. 하지만 만일 당신이 주님의 거룩한 날을 특별히 지키기 시작한다면 당신은 비로소 그것이 정상적인 것이었다는 사실을 깨닫기 시작할 것이다. 육체적, 영적 혼란도 안정을 찾는다. 그러니 가능하기만 하다면 주일에는 집안일이나 허드렛일을 피하는 것은 물론이고, 물건을 사는 것도 피하려고 애쓴다. 예수님께서는 안식일에 수렁에 빠진 소를 구하는 것은 괜찮다고 말씀하셨고, 우리도 때때로 소를 구해야 할 때가 있다. 원칙은 주일이 특별한 날이라는 것이다.

무엇보다도 이 날은 시간을 하나님을 사모하는 데 보내기 위해 하던 일을 멈춰야 하는 날이다. 교회에 가는 것 그 자체는 주일을 특별히 여기는 여러 행위 중 하나이다. 하지만 하나님께 진정한 예배를 드리는 첫 행위를 생각해볼 때 교회는 우리가 주일에 가야 할 올바른 장소이다.

성경은 지속적으로 하나님의 백성들이 함께 모이는 것에 특별한 가치를 두고 있다. 그 어느 것도 가족들이 지속적으로 하나님을 공동으로 예배하는 일에 참여하는 일을 손상시켜서는 안 된다. 비록 대부분의 사람들이 그 자리에 모인 이유가 예배가 아닌 듯 보일지라도 우리에게 주님을 찾으려는 의지만 있다면 우리는 예배할 수 있다.

하나님의 위엄을 기억하려는 자세가 한주간 동안 압박감이 왜곡시킨 것들을 바로잡는다. 다윗은 이렇게 외쳤다.

> "그 전에서 모든 것이 말하기를 영광이라 하도다 여호와께서 홍수 때에 좌정하셨음이여 여호와께서 영영토록 왕으로 좌정하시도다 여호와께서 자기 백성에게 힘을 주심이여 여호와께서 자기 백성에게 평강의 복을 주시리로다"(시 29:9-11)

그리스도의 왕 되심에 대해 흥분을 감추지 못하게 될 때 우리 영혼은 쉼을 시작한다. 예배를 통하여 평안이 찾아온다.

주님께서는 우리에게 그분께 돌려드릴 한 날을 허락하셨다. 그 하루를 그분께 돌려드릴 때 꽉 조여진 우리의 삶이 쉼을 얻을 기회를 갖는다.

사납게 밀려오는 강물 옆 떡갈나무에 흔들리지 않는 뿌리가 없었더라면 나무는 살 희망이 없었을 것이다.

평안. 우리가 부르짖는 마음속 깊은 곳의 고요한 평안은 타협하지 않는 평온한 중심이 없이는 불가능하다. 이 평안은 매일 주님과 함께 보내는, 다른 것에 양보할 수 없는 시간으로 시작되고, 정기적인 휴식과 회복으로 생된다.

이 평온한 중심은 이제 앞으로 우리가 탐험하게 될 다른 세 가지 중심들과 서로 연결된다. 이것들이 함께 조화를 이루면 누구든, 어느 곳이든 단단히 고정시킬 수 있을 만큼의 깊고 견고한 뿌리 조직을 가능하게 한다

5장
혼잡한 시간 관리하기

> 나는 이미 폭풍의 눈을 경험했다. 나는 폭풍에 휩쓸리는 곳으로 되돌아가고 싶지 않다. 그러한 결단이 나에게 평온한 중심을 지키기 위해 싸울 수 있는 용기를 주었다.

그림같이 아름다운 호수 인근에 있는 별장 테라스에 앉아 있을 때라면 평안은 쉽게 찾아온다. 그곳에 갔을 때 나는 무릎 위에 성경을 편 채로 어떤 스트레스도 받지 않으면서 아디론댁(Adirondack) 산맥의 상쾌한 공기를 즐기며 시간을 보냈다. 하루하루 지나면서 나는 하나님의 말씀을 통해 평안을 찾았다. 성경을 읽으면 읽을수록 나는 내가 정상적이라고 받아들였던, 뒤틀어진 회전목마 같은 내 인생에 대해서 점차 불만족스러움을 느끼게 되었다.

하지만 마법의 성에서의 나날과 같았던 내 휴가는 거의 끝나가고 있었다. 과연 내가 그 평안을 내 일상생활에 잘 적용할 수 있을지 의심스러웠다. 나는 늘 입으로는 평안을 외치면서 실제로는 부담감 속에 살아가느라 매우 지쳐 있었다. 내적인 평온을 간절히 찾는 중에 하나님께서 다른 삶의 방식을 알려주셨다.

지금 내게 호숫가 별장의 테라스는 더 이상 없지만 평안은 남아 있다. 내 일정표가 느슨해지지는 않았지만 내 영혼은 속도를 줄였다. 내가 평안을 지키리라는 약속을 하자마자, 스트레스는 엄청난 포대를 이끌고 공격해왔다.

- 아내가 9개월 사이에 생명을 위협하는 세 가지 질병으로 고생했다.
- 내 책임 하에 있는 직원들이 크고 힘든 변화를 겪었다.
- 딸이 고등학교에 진학했다.
- 아들은 팔이 심하게 부러진 상태로 중학교에 진학했다.
- 심각한 사고로 인한 법적 분쟁에서 중대한 기로에 서게 되었다.
- 직원들의 임금이 체불되었다.
- 주방의 바닥과 뒷문 계단이 산산조각 났다.

이 모든 놀라운 일들은 이미 강연과 상담, 경영, 라디오 프로그램, 끝도 없는 회의, 아버지 노릇이라는 쉴 새 없는 스케줄에 추가해서 생겨난 일이다. 하지만 평안은 이 시험을 이겨냈다. 정확히 말하자면 예전의 내 모습, 즉 급박하고 격양된 반응들이 여전히 나타나기는 했지만 곧 내가 좇았고 발견했던 새로운 평안으로 되돌아갔다. 이 평안은 결코 이론적이거나 수동적인 것이 아니다. 평안을 대안으로 선택한다는 매일매일의 고집스러움의 결과물이다.

   그 비밀은 성경 말씀으로부터 비롯된 내 평온한 중심에 있다. 평안에 대한 약속들이 성경에 있다. 만일 이러한 평온한 중심이 호흡법을 연습한 결과이거나 신비주의 명상에 기인한 것이라면 그것은 소용돌이치는 내 분주한 일상의 빠른 흐름을 결코 바꿀 수 없었을 것이다.

   평온한 중심은 구체적으로 실천하겠다는 확고한 헌신이다. 평안을 구한다는 것은 이 다섯 가지 개인적인 우선순위를 고집한다는 의미이며, 분주함 때문에 삶이 침식당하는 것으로부터 그 우선순위를 보호한다는 의미이기도하다.

   부담감이 예전만큼 그렇게 크지는 않다. 나는 이미 폭풍의 눈을 경험했다. 나는 폭풍에 휩쓸리는 곳으로 되돌아가고 싶지 않다. 그러한 결단이 나에게 평온한 중심을 지키기 위해 싸울 수 있는 용기를 주었다. 주님과 함께 보내는 양보할 수 없는 시간, 그리고 규칙적인 휴식과 회복이 내적인 평안을 가능하게 해준다. 하지만 사람들 사이의 평안은 또 다른 우물에서 길어 올려야 한다.

A. 시간을 함께하라 • • •

   대학시절 나는 많은 목표를 좇았다. 좋은 성적, 리더의 위치, 사역의 기회. 하지만 그 어떤 목표도 내가 카렌이라는 여학생을 쫓아다녔을 때

만큼 열심을 내게 했던 적은 없다. 나는 최선을 다해 달려야 했다. 카렌을 쫓아다니는 남학생은 나 말고도 여럿 있었기 때문이다. 희소식은 결승점에서 그녀를 품에 안은 것이 바로 나였다는 것이고, 그 이후로도 쭉 내 곁에 있다는 것이다.

우리는 철없던 연애기간 동안 많은 시간을 함께 보냈다. 우리 내부에 있는 자석이 둘 사이를 결코 오래 떼어놓은 채 놔두지 않았다. 우리는 삶 속에서 느낀 솔직한 감정과 여러 가지 사건들에 대해 서로 이야기를 나눴다. 결혼식 날 그녀 앞에서 결혼서약을 할 때, 나는 '함께하는 시간들'이 예전 그 어느 때보다 더 많아지고 더 나아지리라고 확신했다.

그런데 밀물이 우리의 삶에 쳐들어와서는 물러가지 않았다. 우리는 둘 다 일을 계속 했고, 우리 집은 10대 아이들을 위한 '그랜드 센트럴 역'(Grand Central Station)이 되었다. 세 아이들을 양육하는 데는 많은 시간이 들었다. 전화는 늘 통화 중이었고, 때로는 전화기가 녹아내리지는 않을까 걱정스럽기도 했다. 늘 밀고 당기는 긴장 속에 우리가 '함께하는 시간'은 희생되었다.

결혼생활 가운데 처음 20년을 돌이켜보면 나는 서로의 마음을 돌볼 겨를도 없는 가운데 수없이 많은 나날들이 지나가버렸음을 알게 된다. 둘이 함께하는 시간을 가질 때 우리는 둘 다 침착함과 확신을 가지고 그 날의 압박을 해결할 수 있다. 심지어는 몇 가지 문제를 미리 막을 수도 있다. 그런 시간이 다른 일들로 가득 차게 되면서 절대적으로 필요한 평온한 중심이 침해당하게 된 것이다. 우리는 절친한 친구와의 소중한 친교를 누리며 살도록 지음받았다.

문제는 아담에게서부터 시작됐다(모든 문제가 그랬듯이 말이다!). 당신은 어쩌면 그의 '멋진 인생'이 '더 멋지게' 될 수는 없으리라 생각할지 모른다. 그의 주소는 낙원이었고, 그의 직업은 최고경영자였으며, 그의 친구는 하나님이었다. 하지만 이 모든 것에도 불구하고 하나님께서는 아담이 '혼자'였다고 말씀하신다(창 2:18). 그에게는 교제, 즉 동일한 존재와의 교제가 없었다.

> "여호와 하나님이 가라사대 사람의 독처하는 것이 좋지 못하니 내가 그를 위하여 돕는 배필을 지으리라 하시니라"(창 2:18)

아담의 필요는 하나님의 가장 극적인 창조적 행위에 의해 채워졌다.

> "여호와 하나님이 아담에게서 취하신 그 갈빗대로 여자를 만드시고 그를 아담에게로 이끌어 오시니 … 이러므로 남자가 부모를 떠나 그 아내와 연합하여 둘이 한 몸을 이룰찌로다"(창 2:22, 24)

우리는 사랑하는 누군가와 적극적인 교제를 나누며 살아가도록 지음받았다. 혼자 사는 삶은 감당하기 너무 버겁다. 자녀의 평안은 부모와의 친밀함에 달려 있고, 독신으로 사는 사람이 평안을 누리기 위해서는 '마음을 나눌 수 있는 친구'가 필요하다. 그리고 남편이나 아내의 평안은 친밀한 교제의 깊이에 비례한다.

결혼만이 인생의 유일한 연합의 형태는 아니지만 대부분의 사람들에게 결혼은 최고의 연합의 형태라 할 수 있다. 하지만 많은 부부들의 경우 친밀한 교제는 곧 좌절된다. 친밀한 교제와 대화에 대한 약속은 생활의 압박과 수많은 요구들로 인해 숨이 막혀버리고, 끝내는 땅에 묻히고 만다.

어떤 결혼은 이혼이라는 '단발의 총성'으로 끝나고, 더 흔하게는 느린 흐름과 점진적인 침묵의 '흐느낌'으로 끝나버린다. 평안을 더하기 위한 하나님의 선물은 소홀함이라는 죄악을 통해 거의 참을 수 없는 실망으로 변한다.

개인의 내적인 평안으로 가는 길에는 교제를 나누는 삶에 대한 새로운 헌신이 있어야 한다. 함께 모여서 작전회의를 거의 하지 않는 풋볼팀은 슈퍼볼은 고사하고 지역대회조차 출전하기 힘들다. 마찬가지로 남편과 아내는 아무리 자기 일이 바쁘다 할지라도 정기적인 대화의 시간을 꼭 지켜나가야 한다.

인생의 동반자와 함께 보내는 시간은 소홀히 여겨 그냥 넘기기에는 너무나 소중한 평온한 중심이다. 넘쳐나는 스트레스의 측면에서 보면 그 시간은 예방의 차원뿐 아니라 치유의 차원에서도 매우 중요하다.

B. 아내에게 • • •

주님과의 포옹 시간은 하늘로부터 들려오는 가장 중요한 음성을 듣는 시간이며, 인생의 동반자와 함께하는 시간은 땅으로부터 들려오는 가장 중요한 음성을 듣는 시간이다. 결혼생활에 헌신한다는 것은 배우자를 최우선 순위에 두는 것을 의미한다. 배우자가 당신의 일정에 정기적으로 포함되지 않는다면 그것은 거의 불가능하다.

남편과의 '교제의 시간'을 가지지 못하는 여성은 무의식적으로 분노를 쌓아두기 시작할 것이고, 어느 날 감정이 마치 화산처럼 폭발해버릴 것이다. 만일 자신이 하는 말에 남편이 계속 무관심하다는 것을 느끼게 된다면 결국 사랑받지 못한다고 느낄 것이다. 그리고 그것은 아주 위험한 상태이다. 성경은 이렇게 경고한다.

"세상을 진동시키며 세상으로 견딜 수 없게 하는 것 서넛이 있나니…
꺼림을 받는 계집이 시집간 것과"(잠 30:21, 23)

아내는 남편에게 사랑을 받으면서도 사랑받고 있다고 느끼지 못하기도 한다. 여성은 오로지 날마다 대화를 나눔으로써만 쌓아나갈 수 있는 하나 된 느낌을 갈망한다.

만일 어떤 남성이 '내가 어쩌다가 이렇게 잔소리를 많이 하는 여자와 결혼하게 되었을까?' 하는 의아심이 든다면, 해답을 찾기 위해서 가장 먼저 바라보아야 할 것이 바로 거울이다. 남편이 자신의 말에 귀를 기울이지 않는다고 생각하는 여성은 더 크게, 더 오래, 그리고 더 자주 잔소리를 한다. 그녀는 남편의 마음 문을 두드리고 있는 것이다. 아내가 부드럽게 두드릴 때 남편이 듣지 않았기 때문이다.

만일 어떤 여성이 '내가 어쩌다가 이렇게 말이 없는 남자와 결혼하게 되었을까?' 하는 의아심이 든다면 그녀 역시 우선 거울을 보아야 한다. 남성들은 자신들이 지속적으로 좌절당하는 결과를 맛본다면 때때로 대화를 피한다. 남편이 말을 한다. 아내가 말을 끊고, 비난하고, 따분하다는 듯 행동하고, 남편이 한 말을 되받아 공격용 총알로 사용하며, 남편의 확신을 우스갯거리로 만든다. 그렇게 되면 남편은 더 이상 말하려 하지 않는다.

C. 남편에게 • • •

아내와의 '교제의 시간'을 가지지 못하는 남편은 아내와 마찬가지로 뒤틀린 생활을 하게 된다. 단순히 자신의 삶을 다른 것들로 채우려 한다. 그렇기 때문에 부부 사이에 무엇을 잃어버렸는지 발견하는데 더 오랜 시간이 걸린다.

가정은 그가 온갖 짐을 내려놓고 새로운 격려로 충전을 받아야 할 곳이다. 남성에게는 오직 자신의 아내만이 만족시켜 줄 수 있는 종류의 친근함이 필요하다. 아내와 나누는 시간을 지키는 사람은 현명한 남편이다. 아내는 그가 결코 보지 못하는 것들을 볼 수 있다.

남성이라는 종(種)이 가지고 있는 한 가지 흥미로운 특징은 길을 잃었을 때 그 사실을 절대 인정하지 않는다는 것이다. 한 시간이면 갈 길인데 세 시간이 더 걸려도 남편은 여전히 가야 할 장소를 정확히 알고 있다고 우긴다. 아내는 남편에게 차를 세우고 주유소에라도 가서 길을 물어보라고 하지만 남편은 아내에게 잠자코 잡지책이나 마저 읽으라고 말한다.

카렌과 나는 연료를 절약하기 위한 한 가지 대안을 세웠다. 나는 조종사고, 아내는 항법사이다. 내가 조종관을 잡고 카렌은 지도를 챙긴다. 우리는 각자의 임무에 매우 능숙하다. 이런 식으로 협력하게 되면 목적지에 훨씬 더 빨리 도착한다.

하나님께서 아내를 남편의 항법사로 주셨다는 사실을 남편이 깨닫기만 하면 가정은 훨씬 평화로워진다. 정복을 위한 목적 지향적 추진력 속에서 남편은 길을 잃는다. 아내는 주로 가정의 가치 정화기 역할을 한다. 아내는 일보다 사람이 더 중요하며, 아이들이 더 많은 사랑과 통제를 필요로 하며, 가족들이 신앙적으로 표류하고 있다는 사실을 남편에게 상기시켜 준다.

성경은 다음과 같은 남편을 둔 여성을 언급하고 있다. "남편의 마음은 그를 믿나니 산업이 핍절치 아니하겠으며"(잠 31:11). 감정적으로 부유한 이 남성은 "그 집안일을 보살피고 … 여호와를 경외하는 여자"(잠 31:27, 30)를 아내로 삼은 것이다.

남성은 배우자에 대한 필요를 느끼도록 만들어졌다. 아내가 그의 삶에서 벗어나 다른 일로 바빠질 때, 남편이 길을 잃게 됨은 전혀 놀라운 일이 아니다.

D. 눈사태를 피하라 • • •

결혼식을 올리는 본래 의도는 고결하다. 결혼식을 올린 부부는 정기적으로 대화를 나누고, 서로의 삶에 대해서 지속적으로 알아가기를 원한다.

카렌과 나는 이따금씩 우리 집에서 일어나는 눈사태에 대해서 매우 즐겁게 웃는다. 사람들은 그 눈사태가 아이들의 옷장에서 일어났을 것이라고 추측할지 모르지만, 사실 그 눈사태는 너무나 미루고 미룬 부부 간의 교제의 시간 때문에 일어난다. 카렌이 내게 시간을 요구해올 때마다 내가 '너무 바빴거나', 혹은 야심이 너무 많은 남편을 밀어붙이기에는 그녀가 너무 친절하든가 둘 중 하나가 그 이유다.

그러다가 마침내 나는 "여보, 얘기 좀 할까요?"로 시작되는 그녀의 접근에 반응한다. 스웨터의 풀려진 매듭처럼, 처음에는 아주 천천히, 그러다가 정말로 올이 마구 풀리기 시작한다. 나에게 털어놓는 모든 이야기들은 그녀에게 또 다른 문제를 떠오르게 한다. 이야기가 시작된 지 얼마 지나지 않아서 나는 눈사태에 파묻혀버린다. 나는 빠져나갈 구멍을 찾을 심산으로 괴로운 듯 이렇게 외친다.

"왜 이렇게 많은 것이 쌓일 때까지 기다렸소? 한꺼번에 이렇게 많은 걸 해결할 수는 없소. 문제가 일어났을 때 바로 말해주지 그랬소."

아내는 대답할 필요가 없다. 내가 이미 알고 있기 때문이다. 아내는 말하려고 했는데 그 목소리를 듣기에는 내가 너무 빠르게 움직이고 있었거나, 말하려고 시도해볼 만한 시간조차도 남겨두지 않았던 것이다.

아내가 계속 남편을 '귀찮게' 하지 않기로 결정하는 것은 결코 남편을 위하는 것이 아니다. 그녀의 근심이 해결 가능할 만큼 사소하거나, 아니면 남편을 묻어버리기에 충분할 만큼 커졌거나 두 경우 모두 남편을 괴롭게 하기는 마찬가지이다.

바로 이러한 이유로 성경은 우리에게 다음과 같은 현명한 조언을 해주고 있다.

"해가 지도록 분을 품지 말고 마귀로 틈을 타지 못하게 하라"(엡 4:26-27)

부부는 하루의 삶을 돌아보며 매일 대화를 나누어야 한다. 만일 부부가 너무 많은 나날 동안 '대화를 나누는 시간 없이' 살게 되면 대적에게 파괴적 우위를 제공하는 것과 같다.

남성에게는 대화에서 빠져나오려고 하는 독특한 특성이 있다. 그는 자신이 유능하다고 느껴지지 않는 상황을 회피한다. 남성들은 자신의 일에 대해서는 강한 자신감을 가지고 있다. 하지만 깊은 차원의 개인적인 감정의 영역에 대해서는 확신을 가지고 있지 못하다.

따라서 남성들은 진지하게 이야기해야 할 문제가 있을 때 계속 도망하려 한다.

또 하나의 평온한 중심인 '교제의 시간'은 오직 남성의 리더십과 여성의 온화한 끈기가 있어야만 안전히 지켜질 수 있다. 둘이서 함께하는 시간을 추구하는 것이 개인적인 평안을 추구하는 것이다.

내 인생에서 진정으로 중요한 것이 무엇인지를 알아내는 방법은 아주 쉽다. 일정표를 보면 된다. 일정표는 약속과 강연 예약과 회의들로 빽빽하게 채워져 있다. 만일 내 아내가 정말 내게 중요한 사람이라면 그녀를 위한 시간들도 일정표에 포함될 것이다. 그녀의 '중요한 일들'은 달력에 적혀 있다. 나도 달력에 적힌 내용의 일부에 포함되어 있을 것이다. 적어도 일주일에 한 번은 견고하고 집중적인 교제의 시간이 있어야 한다. 교제의 시간에 대한 우리의 의무는 미리 계획된 내용이 없는 한 그저 말뿐에 지나지 않는다.

때로는 예전 스타일의 기분 좋은 데이트를 준비해야 한다. 음악회나 공연을 보러 가기보다 함께 저녁을 먹으러 가는 것이 낫다. 우리도 늘 다른 사람들이 이야기하는 것을 듣기보다 우리 이야기를 나눌 필요가 있다. 또한 일 년 중 적어도 한두 번은 함께 '집을 떠나는' 시간을 가질 기회가 있어야 한다. 아이들 없이 보내는 주말은 부부 사이의 연애감정을 되살려 주고, 비단 현재뿐만 아니라 미래에 관한 대화를 나눌 충분한 시간을 제공해준다.

하지만 데이트나 함께 보내는 주말이 결혼생활 대화의 기반, 즉 매일 대화를 나누는 것을 대신할 수는 없다. 함께하는 그 시간이 반드시 길어야 할 필요는 없지만 반드시 지속적이어야 한다. 우리 가정에서는 그 시간을 '눈사태 방지 조치'(avalanche prevention)라고 부른다.

E. 최고의 친교를 쌓으라 • • •

친교의 시간을 통하여 부부는 최고의 친구가 될 수 있다. 친교의 시간은 단순한 문제해결 시간 이상이다. 함께하는 시간이 세 가지 필수적인 우선순위를 위해 쓰일 때 결속력이 생겨난다.

첫째는 기도하는 것이다.

기도는 길이보다 깊이가 더욱 중요하다. 함께 하는 기도제목은 "선교사들에게 복을 주소서", "건축헌금이 부족함 없이 마련되게 해주소서" 같은 것들이 아니다. 부부가 함께 무릎을 꿇고 내면의 두려움과 절망, 감정들을 하나님께 맡기고, 꿈을 표현하고, 자녀들의 몸부림과 방황에 대한 전쟁을 선포하고, 가정의 소박한 물질적 필요에 대한 하나님의 관점을 구하며, 당신이 싸우고 있는 불경건한 태도와 행위들을 고백하는 일이다.

둘째로 해야 할 것은 함께 계획하는 것이다.

다이어리와 달력을 꺼내서 서로 할 일을 검토한다. 스트레스의 원인이 되는 많은 일들이 그로 인해 미리 예방될 수 있다.

"다음주 화요일 밤에 어딜 간다고요?"

스케줄을 보면서 함께할 시간을 같이 계획하라. 서로의 관심이 필요한 항목의 목록을 만들라.

계획을 세우는 것은 물론 일정을 짜는 것 이상의 효과가 있다. 검토하고 평가하고 처리해야 할 결정들이 있다. 지미에게 '나쁜 영향'을 미치는 친구들을 어떻게 해결하면 좋을지, 부채를 청산하기 위해서 지출을 어떻게 관리하면 좋을지, 집을 수리하기 위해서 단계적으로 어떤 계획을 세워야 할지, 전화 통화나 TV 시청을 어떻게 통제할 수 있을지, 하나님의 일을 위해 얼마나 많은 시간을 할애해야 하는지 등.

정기적인 대화의 시간을 가짐으로써 너무 늦거나 아예 내려지지 않은 결정으로 인한 스트레스를 줄일 수 있다.

셋째로 해야 할 것은 서로에게 피난처를 제공해주는 일이다.

하루 종일 우리는 자녀와 직장에서 만나는 사람들과 친구들에게 가슴속 깊은 감정들을 감추고 살아간다. 함께 보내는 시간은 지속적으로 신뢰를 개발하도록 돕는다.

당신의 벗은 몸을 볼 수 있는 사람이라면 당신의 벌거벗은 감정도 역시 볼 수 있어야 한다. 인생의 반려자와의 교제의 시간은 삶의 짐을 내려놓고 가면도 벗은 채, 웃고, 울고, 때로는 자랑도 약간 하면서 불만을 해결해 나가고 진퇴유곡에 빠지기도 하는 그런 시간이다. 배우자에게 고통에 대해 분풀이해서는 안 되지만 그 시간을 통해 고통을 털어놓아야 한다. 정신적인 반려자는 사랑의 피난처와 같은 안전함을 느낄 수 있어야 한다. 그 무엇도 다 포용하고 거절하지 않는 안전함 같은 것 말이다.

인생의 반려자와 함께 보내는 시간은 투자다. 따라서 그 배당금도 후하다.

부부가 서로 친밀하면 그 자녀들은 자신감 있는 아이들로 자란다. 고수(鼓手)들이 함께 연습을 해왔기 때문에 자녀들은 북소리에 맞춰 잘 행진해 나간다. 두 개의 북소리가 각각 다르면 자녀는 혼란을 겪게 되고 반항아로 자라기 쉽다.

친밀한 교제를 나누는 부모는 또한 포용하는 부모다. 대화를 통해 형성되는 신뢰와 온화함은 결혼한 부부에게 있어 완전히 새로운 성적 모험의 길을 열어준다.

이 모든 것 중 최고의 배당금은 무한한 친밀감, 즉 사랑받고 있다는 마음속 깊은 곳으로부터의 느낌이다. 그 관계의 안정감 속에서 인생의 모진 풍파를 이겨나갈 수 있다. 기쁨은 두 배가 되고, 인생의 짐의 무게는 반으로 덜어진다.

F. 독신- 하지만 혼자가 아니다 •••

사도 바울은 독신이었다. 하지만 그는 혼자가 아니었다. 그의 편지는 수많은 그의 동료들에 대한 언급으로 가득 차 있다. 그는 우리에게 루포의 어머니에 대해서 이야기한다.

"그 어머니는 곧 내 어머니니라"(롬 16:13)

디모데에 대해서는 "자식이 아비에게 함같이 나와 함께 복음을 위하여 수고하였느니라"(빌 2:22)라고 하였다. '아들'과 오랜 시간 동안 떨어져 지낸 후에 바울은 이렇게 말했다.

"네 눈물을 생각하여 너 보기를 원함은 내 기쁨이 가득하게 하려 함이니"(딤후 1:4)

바울이 가장 암울했던 순간에는 오네시보로가 그를 '격려해' 주었다(딤후 1:16 참조).

또한 바울은 로마에 있는 믿는 자들에게 이렇게 썼다.

"나로 하나님의 뜻을 좇아 기쁨으로 너희에게 나아가 너희와 함께 편히 쉬게 하라"(롬 15:32)

바울은 신앙적, 감정적인 능력이 뛰어났던 사람이었다. 만일 '혼자서도 잘 살아갈 수 있는' 그리스도인이 있다면 바로 바울일 것이다. 하지만 그 역시 동료와의 교제가 필요했기에 교제를 더 넓혀나갔다.

독신으로 남는다는 것이 꼭 수준 낮은 사랑만을 경험하는 것으로 제한됨을 의미하지는 않는다. 결혼한 부부의 평온한 중심을 지배하는 원칙은 결혼하지 않은 사람들에게도 마찬가지로 적용된다. 부모(친부모든 양부모든), 형제, 자매, 마음을 나눌 수 있는 친구, 바로 이런 사람들이 독신으로 사는 사람들이 지켜야 하는 인생의 동반자들이다. 그들과 함께하는 시간과 그 친밀함이 평안을 구하는 가운데서 양보할 수 없는 중요한 것으로 지켜져야 한다. 사람에 대한 필요를 느끼도록 우리를 지으신 하나님께서 우리에게 필요한 사람들을 주실 것이다.

몇 년 전 나는 '마음은 외로운 사냥꾼'(The Heart Is a Lonely Hunter)이라는 제목의 영화에 푹 빠져 있었다. 인간의 마음은 외로운 사냥꾼이 되어서는 안 된다. 하나님께서는 우리를 친교를 나누는 존재로 지으셨다. 빠른 스트레스의 비트에 맞춰 춤을 추면 출수록 우리는 더 많이 외로운 춤을 추게 된다. 그 누구도 우리와 가까워질 만큼 빠르게 달릴 수 없다. 중압감은 우리를 가장 사랑하는 사람들을 우리의 삶으로부터 몰아내게 될 것이다.

선을 분명히 그을 수 있어야 한다. '평안의 사냥꾼'이 외로워야 할 필요는 없다. 바로 이러한 이유로 바울은 디모데에게 "주를 깨끗한 마음으로 부르는 자들과 함께" 평안을 좇으라고 권한다(딤후 2:22). 우리가 긋는 선은 어떠한 기한도, 지위도, 그분과 '함께하는' 시간을 희생해야 하는 어떤 의무들도 거부한다.

아담과 하와처럼, 혼자인 것은 우리에게도 좋지 않다.

6장
가족 경건의 시간 지속하기

> 매주 두 차례의 가족 경건의 시간이라는 평온한 중심을 지키는 일은 당신의 자녀뿐만 아니라 당신 자신에게도 위대한 평안의 씨앗을 뿌리는 일이다.

젊은 부부가 충동에 이끌려 "어디에 가자"고 말할 때, 그들은 두 번 생각할 필요가 없다. 하지만 데리고 가야 할 아이가 있다면 적어도 두 번 이상은 생각하게 된다.

첫 아이 리사(Lisa)가 태어났을 때, 추운 날씨에 아이를 데리고 외출이라도 하려면 우리는 그 불쌍한 어린 것을 말 그대로 미라처럼 겹겹이 싸야 했다. 스웨터와 바지, 부츠와 담요로 아이를 든든히 싸매고 나면 이미 어디에 가기에는 시간이 늦어버리고 만다. 물론 모든 부모들이 알다시피 아기를 담요에 싸는 정도는 겨우 고생의 시작에 불과하다.

아이들이 자라면 코트와 목도리, 장갑이며 부츠, 게다가 악천후를 대비한 용품들에 이르기까지 챙겨야 할 잡동사니가 산처럼 쌓인다. 모진

비바람이 부는 날씨일수록 우리는 아이들이 제대로 옷을 입었는지 더욱 주의 깊게 신경을 쓰게 된다.

매일 아침 우리는 자녀들을 폭풍우 속, 즉 도덕적, 정서적인 폭풍이 몰아치는 거친 세상으로 내보낸다. 나는 그 아이들이 좌절, 압박, 유혹, 불경함, 매력적인 거짓말, 인간성의 오염이라는 혼란스러운 소나기를 맞게 되리라는 것을 알면서 그들이 나가는 것을 지켜본다. 스트레스는 앞치마나 정장뿐 아니라 청바지와 스니커즈를 입고도 찾아온다. 우리 아이들 역시 평화로운 삶을 방해하는 스트레스로 인해 침식당함을 느낀다. 주일학교 때 우리는 "작은 눈아 네 눈이 보는 것을 조심해, 작은 귀야 네 귀가 듣는 것을 조심해"라는 찬양을 부르곤 했다. 아주 적절한 경고 메시지가 아닐 수 없다. 하지만 우리 자녀들이 아무리 조심한다고 해도 그들의 눈과 귀는 여전히 유독성이 강한 도덕적 폐기물과 해야 할 일들로 인한 중압감의 냉혹한 포격을 맞고 있다.

부모가 우산을 들어주기 위해 아이들과 항상 같이 다닐 수는 없다. 하지만 날씨에 맞게 제대로 옷을 입혔는지는 확인할 수 있다.

나를 안정시켜주는 내적인 평안으로 나 자신이 보호받는 것만으로는 충분치 않다는 사실을 이해할 것이다. 나는 우리 자녀들에게도 내적 평안이 있길 바란다. 지금까지 아이들이 아버지의 스트레스의 영향도 받아왔다면, 이제는 그 대신 평안으로 인한 영향을 받아야 하지 않겠는가?

우리 어른들뿐만 아니라 아이들도 스스로 평안을 구해야 한다. 우리는 부모로서 아이들이 주님의 지혜를 배울 수 있는 체계, 즉 그러한 환경을 만들어 주어야 한다.

우리가 만들고 지켜나가야 할 또 하나의 평온한 중심이 바로 여기에 있다. 바로 지속적인 가족 경건의 시간이다.

A. 내가 모든 책임을 진다 • • •

성경은 부모들에게 그들이 알고 있는 하나님을 자녀들에게 직접 가르쳐주라고 명한다!

'가르치는 것'이 부모의 의무이기에 일상생활 속에서 그 의무를 실천해야 한다. 신앙은 분명히 자연스럽고 자발적인 것이지만 동시에 체계적으로 전해져야 한다.

가족의 신앙에 대한 책임은 아담에게 속해 있다. 성경 어디에도 하나님께서 하와에게 선악과에 대해 설명하셨다는 내용은 없지만, 뱀이 접근해 왔을 때 하와는 하나님의 말씀을 이미 알고 있었다. 하나님께서는 아담에게 선악과에 대해 말씀하셨고, 아담이 그 말씀을 하와에게 전하리라 믿으셨다. 그들이 불순종의 죄를 저지른 이후 하나님께서 그들을 찾아오셨을 때, "여호와 하나님이 아담을 부르시며 그에게 이르시되 네가 어디 있느냐"라고 하셨다(창 3:9).

비록 하와가 처음 죄를 저지르기는 했지만 하나님께서는 아담에게 죄를 물으셨다. 아무것도 변한 것은 없었다. 하나님의 눈에는 영적인 책임이 여전히 그 가정의 남자에게 있었다. 바울은 이렇게 말했다.

> "아비들아 너희 자녀를 노엽게 하지 말고 오직 주의 교양과 훈계로 양육하라"(엡 6:4)

덕에게 야구를 처음 가르쳐주었던 날이 기억난다. 덕은 이제 아주 훌륭한 야구 선수가 되었기 때문에 네살 박이 꼬맹이가 플라스틱 공과 방망이를 가지고 연습하던 시절을 기억해내기가 내게는 쉽지 않았다. 그때 나는 덕에게서부터 15미터 떨어진 곳에 서 있었고, 덕은 엉성한 자세로 방망이를 들고 공을 찍어 내렸다. 설명해주고 시범을 보여주면서 나는 덕에게 어떤 자세로 서야 하는지 알려주었고, 균형을 잡고 스윙을 하는 방법과 공을 친 후의 마무리 동작들을 가르쳤다. 덕은 훈련에 잘 임했다. 요즘은 내가 아무리 힘껏 공을 던져도 덕은 아주 정확하게 그 공들을 쳐낸다. 그것도 아주 세게.

아버지들은 분명 좋은 코치이다. 그것은 별로 놀랄 만한 일도 아니다. 당신의 자녀를 '주의 가르침과 훈계'로 양육하는 일은 기본적으로 영적인 차원에서의 가르침을 의미한다. 그렇다고 모든 아버지들이 세계적인 수준의 신학자나 인문학자가 될 필요는 없다. 하나님께서 모든 아버지에게 코치의 자격을 주셨기에 아버지는 신앙을 전해줄 수 있는 것이다.

만일 아버지가 아직 하나님의 팀에 속해 있지 않다면 어머니가 대신 가족 경건의 시간을 인도할 수도 있다. 우리는 바울이 가장 신뢰하던 동료 디모데가 신앙적으로 일치되지 못한 가정에서 성장했기 때문에 이 사실을 안다. 디모데의 어머니만 그리스도를 믿었다. 그리고 바울은 디모데의 어머니가 존경받을 만큼 그 가르침을 잘 이행했다고 믿었다.

> "이는 네 속에 거짓이 없는 믿음을 생각함이라 이 믿음은 먼저 네 외조모 로이스와 네 어머니 유니게 속에 있더니 네 속에도 있는 줄을 확신하노라"(딤후 1:5)

그리고 어머니 유니게는 분명 아들의 인생 가운데 많은 날을 허비하지 않았다.

> "또 네가 어려서부터 성경을 알았나니"(딤후 3:15)

만일 우리 자녀들이 앞으로 성경이 말하는 위대한 평안을 맛보게 하려면 주님의 말씀을 배워야 한다. 그 아이들이 주님의 말씀을 배우려면 어머니와 아버지가 그 아이들을 가르쳐야 한다. 교회나 청소년 지도교사나 기독교 학교에서 우리 자녀들에게 미치는 영향은 보충일 뿐이다. 가족 경건의 시간은 분명히 포기할 수 없다. 하지만 그 시간은 아버지(혹은 아버지가 그리스도인이 아닐 경우 어머니)가 반드시 필요하다고 결정하기 전까지는 결코 시작되지 않을 것이다.

B. 코치가 팀을 소집해야 한다 • • •

남자들은 자기가 잘하는 일에만 매달리기를 좋아하기 때문에 때로는 신앙적인 지도자의 단계에 올라서는 데까지 시간이 많이 걸린다. 가장이 가족의 신앙적인 지도자로서 자신을 인정할 확신이 들 때까지 기다리게 되면 가정은 결코 올바르게 양육되지 못할 것이다.

우리 집에는 세 아이들이 허치크래프트 필하모닉을 결성해도 될 만큼의 다양한 악기들이 갖추어져 있다. 피아노, 오르간, 트럼펫, 플루트, 피콜로, 색소폰, 클라리넷, 그리고 기타에 이르기까지. 아이들이 어떤 악기든 새로운 악기를 배우기 시작한 첫달에는 매우 괴롭기 짝이 없다. 끙끙대는 소리, 엉성한 연주 소리, 끽끽대고 긁히는 소리가 집안에서 들리기 시작하면 나는 전에는 잘 하지도 않던 정원 가꾸는 일에 열을 올린다. 하지만 듣기 괴로운 그 모든 소리에도 불구하고 우리는 아이들이 열심히 연습하는 것이 분명 기쁘다. 연주하는 법을 배우려면 초보 단계부터 시작해야 한다. 그렇지 않으면 아무것도 배울 수 없다.

아버지도 가족 경건의 시간을 시작하는 데 있어 완벽해야 할 필요는 없다. 하나님의 눈에는 오직 시도하지 않는 아버지만이 실패자일 뿐이다!

공식적 모임은 물론 가족 모두의 의견을 모아 미리 계획해야 한다. 한 번 정도는 주말로 정해서 시간에 쫓기지 않도록 하는 것도 좋다. 평일이라면 모두가 약속한 편안한 저녁 시간을 이용하는 것이 좋다. 어쩌면 저녁 늦은 시간을 정해서 각자 하던 일을 잠시 멈추기로 약속하고 준비할 수도 있다. 전화가 올 경우 잠시 후에 다시 걸겠다고 말하고, 잠시 들르는 방문객이 있다면 가족 모임에 함께하게 한다. 이 두 번의 모임 시간은 융통성 있게 시간을 변경할 수는 있지만 횟수는 변경할 수 없다.

C. 메뉴를 바꾸어야 한다 •••

우리 두 아들 녀석은 저지 쇼어에 있는 레스토랑에서 파는 피자를 좋아한다. 최근에 아이들과 함께 그곳에서 일주일을 보냈는데, 덕분에 아이들은 좋아하는 피자를 실컷 먹었다. 내가 '네 가지 기초 영양분'에 대한 차트를 집에다 두고 와서 아이들에게 꿈에 그리던 피자를 너무 자주 먹도록 내버려두었던 것이다. 원하는 만큼 먹었기 때문에 한 주가 지난 때쯤 아이들은 피자에 완전히 질려버렸다. 아무리 우리가 좋아하는 음식이라도 계속 먹으면 질리지 않겠는가!

바로 이것이 우리가 가족들을 영적으로 먹일 때 메뉴를 다양하게 해야 하는 이유이다. 매주 두 번씩 성대한 식사를 하기 때문에 약간의 창의성을 가미시켜야 한다. 성경에 나오는 이야기를 들려주거나, 비유를 극적으로 표현해주거나, 당신이 경험한 사건들을 바탕으로 실제적인 원칙을 제시해 준다든가, 위대한 신앙인의 전기를 같이 읽는 등. 각자가 주님과의 '포옹 시간'을 통해 얻은 은혜를 나누게 하라(신앙 일기가 도움이 될 것이다). 함께 공부한 성경말씀을 토대로 각자가 시도할 수 있는 실제적인 적용을 함께 나누어보라.

어느 날인가 나는 빨간색 고무공을 가족 경건의 시간에 준비했다. 우리는 한동안 그 공을 서로 주고받았다. 그런 다음 내가 말했다.

"자, 이 공이 모욕적인 말이나 비난의 말이라고 가정해보자. 이제 그 공을 나에게 던져."

나는 공을 잡았다. 하지만 나는 공을 다시 던지지 않았다. 그리고는 이렇게 고백했다.

"나도 마음속으로는 이 공을 너에게 다시 던지고 싶다. 나는 사람들이 내게 던지는 것을 그대로 되돌려주라고 배워왔지만 그렇게 하지는 않을 거야."

그날 우리의 성경공부 주제는 바로 "아무에게도 악으로 악을 갚지 말고 모든 사람 앞에서 선한 일을 도모하라… 악에게 지지 말고 선으로 악을 이기라"(롬 12:17-21)였다.

우리는 그날 누군가가 우리에게 던진 상처를 되갚지 않는 것에 대해 함께 배웠다. 그 아이디어는 내가 단순히 나 자신에게 이렇게 질문을 던졌을 때 떠올랐다.

"다소 추상적인 원칙을 보여주기 위해서 어떤 물체를 이용할 수 있을까?"

가족 경건의 시간은 단순한 성경공부 이상의 의미를 가지고 있다. 이 시간은 현실적이고 개인적인 문제들을 위해 기도하는 시간이며, 우리가 얼마나 잘 살아가고 있는지, 지난 시간에 무엇을 배웠는지 나누면서 신앙 문제를 거론하고 해답을 구하며, 좋아하는 찬양을 부르는 검토의 시간이다.

매주 두 차례의 가족 경건의 시간이라는 평온한 중심을 지키는 일은 당신의 자녀뿐만 아니라 당신 자신에게도 위대한 평안의 씨앗을 뿌리는 일이다.

D. 일상이라는 교실에서 평안을 찾으라 • • •

모세는 이스라엘 부모들에게 "집에 앉았을 때에든지, 길에 행할 때에든지, 누웠을 때에든지, 일어날 때에든지"(신 11:19) 말씀을 강론하라고 말했다. 가정이라는 첫 교회는 일상이라는 교실에서 매일 가르칠 수 있는 완벽한 공간이다.

가족이 함께 생활하는 일상 가운데 하나님께서 임재하시는 순간은 분명히 있다. 부모는 그때를 분별하기 위해 영적인 시력을 키워야 한다. 비공식적인 가족 경건의 시간은 다음의 경우에 자연적으로 발생한다.

1. 간구할 일이 있을 때

- 물질적으로 힘들 때 – 하나님께서 필요를 채워주신 성경 이야기나 구절을 나누고 나서 우리의 필요를 하나님 아버지께 맡긴다.
- 결정하기 어려울 때 – 과거의 선택의 순간에 하나님께서 어떻게 인도하셨는지 되돌아보고, 그분의 인도하심에 대한 성경구절을 읽고서 함께 손을 잡고 그분의 인도를 구한다.
- 입학 전날 – 긴장되어 있는 미래의 학자를 둘러싸고 앉아 그의 머리에 손을 얹고 돌아가며 기도한다.
- 가족이 아플 때 – 하나님의 백성들이 낙심했을 때 하나님께서 그들을 위해 특별히 행하신 일들이 기록된 성경 내용을 나눈다. 그런 다음 돌아가면서 아픈 가족을 위해 기도하고, 그 자리에 함께하시는 하나님의 임재를 느낀다.

2. 가르침을 받을 만한 때

한 사람이 오늘 경험한 일은 가족 모두에게 성경적 원칙을 바라보는 렌즈가 된다. 아이가 운동경기에서 부정 때문에 좌절감을 느꼈다면 그것은 우리 가족이 해가 지도록 분을 품지 말라는 성경 말씀을 배울 수 있는 기회가 된다. 캠핑을 가서 우리가 "그가 하늘을 차일같이 펴셨으며 거할 천막같이 베푸셨고"(사 40:22)라는 말씀을 읽었을 때는 하나님의 위대하심을 절실히 깨닫는 기회가 되었다.

저녁 뉴스를 보면서 야기되는 핵전쟁에 관한 의문은 그리스도의 재림에 대한 즉흥적인 토론으로 연결되었다. 가르침을 위한 때를 찾기만 한다면 얼마든지 찾을 수 있다!

3. 저녁식사 때

가족이 함께 하는 저녁식사는 그리스도인 가정의 삶 가운데 성찬예식이 되어야 한다. 여기에는 요리를 준비하는 엄마와 다른 가족들 사이의 많은 협조가 필요하지만 그럴 만한 가치가 충분히 있다. 편안한 자세로 가족들 각자 그날 '좋았던 점들' 과 '좋지 않았던 점들' 을 재고하는 시간은 그리스도의 임재를 인정하고 그분의 원칙을 적용하는 데 많은 도움을 준다.

4. 상처를 받았을 때

가족 가운데 두 사람 사이에 벽이 있다. 사과, 고백, 용서하고 용서받아야 할 필요, 변화에 대한 간청 등은 깊은 영적인 차원으로 들어갈 수 있는 기회이다. 만일 가족이 함께 벽을 다리로 변화시킨다면 그 가정은 특별한 방식으로 주님과 만날 수 있다.

매일 이어지는 일상이라는 교실은 지구상에서 가장 강력한 배움의 환경이다. 그 누구도 아버지나 어머니처럼 좋은 교사로 섬길 수 없다. 그들만이 그 일을 해내기에 충분한 사람들이다.

매일 함께 주님을 찾는 가족은 동시에 서로를 찾을 수 있다. 이 초강력 접착제가 없다면 가속 페달만 밟아대려는 개개인의 삶의 경향들로 인해 각자 산산이 흩어져버리게 될 것이다. 원심력과 같이 스트레스는 우리 각자를 원의 외곽에 있는 고독한 곳으로 맴돌게 한다.

우리의 삶이 포화상태이기 때문에 가족 경건의 시간을 지속적으로 지켜나갈 수 없을 것으로 보인다. 하지만 우리 삶이 포화상태이기 때문에 우리는 의도적으로라도 시간을 만들어야 한다!

당신의 집 바깥에서 몰아치고 있는 폭풍은 점점 더 강해질 것이다. 결코 약해지지 않는다. 하지만 만일 당신의 가족 모두가 매일 주님께 초점을 맞추려고 하기만 한다면 당신은 집 안에 '온전함'(sanity)이라는 작은 섬을 만들 수 있다.

평안을 좇는 모든 가족에게는 느헤미야 같은 사람이 필요하다. 그는 포로로 잡혀갔던 유대인들이라는 큰 '가족'을 이끌고 극도로 힘든 삶의 시기를 거쳤다. 그들에게는 엄청난 책임이 있었다. 바로 예루살렘 성전을 재건하는 일이었다. 그것도 다급한 일정, 그리고 이방인 대적들이 사방을 둘러싸고 있는 상황 가운데서 말이다. 하루에 마쳐야 하는 노동의 엄청난 양 때문에 백성들이 각자 다른 방향으로 움직여야 했던 것을 생각할 때, 온 가족이 가까이 있도록 하는 것은 매우 어려웠다. 내가 잘 아는 가족에 대한 얘기처럼 들린다.

하지만 느헤미야는 모든 사람이 '함께하기 위한' 계획을 선포했다.

> "이 역사는 크고 넓으므로 우리가 성에서 나뉘어 상거가 먼즉 너희가 무론 어디서든지 나팔 소리를 듣거든 그리로 모여서 우리에게로 나아오라"(느 4:19-20)

만일 우리 가족이 점점 '멀리 떨어진다'고 느껴지면 우리는 느헤미야의 도전을 받아들여 행해야 한다. 시대가 다르고 장소도 다르지만 평안의 나팔 소리는 가족 모두를 그리스도 앞으로 불러 모을 수 있다. '모이라'는 나팔 소리에 늘 귀 기울이는 가족들에게는 평안이 찾아온다.

6장 가족 경건의 시간 지속하기

7장
성격 재편성하기

> 우리 삶의 평온한 중심에도 자이로스코프와 같은 요소가 있다. 그 중심이 유지되면 우리는 위기에 처해도 균형을 잡고 근본 위치를 지키며 늘 같은 방향을 유지할 수 있다.

수천 년 동안 남성들은 달을 바라보고, 달을 노래하고, 달을 꿈꿔왔다. 그러다가 아폴로호 우주비행사들이 달 표면에 첫발을 내디뎠다. 역사의 목격자인 우리는 닐 암스트롱의 '인류를 위한 작은 한 걸음'과 그 뒤를 따랐던 다른 발자국의 전율을 영원히 잊지 못할 것이다.

물론 닐 암스트롱의 실제 모습은 전혀 알 수 없었다. 그는 우주복이라고 불리는 현대 과학의 갑옷 속에 완전히 휘감겨 있었다. 달의 환경은 인간에게는 부적당하다. 장비를 갖추지 않은 우주비행사라면 달 표면에 신체가 노출되는 순간 죽게 된다.

어째서일까? 바로 산소 때문이다. 암스트롱의 등에 있던 그 큰 상자가 생존의 열쇠였다.

만일 아폴로 탐험대가 자신들의 생명을 그 환경에만 내맡겼다면 그들은 달에서 모두 사망했을 것이다. 하지만 그들은 지니고 갔던 생명지원장치에 의지했다.

평안을 찾는 과정에서 나는 일반적으로 쉽게 간과하는 생명지원장치로 되돌아가게 되었다. 나를 둘러싼 희박하고도 오염된 공기는 숨쉬는 것을 괴롭게 만든다. 나는 주님과의 포옹의 시간, 내 아내와 함께하는 시간, 가족 경건의 시간, 그리고 주일의 휴식 같은 평온한 중심들을 통해 새로운 균형을 잡아가고 있다. 하지만 나는 하루의 심신의 소모를 이겨나갈 수 있는 만큼의 지원장치가 필요하다. 뭔가 아주 유동적이면서도 절대적으로 의지할 만한 장치 말이다.

내가 그 지원장치를 발견한 것은 바로 지극히 위대한 평안에 대한 예수님의 약속 안에서였다.

> "평안을 너희에게 끼치노니 곧 나의 평안을 너희에게 주노라 내가 너희에게 주는 것은 세상이 주는 것 같지 아니하니라 너희는 마음에 근심도 말고 두려워하지도 말라"(요 14:27)

나는 이 구절을 오랫동안 알고 있었지만 그분이 평안을 담아두신 우물들을 지키지는 못했다. 그 우물들 가운데 하나는 위에서 말한 약속의 말씀 바로 앞에 설명이 되어 있다. 그 말씀에 사로잡히는 것이 바로 내가 필요로 하는 마지막 평온한 중심이며, 내가 늘 간직해야 할 것이다. 예수님께서 말씀하셨다.

> "성령 그가 너희에게 모든 것을 가르치시고 내가 너희에게 말한 모든 것을 생각나게 하시리라 평안을 너희에게 끼치노니"(요 14:26-27)

평안에 대한 이 약속은 제자들의 삶이 산산조각 날 위기의 순간에 주어졌다. 예수님께서는 세상을 떠날 것이라고 말씀하셨다. 군병들이 예수님을 체포하러 오는 길이었다. 예수님께서 십자가에 달리실 시간은 얼마 남지 않았다. 제자들은 사람들로부터 거부당하고 박해당하리라는 경고를 들었다. 하지만 주님께서는 평안을 보장하고 계셨다.

분명히 예수님의 평안은 주변 상황과는 아무런 상관이 없었다. 그분이 평안을 약속하셨을 때 모든 상황은 걷잡을 수 없는 상황이었다. '주위의 모든 상황'에도 불구하고 괜찮다고 말할 수 있는 그리스도인에게 주위의 상황은 어떤 영향도 끼치지 못한다. 어떤 변화, 거부, 혼란이 있다 하더라도 우리는 혼란한 문제를 우리 마음에서 없애버릴 수 있다.

열쇠는 바로 깨닫게 하시는 성령님의 사역에 있다. 근심이 생기는 바로 그 순간, 성령님께서는 우리 마음 중심에 예수님의 말씀을 기억나게 하신다. 하지만 성령님께서는 우리가 전혀 모르고 있는 말씀을 기억나게 해주시지는 않는다! 성령님을 통해 하나님의 말씀을 기억할 때 우리는 고난 가운데서도 평안을 얻을 수 있다.

우리가 늘 간직할 수 있는 평온한 중심은 바로 우리의 인격 속에 새겨진 하나님의 말씀이다.

A. 더 좋은 공기를 마시고 있다 • • •

내 아들과 나에게 그날은 소위 말하는 '운 나쁜 날'이었다. 일 때문에 잔뜩 긴장한 상태에 있던 나는 학업 때문에 스트레스를 받고 있던 아들과 처리해야 할 집안일에 대해 심각한 의견충돌을 보였다. 나는 이미 바쁜 순간에 어떻게 해야 논쟁을 빨리 끝낼 수 있는지 그 방법을 알고 있었다. 간단히 말해서, 죄책감이 들게 함으로써 항복을 받아낼 수 있는 날카로운 말을 던지는 것이다. 스트레스에 지친 부모는 아이들의 연약한 영혼을 자칫 짓밟을 수도 있다.

나는 막 내 비열한 무기로 승리하려던 참이었다. 그런데 컴퓨터가 내 저장장치에서 뭔가를 끄집어냈다. 모니터 화면에 성령님께서 상기시키는 조언의 플래시가 떠올랐다.

> "무릇 더러운 말은 너희 입 밖에도 내지 말고 오직 덕을 세우는 데 소용되는 대로 선한 말을 하여 듣는 자들에게 은혜를 끼치게 하라"(엡 4:29)

내가 하려던 말은 내 아들의 성장에 전혀 도움이 되지 않을 말이었다. 오히려 아들을 무너뜨릴 말이었다. 나는 내 말로 아들에게 상처를 주는 대신 그 아이를 껴안았다. 평안이 승리했다. 평온한 중심이 힘을 발휘한 것이다. 예수님의 말씀이 내게 자제력을 주었다.

지난 가을 또 한 번 흥분에 사로잡혔던 날, 나는 '화불단행'(禍不單行, 재앙이 번번이 겹쳐 옴)이라는 말을 정말 실감했다. 내가 최종적인 책임을 맡고 있는 우리 회사의 소득이 직원들 급여가 연체될 정도로 심각하게 줄어들었다. 내 아들은 팔이 부러져서 6개월 동안은 운동도 하지 못한다는 사실에 의기소침해진 채 집안에만 틀어박혀 있었다. 게다가 나는 해외 출장에서 막 돌아와 산더미처럼 쌓여 있는 급한 서류들과 직원들에 관련된 고통스러운 문제를 처리해야 했다.

예전의 나로 돌아간 나는 그 모든 문제를 해결하기 위해 다시 열을 올리기 시작했다. 물론 그 열이 종종 많은 일을 해결하게 만들기도 하지만, 내게서 일하는 즐거움을 빼앗아가고 방어적인 기질을 품게 만든다. 나는 집에 도착할 무렵이면 이미 모든 에너지를 소진해버린 상태가 되었다. 평안이 사라지고 내 주위의 공기에 점차 압력이 가해질 무렵, 내 생명지원장치가 다시 한 번 더 좋은 공기를 공급해주었다.

"이 전쟁이 너희에게 속한 것이 아니요 하나님께 속한 것이니라"(대하 20:15)

놀랍게도 하나님께서 스트레스의 원인에 대한 최상의 해결책을 열어주셨을 때 나는 쉼을 얻을 수 있었다.

예수님의 말씀이 나에게 새로운 시각을 주었다.

그 생명지원장치는 계속해서 나를 지탱해주었다. 내가 성경말씀을 내 인격 속 깊숙이 심어 놓자, 나는 내적 평안을 위한 막강한 무기를 개발하게 되었다. 더 이상 나는 긴장으로 가득 찬 내 주위 환경의 노예가 아니다. 나는 보다 나은 공기를 들이마시고 있다. 물론 여기에는 집중력과 원칙이 필요하지만 스트레스는 내 인생에 대한 통제력을 잃었다.

B. 파종의 계절에 다가가라 • • •

이 '평안을 위한 승리'는 사실상 3천 년도 더 이전에 다윗 왕이 기초하였던 공식을 따르고 있다. 다윗은 바른 길에 머무르기 위한 자신의 내적인 계획을 나누었다.

"내가 주께 범죄치 아니하려 하여 주의 말씀을 내 마음에 두었나이다"
(시 119:11)

예수님께서는 제자들에게 열매 맺는 삶이 "내 말이 너희 안에 거하면"이라는 말씀에 달려 있다고 하셨다(요 15:7). 예수님을 따르는 많은 사람들은 성경을 읽고 성경을 공부하며 성경을 알지만, 대부분 그 말씀을 암송하는 데는 많이 부족하고, 그 말씀을 인격의 한 부분이 되도록 하기 위해 성령님께 의지하는 데는 약하다.

한번 생각해보자. 우리는 매번 공기를 충전할 때마다 생명지원장치를 붙잡기 위해 달려갈 필요가 없다. 우리에게는 늘 생명지원장치가 붙어 다닌다. 우리가 언제 예상치 못했던 유혹이나 인내의 한계, 좌절, 상태의 악화로 인한 충격을 받게 될지 결코 알 수 없다. 하지만 만일 우리가 성경말씀을 통해서 우리의 마음을 훈련시켰다면 그 압력 자체가 하나님의 말씀을 우리의 의식적 사고 속으로 밀어 넣는 일을 돕게 될 것이다. 인격을 재편성함으로써 압력에 대한 당신의 반응을 재편성할 수 있게 된다.

나는 '파종'을 시작하고자 간단한 계획을 세웠다. 매주 한 절을 목표로 세우는 것이다. 일단 좋은 씨앗으로 보이는 성경구절을 발견하면 네 단계의 파종 단계를 따른다.

첫째, 주제를 정하라.

구절에 주제 분류를 미리 해놓으면 그 말씀이 필요할 때 바로 꺼내 볼 수 있다. 그 주제가 '기도'가 되었건 '근심'이나 '유혹', 혹은 '충실한 종'에 대한 내용이 되었든 간에 성경말씀을 통해 그것을 배우라.

둘째, 함께 나누라.

우리 가족은 함께 '파종'한다. 만일 비만인 사람들이 다이어트를 할 때 함께 하는 것이 많은 도움이 된다면, 말씀을 파종하는 것도 가족이 함께 할 때 큰 도움을 얻을 수 있다. 모세가 유대인들을 향해 하나님의 말씀을 자녀들에게 가르치라고 명할 때 그는 이렇게 말했다.

"너희는 나의 이 말을 너희 마음과 뜻에 두고"(신 11:18)

이 말은 곧 하나님의 말씀을 우리의 마음과 뜻에 두는 일이 온 가족이 함께 해야 할 일임을 의미한다. 이 훈련을 혼자 하려고 하지 말라. 반드시 함께 하라!

셋째, 검토하라.

성경구절을 카드에 적어서 운전을 할 때나 조깅을 할 때, 혹은 쇼핑을 하거나 샤워를 할 때 훑어보도록 하라. 이것이 바로 성경에 기록된 '세월을 아끼라'라는 명령을 행하는 방법이라고 생각한다.

넷째, 말씀을 활용하라.

활용하지 않는 것은 잃어버리게 된다. 우리는 우리가 심은 것을 적용할 수 있을 만한 실제적인 삶의 장소를 찾기 위해 노력한다. 최근에 우리 교회 목사님이 하나님의 말씀이 얼마나 의지할 만한가에 대해서 설교했다. 예배를 마치고 아이들과 차로 돌아가면서 나는 방금 배운 구절을 검토하기 위해 네 가지 단계를 결합시켜 보았다. 먼저 그 주제를 활용해서 이렇게 질문했다.

"하나님께서 성경말씀을 기록하셨다고 어떤 성경구절이 증거하고 있지?"

그리고 그에 대해 함께 토론하면서 말씀을 나누었다. 그렇게 해서 예배 때 배운 말씀을 검토했다. 그리고 우리는 풍성한 열매를 맺도록 그 말씀을 활용했다.

C. 삶의 자이로스코프*는 움직인다 • • •

자이로스코프는 움직일 수 있는 틀에 끼워진 회전바퀴를 의미한다. 이 작은 기구는 놀랄 만한 재주를 가지고 있다.

이 장치는 당신이 손을 막 움직여도 당신의 손끝에서 어떤 각도에서도 균형을 유지할 수 있다. 유리컵 모서리에 세워놓아도 균형을 유지하며, 슬쩍 밀어도 떨어지지 않는다. 만일 태양이 있는 쪽에서 빠르게 회전하는 자이로스코프의 축에 손을 대면, 축의 끝이 하늘을 가로질러서 태양을 따라가는 듯 보일 것이다. 놀랍게도 자이로스코프는 지구가 그 아래를 도는 동안에도 우주로 표현되는 공간 내에서 원래의 위치를 지킨다.

어릴 적에 나는 자이로스코프가 장난감이라고 생각했다. 하지만 자이로스코프는 훨씬 더 대단한 물건이다. 하늘 높이 비행하는 커다란 747 항공기는 자동 파일럿 역할을 하는 자이로스코프에 의해서 정상궤도를 유지하게 된다.

바하마로 항해하는 거대한 원양 여객선도 잘못해서 쿠바로 가는 일이

---

* (Gyroscopes, 공간 중에서 자유롭게 회전할 수 있도록 장치된 복잡한 팽이의 일종)

없도록 하기 위해 자이로스코프에 의존한다. 바다 위에서 배가 심하게 요동쳐도 그놈은 전혀 영향을 받지 않는다. 뱃머리가 어느 곳을 향하고 있든지 전혀 상관없이 자이로스코프는 언제나 같은 방향만을 가리킨다.

그런데 우리 삶의 평온한 중심에도 자이로스코프와 같은 요소가 있다. 그 중심이 유지되면 우리는 위기에 처해도 균형을 잡고 근본 위치를 지키며 늘 같은 방향을 유지할 수 있다. 밀려오는 파도와 자기의 인력도 우리를 궤도에서 벗어나게 하지 못할 것이다.

내면의 깊은 평안은 다섯 가지 평온한 중심을 지키는 데 달려 있다. 평안은 수동적이지 않다. 자이로스코프는 가만히 멈춰 있지 않는다. 아마 1분에 35,000번 정도 회전할 것이다. 그러니 항상 움직이고 있는 것이다. 개인의 평안 가운데 있는 평온한 중심들은 그저 우리의 정신적 하늘을 둥둥 떠다니는 부풀어 있는 작은 명상의 구름들이 아니다. 늘 빙글빙글 도는 우리의 삶을 안정시키려면 평온한 중심들은 늘 움직여야 한다. 우리의 공격적인 관심 곁에서 늘 전속력으로 말이다.

우리는 평온한 중심들을 우리의 바쁜 일상 속에 세워나가려고 노력하지 않는다. 오히려 반대로 평온한 중심들을 세우고서 우리의 바쁜 일상을 그 주위에 머물게 한다. 문제가 해결되기 시작하면, 어느 자이로스코프를 보호하지 못했는지 점검한다.

아래쪽으로 잡아당기는 지구 중력의 힘은 움직이고 있는 자이로스코프에 영향을 미치지 않는다. 만일 우리의 평온한 중심들이 완전하다면 우리도 자이로스코프처럼 균형 속에서 살 수 있게 된다.

아래쪽으로 잡아당기는 힘은 이미 충분히 세력을 떨쳐왔다. 우리의 평온한 중심들은 이제 평안에게 기회를 주어야 한다.

3

다섯 가지 '불안감의 뿌리' 제거하기

8장
더 많은 것에 대한 욕망 제거하기

> 우리의 마음을 어지럽히는 진실은 바로 더 많은 것을 가져도 결코 충분치 않다는 사실이다! 불만족은 개인의 평안의 모든 가능성을 파괴한다. 불만족은 우리를 불안정한 압력솥 안으로 밀어 넣는다.

내 아내는 타고난 재능으로 정원을 한층 아름답게 만든다. 양아욱, 다알리아, 그리고 장미는 아주 멋지다. 하지만 덩굴옻나무만큼은 그렇지가 않다.

물론 덩굴옻나무는 카렌이 심지 않았다. 장미나무를 한 그루 더 심으러 가는 길에 앞마당 앞에서 발견한 것이다. 지난 14년간 전혀 손색없이 정원 관리를 해왔는데 그 못난 덩굴이 갑자기 우리 집 정원에 출현한 것이다.

그 덩굴을 제거하는 일은 손쉬운 일이었다. 카렌은 손과 팔을 장갑과 쓰레기 봉지로 휘감고 그 유해한 잡초를 끄집어 당겼다. 덩굴뿐 아니라 뿌리까지 완전히 뽑히도록 심혈을 기울였다. 적어도 그렇게 됐다고 생각했다. 그리고 대략 한 달 정도 지났을 때, 반갑지 않은 또 다른 잎사귀들이 정원의 다른 쪽에서 튀어나왔다. 또다시 수술을 시행했다.

아내의 노력에도 불구하고 현재 스코어는 5:0으로, 덩굴옻나무의 완승이다. 우리 집 정원을 가로지르는 직선을 따라 덩굴옻나무는 정확히 다섯 번이나 부활했다. 우리는 계속 그 식물을 뽑아냈지만 뿌리가 약간이라도 남아 있으면 며칠 후에 또다시 고개를 내밀었다.

개인의 평안을 키우려면 장미나 양아욱처럼 지속적으로 씨를 뿌리고 가꾸고 잡초를 제거해주어야 한다. 나는 살아가고 사랑하고 일하고 듣는 것으로 인해 느끼는 기쁨 가운데 평안이 만발한 모습을 이제 막 보기 시작했다. 내 스케줄은 여전히 빡빡하지만 더 이상 예전처럼 크게 부담스럽게 느껴지지는 않는다.

하지만 스트레스라는 덩굴옻나무는 여전히 내 밝은 정원에서 자라고 있다. 나는 그 반갑지 않은 식물을 그저 뽑아내는 것 이상의 다른 조치를 취해야 한다고 느끼고 있다. 평안을 추구하기 위해서는 공격적으로 스트레스의 뿌리를 계속해서 제거해내야 한다. 그리고 그 뿌리는 내가 전에 상상했던 것 이상으로 더 깊이 뿌리내리고 있다.

뇌종양을 앓고 있는 사람에게 두통약을 주는 것은 아무 의미가 없다. 그에게 필요한 것은 단순한 불쾌감을 없애주는 것이 아니라 암을 치료해주는 것이다. 마찬가지로 만일 스트레스를 '너무 바빠서' 생기는 두통 정도로 간주한다면 결코 스트레스는 두드러지게 감소할 가능성이 없다.

스트레스를 없애려면 원인을 공략해야 한다. 침식당한 우리 삶의 근저에 있는 덩굴옻나무는 고질적인 불안감이다. 치열한 경쟁 속에서 삶의 속도를 줄여보려는 계획을 세운다면 반드시 우리를 내몰고 있는 악마인 불안감이라는 뿌리와 대적해야 한다.

내 개인적인 경험으로는 우선 평안을 찾는 일이 두 가지 전선과의 싸움이라는 사실을 깨닫는 데서부터 시작되었다. 나는 평온한 중심을 고수하고 스트레스를 뿌리부터 억제하기 위해 힘을 다해야 한다. 만일 내가 쫓기는 데 지쳐 있다면 나를 몰아치고 있는 것에 정면으로 맞서야 한다!

A. 결코 채워지지 않는 욕망 • • •

광고는 우리의 불안감을 부추기고, 심지어 불안감을 만들어내기도 한다. 만일 광고가 성공적이라면 그 광고가 끝나기도 전에 우리는 그 물건이 있어야 할 것 같다는 욕구를 느끼게 된다. 입 냄새도 제거하고 싶고, 부드러운 손도 갖고 싶고, 좋은 향기를 풍기고도 싶고, 더 큰 햄버거를 원하게 되기도 한다.

어떤 과자 광고 장면이다. 한 소년이 커다란 포장에 들어 있는 과자를 들고 버스를 탄다. 계속 포장 속으로 손을 뻗으면서 소년이 말한다.

"하나만 먹어서는 만족할 수 없을걸."

참을 수 없는 그 바삭거리는 소리를 듣던 버스 기사가 "하나만 다오"라고 말한다. 물론, 소년은 먹어도먹어도 질리지 않는 그 칩으로 모자가 가득 찰 때까지, 계속 과자를 먹는다. 광고가 끝날 무렵, 버스에 타고 있던 모든 사람은 과자를 먹으며 노래를 부른다.

"하나로 만족할 수 있는 사람은 아무도 없어."

같은 버스에 타고 있는 사람에게 말 한마디 걸기도 힘든 세상에서 이 광고가 보여주고 있는 상황은 참으로 놀랍다.

'더 많이'는 주로 우리의 불안감, 그리고 "만일 내가 ~을 가지기만 했더라도"에 대한 해답으로 인식되고 있다. 우리는 더 많은 시간과 더 많은 집, 더 많은 돈과 더 많은 친구, 더 많은 일과 더 많은 옷, 더 많은 자극제와 더 많은 위안으로도 해결될 수 없는 것들이라면 우리의 잘못은 없다고 스스로를 설득한다.

그런 다음 우리는 파격적인 임금 인상과 꿈에 그리던 집과 배우자, 그리고 좀 여유로운 스케줄이나 혹은 기립박수라는 '두통약'을 얻지만 곧 불안감이라는 '두통'이 다시 찾아온다.

우리의 마음을 어지럽히는 진실은 바로 더 많은 것을 가져도 결코 충분치 않다는 사실이다! 불만족은 개인의 평안의 모든 가능성을 파괴한다. 불만족은 우리를 불안정한 압력솥 안으로 밀어 넣는다.

옛 성현들은 "사람의 욕심은 늘 가질 수 있는 것의 한계를 뛰어넘는다"라고 말했다. 탁월함, 봉사, 순결한 인격에 대한 서약이 우리를 그릇된 욕심으로부터 보호할 것이다. 우리는 천성적으로 뭔가를 추구하는 존재들이다. 그렇기 때문에 하나님께서는 우리에게 평안을 추구하라고 명하신 것이다. 하지만 그릇된 추구와 엉뚱한 불만족으로 인해 많은 현대인들이 스트레스를 겪고 있다.

우리는 만족시킬 수 없는 기대감의 노예가 되어 있다. 그 기대감은 본질적으로 실망스럽다. 우리를 조종하는 그 기대감은 세 가지 형태로 나타나며, 더 많은 것을 위해 손을 뻗도록 조종하기 때문에 우리는 늘 불안해진다.

1. 소유에 대한 기대감

플라톤은 소유에 대한 인간의 기대감을 이렇게 통찰력 있게 언급했다.

"가난은 소유의 줄어듦에 있지 않고 욕심의 늘어남에 있다."

우리에게는 항상 가지지 못한 '것'이 있게 마련이다. 그러므로 소유가 늘어날수록 더 많은 것을 향한 욕구만이 늘어날 뿐이다. '텔레비전 한 대만 있으면 얼마나 좋을까'라고 생각하던 때가 있었다. 하지만 일단 한 대를 가지게 되자 두 대를 원하게 되었다.

일단 자신 소유의 아파트를 마련하게 된 것에 흥분하지만 곧 단독주택을 소유하고 싶은 욕망에 사로잡힌다. 하지만 단독주택을 소유하게 되면 곧 그 주택이 너무 작게 느껴진다. 만족하려면 커다란 저택이 필요할 것이다. 게다가 마당에 수영장도 하나 있다면 더할 나위 없을 것이다.

플라톤의 말에 따르면 '가난'이라는 것은 사실상 '욕심의 증가'를 의미한다. 맥도널드에서 저녁을 먹는 것이 한때는 특별한 외식이었지만 지금은 이미 일상적인 일이 되어버렸다. 요즘에는 특별한 외식의 느낌을 가지려면 근사한 레스토랑에 가야 한다. 에어컨이 부자들만의 사치품이었던 시절이 바로 어제 같은데 지금은 나도 에어컨의 사치를 누리며 살고 있다. 어제의 사치품이 오늘에는 필수품이 되어버렸다.

삶에 있어서 좋은 것들은 하나님께서 그분의 방식으로, 그분의 시간에 베풀어주실 때에야 진정으로 좋은 것이 된다. 하지만 우리가 그것들을 요구하고 그것들을 기대하면 그것들이 오히려 우리를 노예로 만든다. 소유에 대한 기대는 깨지기 쉬운 평안의 한계선을 지나도록 계속해서 우리를 떠밀 것이다.

2. 사람에 대한 기대감

우리는 삶에 중요한 역할을 하는 사람들이 우리의 기대를 충족시켜주지 못할 때 느끼는 만성적인 좌절감 속에 살고 있다.

제임스 답슨(James Dobson)은 사람들이 아이를 임신했을 동안에는 단지 정상적인 아이가 태어나기만을 바라지만 아이가 태어나고 나면 슈퍼키드(superkid)를 원한다고 지적했다. 우리는 자녀들이 우리가 이루지 못한 인생을 살거나 혹은 우리가 살아온 삶을 따라오기를 원한다. 웬일인지 자녀들의 성적, 친구, 스타일은 늘 만족스럽지 못하다. 우리는 주로 자녀들이 더 노력해야 할 부분이 무엇인지에만 초점을 맞추고 자녀들이 이룬 부분에는 소홀하다.

그래서 우리 자녀들은 더 많은 것을 바라는 소용돌이 속에서 살아가는 우리를 곧 따라잡게 된다.

결혼생활은 우리의 배우자가 번번이 우리를 실망시키기 때문에 전쟁터가 된다. 단점은 확대되고 장점은 잊혀진다. 연애시절과는 정반대가 되는 것이다. 우리는 꿈속의 왕자님이나 신데렐라 같은 대상을 기대하고 있고, 배우자는 우리의 기대를 충족시키지 못한 상태로 지쳐 있을지 모른다.

사람에 대한 이런 기대감은 자신의 일에 대해서 치유할 수 없는 불안감을 느끼도록 만들기도 한다.

당신이 진정으로 원하는 것은 좋은 근무 조건도, 좋은 상사도 아니다. 이 불만족 증상은 교회에도 역시 직접적인 영향을 미칠 수 있다. 모든 목사나 지도자에게는 뭔가 결점이 있게 마련이다. 그런데도 우리는 주위 사람들에게 하나님에게나 가능한 완벽함을 기대하고 있는 것이다.

만일 당신이 주위 사람들에게 만족하지 못하고 있다면 어쩌면 그것은 당신 자신에게 더 만족하지 못하고 있다는 의미가 될 수도 있다. 우리는 자신을 부모 역할과 배우자의 역할, 그리고 이루지 못할 일을 해낼 능력의 기준에 비교하면서, 우리 자신이 결코 충분히 만족스럽지 않다는 이유로 잠시도 편히 쉬지 못한다.

만일 평안에 대한 우리의 희망이 불완전한 사람들의 손에 놓여 있다면 그 희망은 물거품이 될 수밖에 없다.

3. 성취에 대한 기대감

성취는 우리를 스트레스가 많은 스케줄, 희생, 그리고 타협으로 몰아간다. 우리의 가치는 우리의 업무실적과 동일시되고, 산의 어느 한 부분으로는 결코 만족하지 못한다. 알렉산더 대왕이 정상을 정복하고도 더 이상 세상에 정복할 것이 없음에 눈물을 흘렸다는 것을 보면 정상도 만족스러운 것만은 아니다.

에이미(Amy)는 성취에 대한 기대감이 주는 무가치함을 깨달으며 고등학교 생활을 시작했다. 그녀는 거의 언제나 슬픈 상태였는데, 그것이 너무 심해서 자살 직전까지 갈 정도였다. 우울함의 깊이는 더욱 깊어지고 여간해서 잘 웃지 않았다. 에이미의 개인적 불만족의 아이러니는 그 아이가 매우 많은 일을 성취했다는 데 있다. 학교 합창단의 부회장으로 선출되었지만, 회장이 되지 못했다는 사실에 비참함을 느꼈다. 학업성적도 2등이었지만, 자기 뒤에 있는 300명을 바라보기보다는 자기 앞에 있는 한 학생만 올려다보는 쪽을 택했다. 에이미 내부에 있는 폭풍은 결코 사그라지지 않았다. 에이미의 유일한 선택은 오로지 승리하는 것에만 있었기 때문이다.

우리가 임하게 될 경기가 무엇이든 간에 항상 승리해야만 한다면 우리는 끊임없이 패배할 수밖에 없을 것이다. 우리는 직장의 사닥다리에서 위 단계로 승진하게 되기를 갈망한다.

우리는 또 다른 단계에 오르기 위해서 우리의 육체와 가족과 친구와 건강을 혹사시킨다.

언젠가는 정복에 대한 이 억제할 수 없는 욕구가 결혼 서약을 깨뜨릴 수도 있다. 당신은 자신이 여전히 매력적이라는 것을 증명할 '필요'가 있다고 생각하게 된다. 단순한 생각으로 시작한 연애 행각이 결국에 가서는 당신과 당신의 배우자, 아이들…, 그리고 그 대상자를 흉측한 간음의 제단 위에서 희생시키고 말 것이다.

항상 자신을 입증하려고 하는 것은 스트레스에 쫓기는 노예의 태도이다.

불만족은 러닝머신처럼 우리 발밑에서 돈다. 우리는 늘 달린다. 더 많은 소유를, 사람들로부터 더 많은 것을, 더 많은 정복을 자꾸 요구한다. 러닝머신에는 전혀 휴식이 없다. 불만족은 평안의 치명적인 적이고, 스트레스와 불안감의 깊은 뿌리이다.

B. '상대성' 이론 • • •

나는 내 키가 작다고 생각한다. 키가 177센티미터인 미국 남성에게는 "키가 작다"라는 말은 일종의 유죄판결이나 마찬가지로 느껴진다. 하지만 강연 차 싱가포르에 갔을 때 나는 전혀 다르게 느끼게 되었다. 일주일 내내 나는 키가 큰 사람이었다.

다른 많은 우리의 자아인식들처럼, '키가 작다'라는 것도 비교의 문제다. 그리고 비교야말로 불만족이 시작되는 출발점이다.

우리 자녀들이 자랄 때, 늘 집 주변에서 들렸던 고함소리는 "왜 리사는…?"였다. 나이로 따지면 아이들 중 첫째였기 때문에 그 아이가 가진 특권은 어린 두 남동생들에게 비교의 기준이 되었다. 그렇지 않았으면 쉽게 받아들였을 수도 있었을 상황인데 갑자기 리사를 보니까 '불공평'하게 느껴졌던 것이다. 그 시절에 두 아들은 자신의 만족도를 순전히 상대적인 기준으로 평가했다.

시몬 베드로도 예수님께서 그에게 미래의 사명을 부여하셨을 때 그런 식으로 반응했다. 베드로는 요한을 가리키며 말했다.

"주여 이 사람은 어떻게 되겠삽나이까?" (요 21:21)

예수님께서는 "너를 위한 나의 계획을 다른 사람의 것과 비교하지 말라"라고 말씀하신 듯하다.

"내가 올 때까지 그를 머물게 하고자 할찌라도 네게 무슨 상관이냐 너는 나를 따르라"(요 21:22)

구약시대의 유대인들 역시 주변 나라와 자신들을 비교하며 살았다. 그들은 현명한 사사 사무엘을 통하여 하나님의 통치를 받았지만 주변 나라에는 모두 왕이 있었다. 비록 그들은 평안 가운데 있었고 적들에게 승리했지만 그들은 불안했다. 사무엘은 왕이 생기면 그 왕이 백성들의 자녀를 종으로 징집하고, 백성들의 돈과 노동력을 착취하여 제국을 건설하고, 끊임없이 그들의 삶에 간섭할 것이라고 경고했다.

"백성이 사무엘의 말 듣기를 거절하여 가로되 아니로소이다 우리도 우리 왕이 있어야 하리니 우리도 열방과 같이 되어 우리 왕이 우리를 다스리며 우리 앞에 나가서 우리의 싸움을 싸워야 할 것이니이다 사무엘이 백성의 모든 말을 듣고 여호와께 고하매 여호와께서 사무엘에게 이르시되 그들의 말을 들어 왕을 세우라 하시니"(삼상 8:19-22)

왕을 세우겠다고 고집함으로써 유대인들은 평안과 스트레스를 맞바꾸었다. 하나님께서는 유대인들에게 그들이 바라는 것을 주셨고, 백성들은 후세에 이르기까지 그 값을 치렀다. 바울이 "자기로서 자기를 헤아리고 자기로서 자기를 비교하니 지혜가 없도다"(고후 10:12)라고 경고한 것이 당연하다.

물론 우리는 늘 자신을 자신보다 나은 사람들과 비교한다. 내 눈은 항상 나보다 더 부유하고 더 매력적이고 더 재능이 있고 더 편안하며 더 많은 특혜를 받는다고 생각하는 사람들을 바라본다. 그리고 그들이 '더' 가진 것들이 나의 불만과 기대의 근거가 된다.

아이티(Haiti)로의 여행은 반복되는 일상에서 벗어나는 짧은 휴식을 제공했다. 나는 운이 좋아야 하루걸러 한 번씩 변변치도 않은 음식을 한 끼 먹을 수 있고, 오염된 도랑에서 물을 퍼마시고, 탈출구를 찾을 수 없는 가난에 파묻혀 젊은 나이에 죽어야 하는 사람들 곁에서 며칠을 보냈다. 갑자기 나는 비교 우위에 놓여서 내가 가진 것이 얼마나 많은지를 깨닫고 당황했다. 나는 미국에서 제일 가난하게 사는 사람들이 전 세계 대부분의 사람들보다 더 부유하다는 사실을 깨달았다.

'두리번거리며' 사는 것은 영원히 패배자라는 기분을 갖는 것이다.

불만족은 개인의 평안을 훔치는 해적과 같다. 불만족은 평안한 삶의 경계선 바깥으로 우리를 밀어낸다.

바로 이런 일이 데이브(Dave)와 로이스(Lois)에게 일어났다. 목회 사역을 시작한 지 몇 개월이 지났을 때, 그들은 자신들의 처지와 다른 부유한 목회자들(갓 사역을 시작한 사람들이 아닌)의 처지를 비교하기 시작했다. 그들의 셋방으로는 충분치가 않았다. 로이스는 자기 소유의 집이 필요했다. 주위 사람들의 모든 충고와 데이브의 염려에도 불구하고 로이스는 무리를 해서 대출을 받았다. 몇 년이 지나면서 대출에 대한 부담 때문에 어쩔 수 없이 해야 하는 일들이 늘어났다.

로이스는 아이를 키우면서 일을 해야 했다. 데이브는 대출을 계산하면서 간과했던 부대비용을 충당하기 위해 밤에 부업을 해야 했다. 눈 더미처럼 불어나는 빚 때문에 그들은 불화와 관계의 소원함, 그리고 심지어는 육체적인 어려움까지 겪어야 했다.

더 많은 것에 대한 욕구는 늘 사람들을 떠민다. 아이들이 엄마를 필요로 할 때, 엄마는 일하러 나가고…, 지출은 수입을 초과하고…, 남편과 아내는 배우자를 소홀히 여기게 되고, 빚에 쪼들린 아빠는 부업을 구해야만 하고, 출세의 길에 오르려는 사람들은 다음 단계로 오르기 위해 받아들이기 어려운 희생을 하게 된다.

과도한 책임의 촉수가 마치 낙지처럼 우리를 옭죄고 있다. 더 많은 것을 위해 손을 뻗는 행위는 우리가 출발점에서 갖고 시작한 것보다 결국은 더 적은 것을 남기고 만다.

평안을 노략질해 가는 불만족이라는 '해적'은 또한 현재 우리가 소유한 것에 대한 기쁨도 빼앗아간다. 예수님을 따르는 사람의 즐거운 임무 중의 하나는 진정으로 기쁨을 누리는 자가 되는 것이다. 성경은 하나님께서 "오직 우리에게 모든 것을 후히 주사 누리게 하신다"(딤전 6:17)고 기쁨의 선포를 하고 있다.

만일 내 아들이 자기가 받은 선물보다 형이 받은 선물에 더 관심을 가지고 자신의 것과 비교한다면 방금 열어본 크리스마스 선물 포장 안에 있는 내용물을 가지게 된 기쁨을 진정으로 누릴 수가 없다. 우리는 가지지 못한 것들에 초점을 맞추기 때문에 재능과 기회와 좋은 것들을 잃는다.

만족이란 늘 당신이 가지고 싶어 하던 것을 소유하는 데 달려 있지 않다. 만족은 이미 당신이 얼마나 많은 것을 가졌는지를 깨닫는 데 달려 있다.

불만족은 또한 하나님의 선하심을 부인하는 일이기 때문에 우리를 위축시킨다. 가족을 부양하는 가장으로서, 아이들이 자기들이 가지지 못한 옷이나 책이나 음식에 대해 불평하는 것을 들으면 나는 분명 상처를 받는다. 직접 들리게 하거나 아니면 은연중에 표현한 것이라 할지라도 결국 우리의 불평은 우리 아버지 하나님의 충분한 능력을 의심하고 공격하는 것을 의미한다. 우리는 본질적으로 이렇게 말하고 있는 것이다.

"여호와는 나의 목자시나 내게는 여전히 부족함이 있으리로다."

그러므로 불안감의 뿌리는 더 많은 것을 향해 손을 뻗는 우리의 모습과 지독하게 연결되어 있다. 불만족은 우리를 상처와 부담의 인생으로 몰아간다. 성경에서도 다음과 같이 말하고 있다.

> "그러나 자족하는 마음이 있으면 경건이 큰 이익이 되느니라 우리가 세상에 아무것도 가지고 온 것이 없으매 또한 아무것도 가지고 가지 못하리니 우리가 먹을 것과 입을 것이 있은즉 족한 줄로 알 것이니라"(딤전 6:6-8)

인간 본성의 방정식에 따르면 큰 고통은 더 많은 것을 향해 손을 뻗은 결과이다. 하나님께서는 고통이 쉬는 것에서 온다고 말씀하신다. 만족은 단 일 분 일 초라도 게으름을 의미하지 않는다. 만족은 추구할 가치가 있는 것, 곧 내면 깊은 곳을 만족시키는 일들을 적극적으로 추구하도록 만든다.

만족의 방정식은 끊임없이 손을 뻗음으로 인한 큰 손실을 깨달을 때 풀리게 된다.

> "부하려 하는 자들은 시험과 올무와 여러 가지 어리석고 해로운 정욕에 떨어지나니 곧 사람으로 침륜과 멸망에 빠지게 하는 것이라 돈을 사랑함이 일만 악의 뿌리가 되나니 이것을 사모하는 자들이 미혹을 받아 믿음에서 떠나 많은 근심으로써 자기를 찔렀도다"(딤전 6:9-10)

여기에 쓰인 언어는 매우 느낌이 강하다. 만족하지 못하는 삶의 습관은 사람들을 '올무', '어리석고 해로운 정욕', '침륜과 멸망', '많은 근심', 그리고 '찔리는' 곳으로 이끈다.

더 많은 것을 향한 욕망은 사람들을 독살시키지는 않을지라도, 늘 굶주리게 한다.

C. 의뢰하기 • • •

"있는 바를 족한 줄로 알라"(히 13:5). 이것이 바로 더 많은 것을 향해 손을 뻗는 태도에 대한 간단한 성경적 대안이다. 만족을 배울 수 있어야만 결국 '평안을 찾게' 된다.

더 높은 수준의 만족을 얻으려면 인생의 세 가지 위대한 장을 받아들여야 한다. 이 "족한 줄로 알라"는 구절은 당신의 물질적 상태에 대한 만족에서부터 시작한다.

> "돈을 사랑치 말고 있는 바를 족한 줄로 알라"(히 13:5)

예수님께서는 하나님께서 공중에 나는 새를 먹이시고 들에 핀 백합화를 입히시는 분임을 지적하셨다. 이러한 배경 하에서 예수님께서는 두 가지 종류의 추구에 대해서, 즉 무가치한 추구와 가치 있는 추구에 대해서 말씀하셨다.

> "너희는 무엇을 먹을까 무엇을 마실까 하여 구하지 말며 근심하지도 말라 이 모든 것은 세상 백성들이 구하는 것이라 너희 아버지께서 이런 것이 너희에게 있어야 될 줄을 아시느니라 오직 너희는 그의 나라를 구하라 그리하면 이런 것을 너희에게 더하시리라"(눅 12:29-31)

하나님의 자녀라는 본질적인 위치는 그러한 것들을 '찾으려고' 노력해서 얻은 결과가 아니다. 그것은 고아일 수밖에 없는 '세상 사람들'이 가지고 있는 선입견에 불과하다. 우리의 아버지는 '당신에게 이러한 것들이 필요하다는 것을 아신다.' 우리 아버지는 우리의 필요를 채우심으로써 우리가 그분께서 값지게 여기시는 것을 구할 수 있도록 하신다. 우리는 아버지께서 항상 우리를 충족시켜 주실 것을 확신하기 때문에 더 많은 것을 얻기 위한 바보 같은 경쟁을 그만둘 수 있다. 그분은 깨어진 관계를 회복시키고, 의지할 데 없는 사람들을 도우며, 우리 가족을 사랑하고 사람들에게 그리스도를 알리는 일, 즉 그분의 나라를 위한 진정한 문제에 집중할 수 있도록 우리의 손을 자유롭게 만드셨다.

우리가 필요로 하는 것은 부족함이 없는 상태인데, 그것은 이미 우리에게 보장이 되어 있다. 대부분의 사람들이 가지려고 노력하는 것들이 '당신에게 주어질 것이다.' 루이스(C. S. Lewis)는 이 내용을 다음과 같이 지혜롭게 요약했다.

"천국에 소망을 두면 그 안에서 땅의 것을 얻게 될 것이지만 땅에 소망을 두면 아무것도 얻지 못할 것이다."

만족은 당신이 물질적인 상황에 대해 편안한 마음을 가질 때 시작된다.

D. 자신의 저수지에서 흘러나오는 물 • • •

'여기저기 돌아다니기를 갈망하는 불안한 바람'을 그리는 좀처럼 잊을 수 없는 노랫말이 있다. 현대의 많은 결혼생활 가운데 이 불안한 바람이 불고 있다. 혹시 세상에 '더 좋은 배우자'가 있지는 않은지 찾아보고 싶은 끓어오르는 욕망을 많은 사람들이 품고 있다.

하지만 세상에 당신의 배우자보다 당신에게 더 좋은 배우자는 없다.

성경에 "있는 바를 족한 줄로 알라"라는 말씀 다음에는 강력한 어조의 경고가 따라온다. "모든 사람은 혼인을 귀히 여기고 침소를 더럽히지 않게 하라 음행하는 자들과 간음하는 자들을 하나님이 심판하시리라"(히 13:4).

여기서 하나님께서 말씀하신 '족한 줄로 알라'의 의미는 우리의 배우자에 대한 만족을 의미한다. 이것은 배우자의 조건과는 아무 상관이 없다. 오히려 우리의 인격적 책임과 관계가 있다.

> "너는 네 우물에서 물을 마시며 네 샘에서 흐르는 물을 마시라 어찌하여 네 샘물을 집 밖으로 넘치게 하겠으며 네 도랑물을 거리로 흘러가게 하겠느냐 그 물로 네게만 있게 하고 타인으로 더불어 그것을 나누지 말라 네 샘으로 복되게 하라 네가 젊어서 취한 아내를 즐거워하라 그는 사랑스러운 암사슴 같고 아름다운 암노루 같으니 너는 그 품을 항상 족하게 여기며 그 사랑을 항상 연모하라"(잠 5:15-19)

성경은 우리에게 모든 성적인 행위와 즐거움을 오직 한 사람을 통해서만 구하라고 분명하게 명하고 있다. "내 배우자는 내게 족함 그 이상이다"라고 고백하는 것이 결혼한 사람들이 내려야 할 매일의 결단이다. 거짓된 환상이 우리의 주의를 분열시키기 시작하면 곧 우리는 육체적 관계의 강도를 잃게 된다. 하지만 우리의 애정의 초점이 배우자에게 온전히 맞춰져 있다면 우리는 곧 다시 '사로잡힌' 바 되어 '만족'하게 된다.

다른 사람의 저수지 물을 마시는 것에 대해 "악인은 자기의 악에 걸리며 그 죄의 줄에 매이나니"(잠 5:22)라고 하였다.

결혼생활에서의 불안감은 치명적인 일이다. 결혼생활에 대한 만족은 생명을 불어넣어 준다.

E. 그분이 만드신 날 발견하기 • • •

매일 아침 욕실에서 보내는 처음 몇 분은 매우 우울할 수도 있다. 거울 속을 들여다보면서 하루 밤의 수면이 내 외모에 얼마나 손상을 입힐 수 있는지를 보고 놀란다. 곧 내 외모의 재건을 위한 기구들이 사용된다. 수건, 칫솔, 빗, 면도기. 보통 그렇게 해서 개선된 모습은 아침에 본 끔찍한 모습에서 약간 변할 뿐이다.

이 반혼수상태의 순간에 원기를 북돋아줄 말이 내게 필요하다는 사실을 아내가 알았던 것 같다. 아내가 욕실 거울 바로 밑에다가 작은 액자를 놔두었다. 그 액자의 구절이 매일 아침 나를 일깨운다.

> "이 날은 여호와의 정하신 것이라 이 날에 우리가 즐거워하고 기뻐하리로다"(시 118:24)

하루를 내가 계획하는 것이 아니라 이미 그분께서 계획하신 하루를 발견해야 한다는 사실을 이른 아침에 기억해야 한다. 그래야만 그날 무슨 일이 일어날지를 알기 전에도 그날을 좋은 날로 만들 수 있다.

이 말은 내가 평안의 새로운 지경을 배워나가고 있다는 뜻이다. 즉 내 삶의 위치에 대한 만족 말이다. 어두컴컴한 감옥 속에 갇혀서도 바울은 다음과 같은 글을 쓰면서 희생자가 되기보다는 승자가 되는 쪽을 택했다.

> "내가 궁핍하므로 말하는 것이 아니라 어떠한 형편에든지 내가 자족하기를 배웠노니 내가 비천에 처할 줄도 알고 풍부에 처할 줄도 알아 모든 일에 배부르며 배고픔과 풍부와 궁핍에도 일체의 비결을 배웠노라 내게 능력 주시는 자 안에서 내가 모든 것을 할 수 있느니라"(빌 4:11-13)

바울이 '모든 지각에 뛰어난 하나님의 평강'에 대한 글을 썼던 것은 결코 우연이 아니었다. 개인의 평안은 '모든 상황'에 만족하는 것과 결코 무관하지 않다.

"좋다"고 말할 수 있는 마음자세를 갖는 것은 오늘 하루가 당신의 친구들이나 적이나 상사나 가족이나 운이 만들어낸 것이 아니라는 사실을 아는 사람에게만 가능하다. 주님께서 우리의 하루하루를 적절한 사람들이 적절한 시간에, 적절한 장소에 있도록 만드셨다.

나는 천성적으로 계획적인 사람이기 때문에 인생의 길을 걸어가다가 우회로로 접어들게 되면 만족을 느끼기 위해서 무던히 애쓴다. 나는 뭔가 일이 잘못되는 머피의 법칙을 매우 싫어하며, 머피가 승리했을 때 스트레스가 담긴 반응을 보이는 습관으로 되돌아가기도 한다.

하지만 평안을 추구하는 태도가 내 인생 가운데 하나님께서 어떻게 역사하시는지를 나에게 가르쳐준다. 내 계획이 성취되려면 많은 돈과 건강과 순탄한 항해가 가능한 넓은 영역이 필요하다. 하지만 내가 나중에나 이해할 수 있게 된 이유 때문에 하나님께서는 경계선 안으로 나를 끌어당기신다. 아내가 아프고, 직장을 잃거나 승진에서 제외되고, 아이의 팔이 부러지고, 경제적으로 좌절을 맛보고, 자동차도 고장 나고, 대인관계도 삐걱거리고, 파산을 겪기도 한다. '우리가 통제할 수 없는 이러한 상황들'이 우리가 달릴 공간을 줄인다.

우리는 여전히 하나님의 계획과 싸우며 같은 속도로 달리려고 노력할 수도 있다. 하지만 속도를 조절함으로써 그분의 평안을 알아갈 수도 있다.

현재의 삶의 위치에 만족한다면 더 많은 것을 위해 손을 뻗지 않게 된다. 다시 말해서 우리의 모습, 즉 우리의 생김새, 능력, 생활이 좋다고 느끼는 것을 의미한다. 그리고 지금 우리가 처한 곳, 즉 집, 학교, 직장, 그리고 직책도 좋다고 느끼는 것이다. 또한 만족이라는 것은 현재의 상태가 어떻든 좌우되지 않는 것까지 포함한다. 병석에 있거나, 혹은 지갑에 돈이 없어도 말이다.

만족이란 우리가 변화를 위해 일을 하지 않거나 기도를 하지 않는 것을 의미하지는 않는다. 바로 이 때문에 우리의 "구할 것을 감사함으로 하나님께 아뢰는" 것이다(빌 4:6). 이것은 곧 변화를 위해 노력하면서 그분의 계획과 그분의 시간 안에서 안식하는 것을 의미한다.

　세 가지 삶의 영역, 즉 물질, 배우자, 위치에 만족하기 시작하면 곧 즐거움을 주는 새로운 자유를 느끼게 된다. 모든 일을 아버지가 해결해줄 것이라고 기대하는 아이처럼, 우리는 다시 한 번 신뢰와 평안의 즐거움을 맛보게 될 것이다.

F. 만족을 얻는 무기 •••

　'만족을 추구하는 사람'에게는 압력의 문제가 있다. 우리의 전체적인 환경은 우리에게 비교하고 불평하고 경쟁하고 정복하라는 압력을 가한다. 그에 맞설 수 있는 힘을 우리 내부에서 만들어내기 위해 우리는 만족을 얻는 무기들의 사용법을 알아야 한다. 그 무기들은 안전의 근원이신 분, 감사한 기억들, 그리고 현실적인 한계이다.

　첫째로, 우리는 안전의 근원이신 분에 대한 신뢰를 매일 새롭게 해야 한다.

　우리의 봉급이나 생업이나 가장 친한 친구에게 무슨 일이 일어나면 우리는 깊은 두려움과 불안감을 느낀다. 하지만 이런 것들은 근원 그 자체가 아니라 하나님께서 공급하시기 위해 사용하시는 도구에 불과하다. 그분은 우리에게 필요한 것을 보내주실 다른 방법을 찾는 데 무한히 창조적인 분이시다. 우리의 아버지는 광야에서 만나를, 바위에서 물을,

까마귀를 통해 값없이 음식을 배달해주시는 발명가이시다.

만일 우리가 그리스도를 택함으로써 하나님의 자녀가 되었다면, 우리의 근원은 어떤 불황이나 억압, 수소폭탄의 영향에 전혀 영향을 받지 않는다.

둘째로, 우리는 감사가 넘치는 기억들로 불만족과 싸울 수 있다.

다윗 왕이 "내 영혼아 네 평안함에 돌아갈지어다 여호와께서 너를 후대하심이로다"(시 116:7)라고 한 말은 매우 높은 경지에서 '자기 자신에게' 한 말이다. 다윗은 오랫동안 '영혼의 안식'에 대해 알고 있었다. 그는 골리앗과 맞서 싸우는 지극히 불안한 상황에서도 평안을 연습했다. 그가 "여호와께서 나를 사자의 발톱과 곰의 발톱에서 건져내셨은즉 나를 이 블레셋 사람의 손에서도 건져내시리이다"라고 말하며 골리앗이라는 거인과 대적했을 때, 그의 기억력은 온전하게 작동하고 있었다.

거인들로 인해 '다리가 후들후들 떨릴 때', 우리가 예전에 마주쳤던 사자와 곰들을 하나님께서 어떻게 처리하셨는지를 기억한다면 큰 도움을 얻을 수 있다. 만일 우리가 감사의 제목들을 지금까지 잘 기록해 놓았다면 우리는 확신에 찬 만족감을 발견할 수 있다.

나는 우리 집 막내 브래드가 아버지의 날 선물로 손수 만든 물건을 주었을 때, 감사의 중요성에 대해 깊은 인상을 받았던 기억이 있다. 나는 "몇 분만 기다려주면, 네가 직접 만든 선물에 대해 고마운 마음을 표할 수 있을 시간이 날 것 같은데…"라고 말했다.

그런데 브래드가 갑자기 "아, 양초 받침대하고는 차원이 틀리죠. 그죠?"라고 말해서 나를 당혹스럽게 만들었다.

나는 브래드가 몇 달 전에 손수 만들었던 또 다른 선물을 준 적이 있었다는 사실을 상기시켜줄 때까지 당황한 상태로 있어야 했다. 그때 나는 너무 바빠서 그저 선물을 힐끗 보고 지나갔고, 그로 인해 아이에게 상처를 주었던 것이다. 게다가 내가 얼마나 무감각했으며, 고맙다는 말도 한 마디 하지 않아서 아이에게 얼마나 큰 상처를 주었는지를 미처 깨닫지도 못했다.

브래드가 어떻게 느꼈을지 하나님께서는 아신다. 그분은 우리에게 매일 선물을 보내시지만, 우리는 감사의 말 한 마디 하기 힘들 정도로 바쁘기만 하다. 그 결과, 하나님의 선하심에 닿아 있을 때 얻을 수 있는 안정을 잃어버리게 된다. 정기적이며 구체적인 내용을 담은 감사는 우리 아버지의 마음을 따뜻하게 하며, 불안한 순간에도 우리의 만족을 재확인할 수 있게 해준다. 전에도 역사하신 분이시라면 앞으로도 분명히 그렇게 하실 것이다!

만족을 찾는 세 번째 무기는 현실적인 한계를 인정하는 것이다. 목표를 세우기 전에 주어진 시간과 재능과 자원을 정확하게 평가하라. 예수님께서는 망대를 세우고자 하면서 자기가 가지고 있는 것이 준공하기까지 족할지 먼저 계산하지 않는 자들을 나무라셨다(눅 14:28-30 참조).

연료탱크를 먼저 살펴봄으로써 우리는 사고를 예방할 수 있다.

다윗 왕은 자신의 영혼이 평안한 또 다른 비밀을 고백했다.

"내 마음이 교만치 아니하고 내 눈이 높지 아니하오며 내가 큰일과 미치지 못할 기이한 일을 힘쓰지 아니하나이다 실로 내가 내 심령으로 고요하고 평온케 하기를 젖 뗀 아이가 그 어미 품에 있음 같게 하였나니 내 중심이 젖 뗀 아이와 같도다"(시 131:1-2)

우리는 모두 우리의 힘과 한계를 알아야 한다. 우리의 삶은 선하신 하나님께서 우리에게 허락하신 모든 능력과 인격 위에 지어지도록 되어 있다. 자신의 한계선을 지켜야 삶을 허비하지 않는다.

만일 몇 가지 일만 잘하려고 마음먹는다면, 무리한 약속 때문에 일어나는 재앙을 피하게 될 것이다. 집중된 에너지와 완성된 망대에는 어마어마한 만족감이 있다. 만일 이루고자 하는 일 때문에 당신이 평온한 중심을 양보하거나 평안의 경계를 넘는다면 그 대가는 엄청나게 클 것이다. 솔로몬 왕은 다음과 같이 권고하면서 자신의 가치를 바로잡았다.

"한 손에만 가득하고 평온함이 두 손에 가득하고 수고하며 바람을 잡으려는 것보다 나으니라"(전 4:6)

포고(Pogo)라는 연재만화 가운데 대표적인 장면은 포고와 친구들이 적의 발자국을 따라가는 장면이다. 교묘한 적의 발자국을 따라가는 데만 너무 열중한 나머지 아무도 그 길이 어디로 가는 길인지를 눈치 채지 못한다. 마침내 그 발자국이 자신들을 계속 뺑뺑 돌게 만들고 있다는 사실을 포고가 깨달았을 때 그들은 결국 그 발자국이 자기들의 발자국이었음을 알게 된다. 포고는 문법적으로는 어색하지만 다음과 같이 잊을 수 없는 말을 남긴다.

"우리는 이미 적을 만났어…. 그런데 그 적이 바로 우리였어!"

스트레스를 찾아내어 물리치기 위한 싸움에서 우리는 잘못된 적을 쫓아가게 되기 십상이다. 적들은 외부로부터 오는 것처럼 보인다. 가족들, 최종 시한, 동료, 학교, 친구들, 전화, 청구서 등. 하지만 실제적으로는 삶을 꼬이게 만드는 적들은 우리 안에 존재하고 있다!

적이 바로 우리 자신이라는 사실을 기꺼이 인식하게 될 때, 우리는 비로소 스트레스를 무찌를 수 있다. 더 많은 것을 향한 욕망 때문에 우리 스스로 압력을 만들고 있다는 사실을 알아차릴 수 있을 때, 평안은 우리가 닿을 수 있는 곳에 있다.

우리는 마음속에 있는 불안감의 거센 뿌리를 발견했다. 우리는 불만족을 뿌리째 제거하고 덩굴옻나무가 있던 자리에 장미덤불을 심을 수 있다.

9장
나 중심의 세상에서 벗어나기

> 다른 사람의 행복을 찾음으로써 나의 행복을 찾을 수 있다는 것이 진리이다. 하지만 거짓이 이 진리를 압도하고 있다. 그 거짓은 이렇게 소리친다.
> "내가 행복을 추구할 때만 그것을 성취할 수 있어."

은행이 '문 닫기 5분 전'에 창구 앞에서 줄 서있는데, 어떤 여자가 수선을 떨며 은행으로 들어왔다. 그녀는 내 뒤에 서서 하루 종일 얼마나 바빴는지를 내내 중얼거렸다. 그리고는 예금을 준비하려고 법석을 떠는데, 옆에 어리둥절하게 서있던 사람이 갑자기 한숨을 쉬며 큰소리로 말했다.

"세상 좀 쉬엄쉬엄 돌아가게 만들어줄 사람 없나!"

"그렇게 해줄 사람이 없다면 우리가 세상살이를 좀 쉬엄쉬엄 해야죠."

내가 용기를 내어 그렇게 말했다.

그 불쌍한 여인은 인생의 소용돌이 속에 결코 혼자 있는 것이 아니다.

내가 '평안을 찾고 추구하기'로 결심했다고 말했을 때, 사람들은 매우 인간적인 반응을 보였다. 라디오에서 이 주제로 토론을 했을 때, 스트레스에 중독 된 사람들의 편지가 폭주했다. 편집자들과 이 책의 전반부에 대한 내용을 나눌 때는, 그 부분을 읽고 난 편집자들이 "어떻게 우리 심정을 이렇게 잘 아십니까?"라고 물었다. 겨우 두 장이 완성되었을 때는 몹시 바쁘게 지내는 어떤 회사 임원의 아내가 내 손을 잡고 이렇게 말했다.

"이 책 완성되려면 얼마나 걸릴까요? 이 책은 완전히 제 얘기네요!"

지극히 개인적인 탐구로 시작되었던 이 책은 사람들이 얼마나 '평안에 굶주려 있는지'를 내게 보여주었다. 평안이라는 대안을 소개했을 때, 나는 친구들의 눈에서 반쯤은 희망을, 반쯤은 비관론을 읽을 수 있었다. 마치 눈으로 이렇게 말하는 것 같았다.

"나는 다리 둘 달린 회오리바람처럼 지내는 데 지쳤어. 하지만 달리 대안이 있겠니?"

똑같은 상태에 빠진 다른 사람들과 마찬가지로 친구들도 즉각적으로 효과가 나타나는 치료 방법을 원했다. 나를 알고 있는 사람들은 이렇게 확신하고 있다.

"만일 그에게 효과가 있었다면 누구에게라도 효과가 있을 거야!"

평안에 대한 대가는 비싸다. 하지만 스트레스에 목이 졸리는 것에 비하면 오히려 싸다고 할 수 있다. 평안을 얻으려면 평온한 중심들을 고집스럽게 지켜야 하고, 아무리 고통스럽더라도 불안감의 뿌리를 정직하게 인정해야 한다. 유독성을 지닌 스트레스의 뿌리를 근절시키는 것은 우리 인생의 가장 구석진 데까지 해당된다. 오랫동안 방치되어 온 지하 창고를 탐험하는 것처럼, 우리의 빛은 너무나 오랫동안 무시하고 지내왔던 내부의 혼란을 드러낸다. 하지만 만일 우리가 변화에 절박한 상황이라면, 결코 진실로부터 도망치지 않을 것이다.

A. 너무나 큰 나 • • •

자기중심주의는 '생각나는 대로 행동하는 것'이다. 어린 아기는 걷고 말하기 전에 세상이 자기를 중심으로 돌아가게 하는 법을 배운다. 아기는 먹고 싶고, 트림하고 싶고, 기저귀를 갈고 싶은 생각이 들 때 다른 모든 것이 정지하기를 기대한다. 이렇게 '무력한 어린 존재'이기 때문에 아기는 자기가 부를 때 달려 오지 않는 사람들에게 분명 굉장한 정신적 고통을 가할 수 있다.

이 작은 아기가 자라면서 일찍부터 마법의 단어가 나타난다.

"내 거!" 아이의 갈등의 대부분은 주로 그 말을 중심으로 일어난다.

우리 안에는 여전히 그 아기들이 살아 있다. 그것도 아주 건재하게 말이다. 우리의 필요는 더 커졌고, 우리의 외침은 더욱 복잡해졌다. 게다가 여전히 삶을 우리 중심으로 돌아가도록 만들려고 하는 데 정신이 빠져 있다. 그러는 동안 고독과 불만족을 느끼게 되고, 그로 인해 스트레스는 지속적으로 커진다.

고등학교를 다닐 무렵, 스티브는 아주 인상적인 궤도를 그려나가고 있었다. 그 도시에서 최고의 풋볼 선수 중 하나였고, 학업 성적도 학급에서 최고 수준이었으며, 미모가 뛰어난 여자 선배와 사귀고 있었다.

하루는 스티브가 나에게 얘기를 좀 나누자고 했다. 풋볼 경기장을 세 바퀴나 돌고 나서 멈춰서더니 바닥을 내려다보며 무슨 말을 어떻게 해야 할지 찾는 듯 보였다. 그러다가 불쑥 이렇게 말했다.

"저 외로워요."

나는 학교에서 스티브가 누리고 있던, 다른 사람들의 부러움을 살 만한 인기를 생각하면서 놀라움을 금할 수 없었다. 스티브는 "물론, 모든 일은 제가 원하는 대로 되고 있어요"라고 덧붙였다.

"세웠던 목표를 모두 달성했어요. 할 수 있는 모든 것을 내 것으로 만들었어요. 더 이상 달성할 목표가 없어요. 세상이 너무 좁아서 살 수가 없어요."

"너무 좁아 살 수 없다"라는 말은 자기를 중심으로 돌아가는 삶의 최대 범위가 좁다는 말이다. 불행하게도 우리 중 많은 사람들은 스티브가 그랬던 것처럼 열일곱에 그 진실을 깨닫지 못한다. '내 것'을 향한 우리의 강한 집착은 우리 주변과 우리 내부에 온통 갈등과 부담을 만들어낸다. 그 가운데서 우리를 구해내기 전에는 우리의 불안감은 치유될 수 없다.

내가 가지고 있는 사전에는 '자기'(자아)로 시작되는 단어가 192개나 있다. 이것은 그 자체로 분명 우리에게 뭔가를 말해주고 있다. 이 많은 단어들은 세상을 자기 중심으로 돌아가게 하는 수많은 방법들을 의미한다. 나는 그 중에 '대표적인 네가지' 유형을 골랐다.

B. 십자군 … 자아실현(Self-Fulfillment) • • •

"표지를 들고 전진하라!"

이 구호는 다양한 일천 개의 그룹들이 자신들의 '권리'를 주장하는 이 시대 속에서 또 다른 선전포고로 들린다. 어떤 정치 옵서버는 근대의 대통령 후보들이 50개의 각기 다른 '인권' 그룹들에 신경 써야 하며, 각 그룹은 인구의 2퍼센트씩을 의미한다고 지적했다. 우리 사회는 "내 것!"을 외치는 목소리의 불협화음으로 산산조각 나 있다.

70년대의 '나 세대(Me Decade)'에서 투쟁적인 '내 것 주의'가 생겨났다. 사회활동 이외에도 자아실현을 위한 개인적인 요구를 부르짖기 시작했다. 남편, 아내, 부모, 자녀, 친구들 모두 개인적으로 자아실현을 위해 뛰고 있다. 우리는 우리가 어떠하든, 누구이든 그것으로는 만족할 수 없다는 불만족에 전염되었다.

주의 깊게 들어보면, 우리는 다음과 같은 말에서 우리 마음속에 있는

'십자군'의 정서를 들을 수 있다.

"이제 드디어 나를 위한 시간이 왔다."

"지금껏 내가 희생했으니, 이제는 내 차례다."

"나는 이런 대우를 받을 자격이 있어."

"나 스스로 변화를 찾아야겠다."

"나는 이것을 할 권리가 있어."

결정이란 '주어진 자격'에 근거해 내려지게 마련이다. 사실상 우리의 자격이라는 것은 멋들어진 현대적 가면 속에 숨겨진 아주 오래된 이기주의의 모습일 뿐이다. 실제로는 자기중심주의를 고상하게 보이도록 하는 데 성공한 것에 불과하다.

다른 사람의 행복을 찾음으로써 나의 행복을 찾을 수 있다는 것이 진리이다. 하지만 거짓이 이 진리를 압도하고 있다. 그 거짓은 이렇게 소리친다.

"내가 행복을 추구할 때만 그것을 성취할 수 있어."

행복이 늘 우리보다 앞서 달린다는 사실을 깨닫기까지 우리 주위는 언제나 많은 풍파가 일어날 수 있다.

지방의 한 교회에서 평안에 대한 강연을 막 마쳤을 때, 어떤 여성이 이야기를 좀 나누고 싶다고 나를 찾아왔다. 고상한 옷차림에 매력이 풍기는 사람이었지만 눈에는 눈물이 흐르고 있었다. 그녀는 자신의 목표를 성취하라는 사이렌(아름다운 노랫소리로 근처를 지나는 뱃사람을 유혹하여 파선시켰다는 바다의 요정-역자 주)의 노래에 매혹되어서, 가정을 등한히 하게 되었다고 고백했다. 그녀의 삶은 직장에서의 성공과 가정의 실패로 인한 스트레스로 가득 차 있었다.

"제가 이 꾐에 속아 넘어갔다는 사실이 믿기지 않아요."

그리고는 이렇게 덧붙였다.

"우리 여자들은 남자들이 성공을 쫓기 위해 지불해야 했던 대가들을 보아왔어요. 심장마비, 부담감, 깨어지는 관계. 그런데 이제 여자들도 똑같은 짓을 하고 있다니! 우리도 이제 남자들처럼 스트레스에 지쳐 있어요."

여성은 가계의 경제를 돕기 위해 일을 해야 할지는 모르지만, 자아의 정체성을 찾기 위해 일을 하지는 않는 듯하다. 엄마를 위한 행진 명령은 변하지 않았다.

> "저들로 젊은 여자들을 교훈하되 그 남편과 자녀를 사랑하며 근신하며 순전하며 집안일을 하며 선하며 자기 남편에게 복종하게 하라 이는 하나님의 말씀이 훼방을 받지 않게 하려 함이니라"(딛 2:4-5)

자아실현이라는 행진곡에 넘어가는 남성은 인생의 주요 공간이 가정이 아닌 사무실이라고 생각할 것이다. 어쩌면 그는 자신의 일에서 성공하기 위해 가정을 희생시키는 것이 공정한 거래라고 생각할지 모른다. 오히려 가족들은 단순한 액세서리로만 취급하면서 말이다.

우리가 직업, 교회 사역, 혹은 어떤 일에 푹 빠져버리든지 간에 자아실현이라는 강박관념은 삶에 힘을 북돋우는 것이 아니라 오히려 감소시킨다. '내 권리', '나의 방식' 만을 주장하게 되면 평안의 끝이 시작된다.

삶은 베푸는 것이지만, 자아실현의 십자군은 우리를 '기회를 노리며' 사는 사람으로 만든다. 아무리 많은 '권리'를 가지게 되더라도 우리는 너무 외로워져서 결국 만족할 수 없게 될 것이다.

C. 파괴자 ⋯ 자기몰입(Self-Absorption) • • •

누군가가 말했다.

"나는 방금 온통 자기 자신에 휩싸여 있는 사람을 만났어. 역시 그릇이 작은 사람이었지!"

자신에게만 몰입해 있는 사람이 '그릇이 작은' 사람인지는 몰라도 주위에 있는 모든 사람들의 삶 가운데 고통의 요소들을 일으킬 수 있는 사람이다.

우리는 바빠질수록 자신에게 몰입하게 되기 더 쉽다. 책임과 피로와 끝마치지 못한 일들에 너무 몰두하면 다른 사람은 생각할 여지가 전혀 없다. 삶이 너무 과열되면 아이들은 방해물이 되고, 동료들은 성가시게 느껴지며, 다른 운전자들이 모두 내 앞길을 방해하고 있는 것처럼 느껴진다.

우리는 사태의 악순환에 빠진다. 스트레스가 우리를 이기적으로 만들고, 이기심은 우리에게 또 다른 스트레스를 준다. 한동안은 모든 사람들이 우리의 강박관념 주위의 궤도까지 멀리 떨어져줄 수도 있다. 하지만 결국에는 우리가 너무 몰두해서 듣지 못하고 있던 속삭임들이 우리의 심장을 꿰뚫는 고함소리로 변할 것이다. 경주하는 과정에서 부주의하게 우리가 입혔던 상처가 우리의 현관 앞에 쌓이게 될 것이다. 그리고 우리는 스트레스를 이겨나갈 만큼 우리를 강하게 만들어줄 바로 그 지원 장치로부터 단절되었다는 사실을 발견할 것이다. 자신에게만 몰두한 인생은 자신의 길을 가로막고 있는 모든 사람과 모든 것들을 짓밟고 지나가는 불도저와 같다.

'그릇이 작은' 사람과는 함께해도 그다지 즐겁지가 않다. 어떤 주제로 토론을 하든지 토론 가운데 일단 그가 끼어들면 자기 중심적으로 이끌고 가버린다. 그는 자신의 느낌과 자신이 겪은 일, 그리고 자신이 얼마나 열심히 일하고 있는지, 계획은 어떤지에 대한 얘기로 화제를 독점한다.

그는 실제로는 사람들이 하는 얘기를 전혀 듣지 않는다. 그의 머릿 속은 온통 자신의 개인적인 문제들로 가득 차 있다. 그 과정에서 그는 나중에 정말 필요하게 될지도 모를 많은 이야기들을 놓친다. 그리고 자신에게만 열중하기 때문에 집에 돌아와서도 가족들이 자기를 방해하지 않기를, 혹은 만족시켜 주기만을 기대하는 '부패한 왕'처럼 되어버리려는 경향이 있다.

자신에게만 몰입하는 '파괴자'는 자신도 깨닫지 못하는 사이에 사람들을 자기 인생의 언저리로 밀어낸다. 그가 추구하는 바는 적어도 그가 자신의 인생에 그의 가장 중요한 일로 삼기까지는 건전할지 모른다. 전화, 테니스 경기, 성경공부, 워크숍, 강의 …. 삶은 '훌륭한 집념'이 될 수 있는 온갖 좋은 거리들로 가득 차 있다.

자신에 대한 몰입은 당신의 삶을 오직 당신 주우만 맴도는 삶으로 전락시킬 수도 있다. 만일 아내와 아이들과 친구와 동료들의 눈으로 자신을 바라보려고 애쓴다면 그들이 손을 내밀기에는 지나치게 자기 일에만 몰두하고 있는 한 남자가 눈에 보일 것이다. 나에게 매우 가까운 그 사람들의 입장에서 단 30분만 시간을 보내더라도 …, 너 그릇이 얼마나 작은지를 깨달을 것이다.

그 파괴자, 즉 자기몰입이 더 많은 해를 끼치기 전에 멀리 날려버리지 않는 한, 언젠가는 부메랑이 되어 돌아와서 우리 자신도 짓밟아버릴 것이다.

D. 불구자 … 자기 지목(Self-Appointedness) • • •

피너츠(Peanuts)라는 연재만화에서, 루시는 모든 사람들이 자기 주위를 맴돌게 만드는 방법을 알고 있다. 그 방법은 '도움을 주는' 것이다.

루시는 모든 사람의 문제 해결사이다. 루시는 레모네이드 가판대를 개조해서 거기에 '정신과 상담 – 5센트'라고 적힌 큰 간판을 걸었다. 그리고는 그 밑에 서있다. 가격은 적당할지 모르나 상담이 믿을 만한지는 의문이다.

현실 속에서 루시와 같은 사람들은 해야 할 모든 일의 중심에 자신을 놓는다. 그들은 늘 다른 사람에게 내줄 시간이 있고, 늘 상처받은 사람들을 돕고, 늘 베풀고, 늘 무슨 일이든 하고 있다. 문제는 바로 '늘'이라는 그 단어에 있다. 그들은 근본적으로 스스로를 지목해서 희생하는 자들이다.

분명 자기희생은 그리스도인의 미덕이다. 예수님을 따르던 자들은 "짐을 서로 지라"는 명령을 받았다(갈 6:2). 만일 더 많은 그리스도인들이 자기 자신을 내어주는 데 그리스도를 닮아가려 한다면 영적 '구조대원'들이 그렇게 번번이 지쳐 쓰러질 필요는 없을 것이다. 하지만 반드시 기억해야 할 진리가 있다. 우리는 짐을 지고 가는 자가 되어야 하지만, 그렇다고 늘 그래야 하는 것은 아니라는 사실이다.

사람을 돕는 삶의 방식에는 '메시아 콤플렉스'로 발전할 수 있는 위험이 도사리고 있다. 당신은 주위에 있는 모든 사람의 문제에 대해서…, 그리고 주변에 끝마치지 못한 일에 대해서 모든 책임을 떠맡기 시작한다. 훌륭하게 보일 수도 있겠지만 이렇게 스스로 책임을 떠맡는 행위는 남을 돕기보다 상처를 입힐 수도 있다. 만일 자신을 희생하기만 한다면 자아는 남지 않게 된다. 그렇게 되면 당신에게 연결되어 있는 인간관계 전체가 무너진다.

헌신적인 봉사를 위해 시작했던 일이 때로는 돕는 사람과 '무력한' 사람들 사이의 신경과민적인 의존상태로 변할 수 있다. 부르기만 하면 언제든 달려와주는 사람이 있을 때 사람들은 무력해진다. 부모들은 자녀를 사랑하는 것이 때로는 '부재중'을 의미하기도 한다는 것, 그래서 아이들이 스스로 일을 처리하는 법을 배울 수 있게 하는 것임을 안다. 만일 우리가 늘 아이의 신발 끈을 묶어주고, 장난감을 고쳐주고, 도시락을 싸주러 달려간다면 그 아이는 인생의 중요한 기술을 배우지 못한 채 성장하게 된다. 마찬가지로 만일 '루시'가 어느 누구라도 상처를 받기만 하면 나타나서 도와주는 사람으로 자신을 지목한다면 사람들은 정서적으로 점차 나약해질 것이다.

늘 도움을 주기만 하는 사람 주변에 있는 사람들은 결국에 가서는 모두 좌절하게 된다. 도움을 주는 사람 그 자신의 좌절은 말할 것도 없다. 그의 염려의 샘은 결코 충분하지 않고, 결국에는 끝도 없는 사용으로 인해 메말라버리거나 연소해버린다. 만일 당신이 모든 일을 다 해내려고 하거나 모든 문제를 다 해결하려 한다면, 당신은 평생 끝도 없는 스트레스와 좌절과 불안감의 삶을 선고받은 것과 마찬가지다. 그러면서 평안도 사라진다. 이 세상에 메시아는 오직 한 분뿐이다. 그분이 사람들의 무거운 짐을 지고 가실 것이며, 다른 지도자들도 길러내실 것이다. 우리는 우리 주인이신 그분께서 다른 사람의 필요를 충족시키기 위해 우리를 부르실 때를 대비해서 늘 희생을 위한 준비를 하고 있어야 하지만, 오직 그분이 부르실 때에만 그렇게 해야 한다.

E. 불평가 ··· 자기연민(Self-Pity) • • •

연재만화 피너츠에 등장하는 또 다른 캐릭터 가운데 피그펜(Pigpen)이 있다. 피그펜은 마당에는 놔둬도 집안으로는 들이기 골치 아픈 종류의 아이다. 피그펜은 늘 먼지 구름 같은 것에 둘러싸여서 등장하는 것을 볼 수 있다. 이 꼬마는 목욕은 절대 하지 않고, 움직일 때마다 엄청난 먼지를 떨어뜨리면서 다닌다.

우리는 어디를 가나 구름을 몰고 다니는 사람들을 쉽게 만날 수 있다. 그들은 모든 일들이 자기 중심으로 돌아가도록 하는 독특한 방법을 발견했다. 그 방법은 자기 연민이라고 불리는 방법이다. 그들은 불평불만의 구름을 끌고 다니는데, 이것은 보통 그들이 바라던 것을 얻게 해주지는 못하더라도 적어도 사람들의 이목을 끌 수 있게는 해준다. 이런 방법은 한동안 효과가 있을지 모르지만 곧 역효과가 나타나기 마련이다.

'연민 파티'(pity party)는 모든 육체적 질병과 모든 불공정, 그리고 모든 어려움과 필요를 기린다. 자기연민에 빠지는 사람은 불만을 긁어 모음으로써 균형을 잃게 되고, 자기에게 희생자라는 딱지를 붙인다.

자기연민은 특히 부모나 배우자에게 매우 좋지 않은 습관이다. 그들은 주로 이런 말들을 반복한다.

"어떻게 나에게 이럴 수 있죠?"

"지금까지 난 당신을 위해서 희생했어요."

"내가 이 지경이 되었는데 좀 도와줄 수는 없나요?"

자기연민에 빠진 사람이 결국 파괴되고 무너지고 포기하게 될 때까지 자녀나 배우자는 이러한 죄의식 게임으로 교묘하게 조종당하기도 한다.

누구도 인생에 더 많은 먹구름을 원하지는 않는다. 그렇기 때문에 사람들이 결국에는 자기 자신만의 문제에 사로잡혀 있는 사람과의 관계를 끊는 것이다. 그러한 점에서 자기연민에 빠지는 사람은 그런 거부반응을 또 다른 연민을 일으키는 도구로 사용하거나, 아니면 그것을 통해 자기의 모습을 제대로 파악하고 자신이 사람들에게 가했던 비현실적인 속박을 볼 수 있게 된다.

자기연민에 빠지는 사람은 '자기'에 빠져 있는 다른 사람들처럼 늘 불안하다. 그는 자신이 갈망하는 사람들의 관심을 오히려 몰아내고 사실상 불평을 늘어놓을 스트레스를 찾고 있다. 피그펜처럼, 그는 자기 자신의 먼지 구름 속에서 어찌할 바를 모른다.

F. 시대가 주는 스트레스 •••

어느 날 〈뉴스위크〉지를 들춰보고 있다가 '종말'(apocalypse)이나 '아마겟돈'(Armageddon)과 같은 단어가 계속 눈에 띈다는 사실을 깨달았다. 이 단어들은 뉴스위크가 아니라 성경에나 나올 단어였다. 기자들이 쓰는 글에 이런 단어들이 나타난다는 사실이 전 세계적으로 커져 가는 '종말론'에 대한 인식을 반영하고 있다.

세계의 종말은 보통 살아남기 힘든 위험한 시기로 간주된다. 성경에서 말하는 종말은 매우 충격적이다.

"말세에 고통하는 때가 이르리니"(딤후 3:1)

'고통하는'이라고 번역된 이 단어는 본래 문자 그대로 해석하면 '고난의 시대', 혹은 '스트레스의 시대'를 의미한다. 말세는 스트레스의 시대가 될 것이다. 하지만 비단 군대나 적그리스도나 지진 때문만은 아니다. 위험은 변해가는 사람들 때문에 생기게 될 것이다.

"사람들은 자기를 사랑하며"(딤후 3:2)

이 땅이 겪게 될 최고의 스트레스는 자기 자신에게 초점을 맞추는 사람들로 인한 직접적인 결과다. 위 말씀 바로 뒤에는 인간이 경험할 수 있는 모든 가치를 상실하게 된다는 내용을 다음과 같이 나열하고 있다.

> "사람들은 자기를 사랑하며 돈을 사랑하며 자긍하며 교만하며 훼방하며 부모를 거역하며 감사치 아니하며 거룩하지 아니하며 무정하며 원통함을 풀지 아니하며 참소하며 절제하지 못하며 사나우며 선한 것을 좋아 아니 하며"(딤후 3:2–3)

자기애는 사랑 없는 사랑을 만든다. 사랑이 이처럼 왜곡되면 세상은 위험해진다. 성경이 기록한 자기중심적인 삶의 결과를 보면 정말 정신이 번쩍 든다. 그것이 자기 성취나 자기도취나 자기 지목적인 희생, 혹은 자기 연민의 형태이든 간에 자기에게 초점이 맞춰진 삶을 살아갈 때, 종국에 가서는 사랑을 주고받을 능력을 상실하게 된다. 이것은 지불하기에는 너무 큰 대가이다.

우리 집 앵무새는 거울에 자기 모습 비춰보기를 좋아한다. 거울 앞에다 놓아두면 거울에 비췬 자기 모습에 키스를 퍼부으면서 반응을 얻기 위해 애쓸 것이다. 하지만 자신을 바라보는 것만으로는 아무런 만족을 찾을 수 없다. 평안도 마찬가지로 거울 속에서는 찾을 수 없다. 나는 평안을 예수님 안에서 찾고 있다. 그분이 주시는 평안은 나를 온전히 다른 사람들과 연결시키는 동시에 내적으로 자유롭게 한다. 사실 그분은 나를 중심으로 돌아가는 삶에 대한 근본적인 대안을 제시하신다. 그분은 우리가 다음의 놀라운 말씀에서 얻을 수 있는 '다수로 이루어진 나'(E Pluribus Me)의 태도를 요구 하신다.

> "누구든지 제 목숨을 구원코자 하면 잃을 것이요 누구든지 나를 위하여 제 목숨을 잃으면 구원하리라"(눅 9:24)

생명에 집착하게 되면 오히려 잃을 것이다. 생명을 내어주면 얻을 것이다. 평화의 왕 그리스도(the Prince of Peace)께서는 베푸는 삶을 명하셨다. 명하셨을 뿐만 아니라 인생의 가장 힘한 시간을 보내면서도 몸소 그런 삶을 사셨다. 나는 24시간 동안 독감을 앓는 하찮은 고통을 겪으면서도 자기중심적이 되어버린다. 그에 반해 예수 그리스도께서는 십자가에서 엄청난 고통을 겪는 중에도 베푸는 삶을 실천하셨다.

> "예수께서 그 모친과 사랑하시는 제자가 곁에 섰는 것을 보시고 그 모친께 말씀하시되 여자여 보소서 아들이니이다 하시고 또 그 제자에게 이르시되 보라 네 어머니라 하신대"(요 19:26-27).

분명 자신의 육체적 고통에 온통 생각이 집중되어 있을 것이라고 생각되는 그때에 예수님께서는 가족을 생각하셨다. '최고가 되고자 하는'(looking out for Number One) 신화와 얼마나 대조적인 모습인가!

베푸는 삶은 스트레스로 가득 찬 삶에 힘을 제공해주는 원천이 된다. 게리 콜린스(Gary Collins)는 그의 저서 『당신은 스트레스로부터도 유익을 얻을 수 있다』(You Can Profit from Stress)에서 삶을 내어주면서 동시에 어떻게 삶을 얻을 수 있는지에 대해서 상세히 기록했다.

강도 높은 중압감에 시달리는 사람들에 대한 연구 결과에 근거해서, 우리 심리학자들은 최장수를 누리는 사람들이 다른 사람들을 돕고 지원하는 데 가장 많은 에너지를 쓰는 사람들이라고 결론지었다.

G. 평안에 이르기 위한 일곱 가지 원칙 • • •

우리는 가진 것을 보호하려고 두 손을 움켜잡은 채 살아갈 수도 있다. 반대로, 두 팔을 벌리고 사는 위험을 감수하면서 하나님께서 허락하시는 특별한 종류의 평안을 배워갈 수도 있다. 다음에 나오는 일곱 가지 원칙을 통해서 매일의 삶이 베푸는 삶으로 거듭나게 되기를 바란다.

1. '모두에게 최선의 것'을 따라 살라

나는 주일 오후에 시간이 나면 교외로 나가 드라이브를 즐기곤 한다. 한주일 내내 너무나 열심히 일하기 때문에 휴식을 위해 그 정도는 쉬어야 한다고 생각한다. 내가 평안을 찾기 이전 한동안은 집에 그냥 있기를 원하는 다른 가족들의 바람보다도 내 욕심이 압도적일 때가 많았다.

하지만 이제는 귀를 더 많이 기울이고 있다. 우리 가족은 내가 '모두에게 최선의 것'을 실천하기 위해 노력한 이후로 새로운 차원의 즐거움을 발견했다. 그 결과 나는 일요일에 더 잘 쉬고 좀 덜 움직일 수 있는 방법을 배웠다. 그것이 휴식시간을 결정하는 일이든, 물건을 구매하는 일이든, 가족간의 규칙에 관한 것이든, '공동선'에 승복하라.

2. 가정을 개방하라

점차 혼잡해지는 삶으로 인해 사람들은 점차 개인주의적인 생활양식을 추구하는 경향을 가지게 되었다. 다시 말해서 우리 집은 나의 성(城)이고 내가 집안에 있을 때는 가동교(drawbridge)를 들어 올려버린다.

하지만 "손 대접하기를 힘쓰라"(롬 12:13)는 성경의 명령에 순종한다면 결코 그 순종은 헛되지 않다.

우리 가족은 우리 집에서 '잠자리와 아침식사'를 제공받은 사람들로 인해 오히려 우리 가정이 더 풍성해지는 것을 경험했다. 우리 가족이 약간의 편의를 제공했던 친구들이 세계 곳곳에 퍼져 있다. 뿐만 아니라 우리도 그런 대접을 받았다. 베푸는 삶은 개인주의를 빈곤으로 간주한다. 우리 가족 구성원만을 위한 가정은 우리 가족만 살기에도 너무나 비좁다.

3. 집에 돌아오면 가족들에게 초점을 맞추라

나는 늘 사무실을 떠나기 전에 육체의 서류가방을 닫는다. 하지만 가끔은 집에 돌아온 이후에도 정신의 서류가방은 한동안 열어 놓은 채로 있다. 마찬가지로 빨래와 먹다 남은 음식들에 파묻혀 있던 가정주부는 자신이 가장 사랑하는 사람들에게 오히려 소홀해지기 쉽다.

나의 경우, 사무실에서 집으로 가는 차 안에서의 시간이 가족들에게 관심의 초점을 맞추는 시간이다.

'카렌의 스케줄이 어떻게 됐었지? 브래드가 무슨 시험을 봤더라?'

가족들과 시간을 보내기 전에 이런 준비의 시간을 가진다면 현관문을 들어서는 순간 가족들을 우선순위에 둘 수 있게 된다.

4. 온 가족이 함께 사람들의 필요에 반응하라

상실의 아픔을 겪는 가정, 직장을 잃은 가장, 입원한 사람, 경제적 어려움에 처한 친구. 주위에 이런 사람이 있을 때가 바로 베푸는 삶을 배울 최고의 기회이다. 내 아내의 민감한 감정은 본능적으로 이런 기회를 포착하고 곧바로 그들을 돌봐줄 우리 특공대를 동원시킨다. 크리스마스를 제대로 보낼 수 없는 빈민가의 아이들을 위해서 집안에 있는 장난감과 옷을 찾아 모으던 일이 가장 따뜻한 기억 가운데 하나로 남는다.

5. 당신의 도움이 필요한 사람을 찾으라

우울증을 치료하는 제일 좋은 방법은 바로 도움이 필요한 사람을 찾아 도와주는 것이다. 베푸는 삶은 우리를 직장과 친구와 가정을 둘러보고 "제 도움이 필요하세요?"라고 말할 수 있게 한다. 이런 모습은 평범한 나날을 즐거운 모험으로 변화시킨다.

6. 사람들을 위해 시간을 내라

우리가 하는 일은 지난밤의 깨끗한 접시나 어제의 메모와 같이 일시적인 것이다. 하지만 사람은 영원하다.

아이를 위해, 혹은 일을 잠시 멈추기 위해, 또는 친구들을 위해 시간을 낼 수 없을 만큼 바쁘다고 생각될 때 이 항목을 염두에 두라. 왜 함께 보내는 시간이 짧을 수밖에 없는지, 사람들과 충분한 시간을 보낼 수 없는 이유가 무엇인지 설명하라. 그럴 수 없다면 그들이 당신에게서 마땅히 받아야 할 사랑과 관심을 그들에게 쏟을 수 있는 별도의 시간을 마련하라. 절대 당신의 업무 목록이 당신의 사랑보다 앞서게 하지 말라.

7. 물질을 관대하게 베풀라

> "흩어 구제하여도 더욱 부하게 되는 일이 있나니 과도히 아껴도 가난하게 될 뿐이니라 구제를 좋아하는 자는 풍족하여질 것이요 남을 윤택하게 하는 자는 윤택하여지리라"(잠 11:24-25)

받는 것이 베푸는 이유는 아니다. 단지 그 결과일 뿐이다.

우리는 시골의 어떤 목사 부부가 무일푼이 되어 무료급식소에 의지해 살아가야 한다는 소식을 들었다. 우리도 먹고 사는 것이 넉넉지 않았던 때라서 우리는 친구들에게 함께 돕자는 뜻으로 자루를 돌렸다. 그런데 집으로 돌아오자마자 초인종이 울렸다. 한 친구가 왠지 우리에게 식료품을 가져다주어야겠다는 마음이 들어서 찾아왔다면서 식료품이 가득 들어 있는 네 개의 자루를 내밀었다. 나는 너무나 조금밖에 베풀지 못했던 나 자신이 부끄러웠고, 너무나 감사했다.

베푸는 삶이 이렇게 묻는다.

"이 물건이 도대체 누구의 것인가? 누구의 차이고 누구의 돈인가? 누구의 책이고 누구의 음반인가?"

우리는 이 모든 것들이 우리에게 관리하라고 주신 그분의 자원이라는 결론을 내렸다. 그분의 창고가 되기보다는 그분의 배달원이 되는 것이 훨씬 더 즐거운 일이다.

구세군의 창시자인 윌리엄 부스(William Booth)는 몸이 매우 아팠다. 런던의 가난한 사람들을 위한 그의 작은 사명이 전 세계적으로 퍼져 나갈 때였다. 그의 '군사들'은 역사적인 국제 집회에 모여 있었고, 부스 대장이 연설을 할 예정이었다. 하지만 윌리엄 부스는 병으로 집회에 나오지 못했고, 결국 사망했다.

구세군의 군사들은 지도자의 메시지를 갈망했다. 임종의 순간에 부스는 자신의 마지막 설교를 한 단어로 적어 전보를 치게 했다. 그의 마지막 도전은 지금껏 전해져 내려온다. 그의 마지막 말은 '다른 사람들!'

(Others)이었다.

이 단어는 '내 것(Mine)'이라는 단어와 완전히 대조되는 말이다. 자기중심적인 에너지는 우리를 허탈하고 외롭게 만든다. 자기중심으로 돌아가는 세상은 결코 찾을 수 없는 곳에서 성취감을 찾는 불안한 세상이다.

'다른 이들을 위한 삶', 즉 베푸는 삶은 자기중심주의의 뿌리가 박혀 있던 곳에 우리가 심을 수 있는 평화롭고 새로운 삶이다. 무익한 것을 추구하느라 지쳐버린 마음은 종국에 더 나은 것을 추구하기 위해 자유로워진다. 늘 두 팔을 벌리고 있는 평안과 같이….

10장
과거의 상처를 되새기기

> 우리 세 아이들이 아버지와 함께 있기를 원하고, 나를 위해 너무나 많은 것을 희생하며 살아온 아내가 가족들과 소중한 시간을 보내고 싶어 할 때, 이미 내 모든 에너지는 소진되고 없었다.

기숙사 계단에 앉아 울고 있는 캐롤과 마주쳤다. 얼굴을 손으로 가리고 있어 짧게 자른 갈색 머리카락밖에 보이지 않았다.

캐롤과 남편 스탠은 내가 가르치는 반에 출석하고 있었다. 계단에 앉아 있던 캐롤 옆으로 가서 앉자 나지막하게 흐느끼는 소리가 들렸다.

"나는 아내도 아니예요. 나는 정말 아내도 아니라고요."

울고 있는 캐롤에게 손수건을 빌려주고 잠시 산책을 함께 하고 난 후, 캐롤이 입을 열었다.

"스탠은 아주 좋은 남편이에요. 하지만 저는 결코 스탠이 앞장서도록 놔두질 않았죠. 저는 복종할 수 없었어요. 그의 결정에도, 그의 영적 리더십에도, 혹은 심지어 성관계에 있어서도 마찬가지예요. 저는 남편이 하는 일마다 끼어들어 그의 인격을 모독했어요. 제가 그를 파괴하고 있다고요!"

"몇 년 전, 저는 그 누구도 내 인생을 좌지우지 하게 놔두지 않겠다고 결심했어요."

나는 캐롤이 이렇게 말하는 동안 그녀의 고뇌에 찬 얼굴에 어두운 그림자가 드리우는 것을 보았다. 몇 가지 사소한 질문을 던지자 그녀는 쉽게 어머니에 대한 얘기를 꺼내기 시작했다.

캐롤의 어머니는 자신의 뜻대로 일이 되지 않을 때면 늘 그녀를 심하게 학대했다. 캐롤이 어머니에게 먼저 굽히고 돌아오지 않으면 어떤 때는 딸에게 오랫동안 말도 하지 않았다. 처음에는 인정하지 않았지만 캐롤은 그러한 정서적 학대로 인해 어머니를 증오하고 있었다.

그녀가 가진 결혼생활의 문제점은 사실상 어머니의 문제로 인한 것이었다. 어머니에게 맞서지 못한 캐롤의 상처가 무고한 대리인 스탠에게 표출된 것이다.

우리는 그날 함께 편지를 썼다. 뜨거운 눈물을 흘리면서 캐롤은 오랫동안 부정해왔던 어머니를 향한 증오감을 풀고 모녀간의 건강한 관계를 제안하기 위해 편지를 썼다. 우리는 마치 '사형수 감방'으로 연결된 복도를 걷는 기분으로 우체통을 향했다. 두려움과 떨리는 마음으로 우체통의 뚜껑을 내리 닫으며 새로운 미래에 대한 도박을 했다.

캐롤의 어머니는 끝까지 그녀를 냉대하려고 했다. 하지만 캐롤과 스탠은 한걸음도 물러나지 않았다. 그 모녀의 새로운 우정은 그러한 고통을 통해서 태어났다. 무엇보다도 중요한 것은 캐롤이 드디어 수년 동안 바라왔던 온전한 사랑을 남편에게 쏟아 부을 수 있게 된 것이다. 활기찬 그들의 편지와 자신감 넘치는 모습의 자녀들이 그들이 발견한 행복을 충분히 말해준다.

캐롤에게는 자신을 괴롭히던 스트레스를 해결하기 위해 단순한 약물 치료나 명상 이상의 것이 필요했다. 그녀는 자신의 인격 깊숙이 파묻혀 있던 불안함의 뿌리…, 그녀가 마음의 스크린에 계속 재연시켰던 오래된 상처들을 깊이 파헤칠 필요가 있었다.

성경은 평안을 오래된 응어리를 근절하는 것과 직접적으로 연결시킨다.

> "모든 사람으로 더불어 화평함과 거룩함을 좇으라 이것이 없이는 아무도 주를 보지 못하리라 너희는 돌아보아 하나님의 은혜에 이르지 못하는 자가 있는가 두려워하고 또 쓴 뿌리가 나서 괴롭게 하고 많은 사람이 이로 말미암아 더러움을 입을까 두려워하고"(히 12:14-15)

평안은 마음의 응어리에 의해 계속 파괴된다. 용서하지 못한 일들은 표면적으로 볼 때는 전혀 관계없는 행동을 통해서 표출된다. 캐롤이 스탠에게 상처를 입혔을 때, 그녀는 어머니에 관해 언급한 적이 한 번도 없었다. 하지만 그 쓰라린 감정은 뿌리가 뽑힐 때까지 늘 계속됐다.

아들이 어렸을 때, 우리 가족은 비치볼을 가지고 할 수 있는 스물두 가지 기발한 놀이를 개발했다. 가끔은 깊은 물속까지 비치볼을 넣고서 얼마나 오래 붙잡고 있을 수 있는지 시도해보기도 했다. 그 과정에서 우리는 단순한 과학적 원리를 배웠다. 더 깊숙이 밀어넣을수록 비치볼을 놓았을 때 튕겨 오르는 높이가 더 높아진다는 것이다!

우리 모두에게는 모두 내부로 깊숙이 밀어 넣은 감정의 비치볼이 있다. 어쩌면 이러한 과거의 상처는 우리의 의식 속에 그리 자주 나타나지 않을 것이다. 하지만 나쁜 감정을 무시하고 부인한다고 해서 그냥 지워지지는 않는다. 어딘가에서, 언젠가는 갑자기 폭발하게 된다. 그리고 많은 것을 '더럽히게' 될 것이다.

상처의 근원은 매우 현실적이고 불쾌한 것들이다. 부모로부터의 언어적, 신체적 학대일 수도 있고, 부당한 대우, 무시, 혹은 깨어진 꿈일 수도 있다. 이유가 무엇이든 간에 마음속 응어리 때문에 나타나는 종양은 '원한을 산 사람'에게는 거의 피해를 주지 않는다. 오히려 원한을 품은 사람에게 독약이 된다. 실제로는 당신이 원한을 품는 것이 아니다. 원한이 당신을 품는 것이다.

폭동을 일으킨 군중을 진압할 때, 경찰은 군중을 선동한 선동자를 체포한다. 화난 피고와 감정적인 구경꾼들에 의해서 재판의 권위가 붕괴되려고 하면 판사는 의사봉을 내려치면서 "정숙하시오!"라고 외친다. 만일 누가 지속적으로 난동을 피우면, 집행관은 간단히 그를 법정에서 내보낼 것이다. 혼란을 해결하는 최선의 방법은 선동자를 추방하는 것이다. 추방을 통해 혼란의 근원이 제거된다.

혼란과 무질서는 평안에 대한 그리스도인들의 경험에 정반대되는 개념이다. 고대 히브리어 '샬롬'은 전쟁이 없는 상태를 의미하지 않는다. 샬롬은 갈등이 있다고 하더라도 내적 질서가 지켜지는 상태를 의미한다.

평안의 추구는 그러므로 내적 무질서, 끊임없이 갈등을 일으키는 쓰라린 감정을 일으키는 모든 것을 추방함으로써 성취될 수 있다. 어제의 상처가 비단 어제만 존재하는 것이 아니기 때문이다. 그 상처는 독소를 가지고 오늘로, 내일로 뿌리를 뻗어나간다.

A. 쓴 뿌리에 쓴 열매 • • •

우리는 세 가지 형태로 오래된 상처를 계속 재연시키면서 스트레스를 만들어낸다.

그 첫 번째 형태는 왜곡된 결정이다.

상처를 받은 사람은 용서가 상처의 자리를 대신할 때까지 상처를 준 사람의 노예가 된다. 상처를 준 사람의 존재가 어디에 앉을지 말지, 갈지 말지, 말할지 말지를 결정짓는다. 그 사람과 대면해야 한다는 생각조차 감당하기 힘들다. 움직이는 것조차도 자유롭지 않다. 선택은 한정되어 있고 결정은 우리에게 상처를 입힌 사람의 간접적 영향에 의해 왜곡된다.

예를 들어, 만일 남편이 상처를 입혔다면 그 결과로 생긴 벽은 남편과 관계된 모든 결정을 왜곡시킨다. 만일 남편을 응징하기를 원한다면 그녀는 남편을 행복하게 해줄 어떤 것도 선택하지 않을 것이다. 만일 남편을 피하고 싶다면 남편을 가까이 접근하게 만들 어떤 선택도 하지 않을 것이다. 만일 상처를 받지 않은 척 행동하고 싶다면 일상생활을 변함없이 유지하면서 영원히 무의미한 대화를 계속해 나가야 한다.

우리가 잊고 싶어 하는 사람들이 우리의 인생에 커다란 그림자를 드리운 채 우리 삶을 계속 좌지우지하는 것은 응어리진 감정이 가진 최대의 아이러니다. 우리는 오래된 상처에 대해 원수를 갚든지, 아니면 도망을 가든지 둘 중 하나를 선택함으로써 왜곡된 결정을 하게 된다.

옛 상처를 재연시킴으로써 스트레스를 만들어내는 두 번째 형태는 자신의 가치에 손상을 입히는 것이다. 육체적 상처는 육체가 할 수 있는 일을 제한하고, 정서적 상처는 영혼이 할 수 있는 일을 제한한다.

제프는 자기가 가장 사랑했던 사람들이 자기 마음에 상처를 준 이후로 사랑받는 데 따르는 위험을 감수하지 않기로 마음먹었다. 중학교 시절 초기에 그는 부모님이 원하는 아들이 되기 위해 좋은 성적으로 부모님을 감동시키려 했다. 아주 열심히 공부했고, 그 결과 자랑스럽게도 5

개 과목에서 A를 받았고 한 과목에서만 B를 받았다. 하지만 어머니와 아버지는 오로지 B를 받은 과목을 A로 향상시키는 데만 관심이 있었다. 어떤 아이들은 의도하지 않은 좌절감을 안겨주는 어른들의 행동을 잘 감당해 내기도 하지만 제프는 민감했다.

제프의 부모님은 자신들이 아들에게 안겨준 상처에 대해서 결코 알 길이 없었다. 진짜 사나이는 이러이러하다는 일반적인 생각 때문인지 제프는 상처를 내면에 숨겨두었다. 하지만 그 상처는 제프가 상급생이 되어서도 남아 있었다. 제프는 자기를 사랑하는 사람들의 기대에 자신이 결코 미치지 못하리라 생각했고, 따라서 사람들에게 마음을 여는 일이 오로지 상처가 될 뿐이라고 생각했다. 그는 술도 많이 마시고, 운전할 때도 과속으로 하고, 최근에는 자살을 시도하기까지 했다. 제프에게는 사람들이 필요했지만, 그는 사람들이 가까이 다가오도록 놔둘 수가 없었다. 자신이 실패자라는 생각 때문에 상처를 받은 제프는 어디를 가든지 그 느낌이 다시 떠올랐다.

하지만 제프는 지속적으로 자기의 마음을 아프게 하는 그 상처에 대해서 부모에게 말한 적이 없었다. 그리고 분명 그 분노와 환멸을 놓아본 적도 없었다. 다른 많은 사람들처럼, 제프도 자신이 중요한 사람이 아닌 듯이 느끼고 행동한다. 그리고 그의 불안감의 뿌리는 수년 동안 그 상처 속에 남아 있다.

마음에 품고 있는 옛 상처가 스트레스를 만들어내는 세 번째 형태는

'엉뚱한 미움'이다. 우리에게 상처를 준 사람을 떠오르게 만드는 사람은 옳은 방법으로든 그른 방법으로든 과거의 감정을 다시 불러일으킨다. 바로 그러한 이유로 캐롤은 남편을 서서히 파괴시켜 왔다. 비록 남편은 무고했지만 결혼생활 속에서 가장으로서의 그의 역할은 치욕적으로 어머니에게 복종해야 했던 캐롤의 과거를 떠올리게 했다.

아버지가 딸을 학대할 경우, 딸은 앞으로 어떤 남자와도 가까워질 수 없게 될지 모른다. 만일 어머니가 아들을 억압하면, 아들은 평생 여성의 도움과 능력을 거부하게 될지도 모른다. 친구나 상사, 동료나 사랑하는 사람들의 습관이나 삶의 방식이 우리에게 상처를 주었던 사람과 흡사하다는 이유만으로 그들과의 관계가 갑자기 끊어지기도 한다. 우리 마음의 응어리는 마땅히 그 고통을 겪어야 할 이유가 없는 사람들에게 계속해서 일어난다.

왜곡된 결정, 손상된 자아상, 엉뚱한 미움을 통해 그 상처의 고통은 과거에서부터 현재까지 우리를 쫓아다닌다. 참으로 쓴 뿌리는 쓴 열매를 맺는다.

이런 식의 재연은 우리 인격 내부에 있는 기본적인 능력, 즉 자신을 사랑하고 즐기고 존중하는 능력조차도 부식시키는 파괴적인 영향력을 끼친다. 이러한 숨겨진 감정은 집 없는 부랑자와 같아서 늘 돌아다닐 곳을 찾아 헤맨다. 이 감정을 정복하려면 먼저 정면승부를 해야 한다.

성경은 우리에게 다음과 같이 말하면서 독이 있는 뿌리를 근절하라고 명한다.

> "너희는 모든 악독과 노함과 분냄과 떠드는 것과 훼방하는 것을 모든 악의와 함께 버리고 서로 인자하게 하며 불쌍히 여기며 서로 용서하기를 하나님이 그리스도 안에서 너희를 용서하심과 같이 하라"(엡 4:31-32)

여기서의 평안의 언어는 '용서'이다. 용서는 물속에 잠긴 비치볼의 공기를 빼고, 다시 되새기려는 추한 마음의 플러그를 뽑는다.

용서는 우리 자신이 무가치한 존재라는 생각이 마음속에 엄습할 때, 예수님께서 돌아가신 십자가에서 이루어진다. 그 후에 주님께서 우리를 아무 조건 없이 용납해 주신다. 그분은 우리의 죄와 태만과 배신으로 인해 상처 받고 고통당하셨다. 하지만 예수님께서는 우리에게 새로운 시작을 허락하신다. 우리는 용서받음으로써 용서하는 법을 배운다.

바울은 과거와 미래에 동시에 접근하는 대담하고 의기양양한 태도를 올림픽 경기의 이미지를 사용해서 선포했다.

> "오직 한 일 즉 뒤에 있는 것은 잊어버리고 앞에 있는 것을 잡으려고 푯대를 향하여 … 좇아가노라"(빌 3:13, 14)

우리는 과거를 바꿀 수는 없다. 하지만 과거의 영향력을 바꿀 수는 있다.

"나는 내 과거의 칙칙한 시기들을 수도 없이 반복해서 읽었다. 나도 그런 과거가 있었음을 안다. 그 쓰레기 같은 과거에 지쳐버렸다. 하지만 이제 나는 예수 그리스도를 통해서 완전히 새로운 시기로 넘어가고 있다"라고 말할 때 자유는 시작된다.

　용서는 마음의 칠판에 그려진 흉한 그림을 지울 수 있는 훌륭한 지우개이다. 하지만 그 칠판들도 공백으로 남아 있기는 싫어한다. 우리가 오랜 감정들을 지워야겠다고 결정하는 그 순간, 다른 것이 그 자리를 대신해야 한다.

　바로 이것이 용서만으로는 충분치 않은 이유이다. 응어리의 오랜 뿌리는 우리가 다른 조치를 취하지 않는다면 재빨리 되돌아와서 빈 공간을 메울 것이다. "서로 인자하게 하며 불쌍히 여기며"라는 에베소서 4장 32절의 말씀은 용서와 연결된다. 감정적인 자유는 용서로 시작되지만 우리에게 잘못한 사람들을 우리가 사랑하기 시작할 때 꽃으로 피어난다. 사랑이 마음속 응어리를 대신하지 않는 한 그 응어리는 곧 되살아날 것이다.

　예수님께서는 상처 받은 우리에게 인간관계를 근본적으로 변화시킬 방법을 제시하셨다.

> "너희 원수를 사랑하며 너희를 미워하는 자를 선대하며 너희를 저주하는 자를 위하여 축복하며 너희를 모욕하는 자를 위하여 기도하라"(눅 6:27-28)

　우리를 저주하고 학대하고 증오하는 사람을 생각할 때, 분노가 다시 끓어오르기 시작한다. 그리고 예수님께서 말씀하신 대로 우리가 용감하게 행동하기 전까지는 항상 그럴 것이다. 그분은 말보다 행동으로 보여주셨다. 그분은 십자가에서 몸소 증명하셨다. 그 쓰라린 아픔의 순간에 예수님께서는 당신을 못 박은 자들에 대해 이렇게 말씀하셨다.

> "아버지여 저희를 사하여 주옵소서 자기의 하는 것을 알지 못함이니이다"(눅 23:34)

만일 "네 원수를 사랑하라"는 말이 다른 어떤 사람의 입에서 나왔다면, 우리는 그렇게 하는 것이 감정적으로 불가능한 일이라 생각하고 당연히 무시하게 될 것이다. 하지만 원수를 사랑하는 것은 가능하고, 또 실제로 실행되었다. 만일 우리 영혼의 상처 받은 한구석이 평안하기를 원한다면 반드시 그 명령을 행해야 한다.

그리스도 안에서, 우리는 사랑할 마음이 없을 때도 사랑할 수 있다.

B. 치유에 이르는 일곱 가지 단계 • • •

만일 오랜 상처가 재연되는 것을 중단시키려면 우리에게 상처를 주었던 사람과의 관계를 다시 세우기 시작해야 한다. 원수를 사랑하는 것은 일곱 가지 구체적인 치유의 행위를 수반한다.

1. 우리에게 상처를 입힌 사람을 상처 받은 사람으로 보도록 노력하라

만일 당신의 집 앞에서 그 사람이 죽을 정도로 피를 흘리고 있는 모습을 본다면 당신은 본능적으로 도움을 주기 위해 달려갈 것이다. 애정을 가지고 보면 그가 오랫동안 감정적으로 피를 흘리고 있었다는 것을 알 수도 있다. 그에게 상처가 있기 때문에, 그래서 당신에게 상처를 준 것이다. 수년간의 풀리지 않은 분노와 고통이 그 사람 안에 쌓여 있다가 온통 당신에게 쏟아 부어진 것이다.

당신이 사랑과 용서로 그 사슬을 끊지 않는 한, 당신도 그와 마찬가지가 될 것이다.

우리는 '마땅히 그가 받아야 될 벌'을 줌으로써 더 상처를 입히든지, 아니면 그의 필요를 채워줌으로써 그의 상처를 치유해주든지 두 가지 길을 선택할 권한을 가지고 있다. 우리에게 상처 입힌 사람에게 용서의 손을 내밀 때, 우리는 더 이상 피를 흘리지 않도록 도울 수 있다.

만일 행위를 떠나서 그 상처만을 바라볼 수만 있다면, 우리는 용서와 사랑을 심을 만한 공간을 발견하게 될 것이다.

2. 당신의 마음을 아프게 한 사람을 사랑하기로 결심하라

그리스도인의 사랑은 느낌이 아니라 선택이라는 점에 있어 혁명적이다. 그리스도께서는 우리가 사랑하려고 노력하는 사람을 이미 사랑하고 계신다. 우리도 그를 사랑하기로, 그리고 주님께서 그를 사랑하시는 데 기꺼이 도구가 되기로 결심해야 한다.

3. 먼저 사랑의 행동을 취하고, 그리고 감정이 따라오도록 하라

사랑의 감정을 느끼기 전에 원수에게 손을 내미는 것이 위선적인 일은 아니다. 그것은 주님의 명령에 대한 순종이다.

칭찬의 말이나 봉사할 일이나 축하할 상황을 찾아보라. 우리에게 상처를 입혔던 사람들에게 무엇인가를 행하는 과정에서 우리는 사랑을 향한 감정을 훈련한다.

4. 그 사람의 반감을 살 만한 일은 피하라

새로운 갈등은 오랜 응어리에 새로운 불을 지핀다. 우리가 사랑하기로 작정한 그 대상을 화나게 하는 행동은 새로운 갈등을 야기한다. 그렇게 되면 감정을 치유하는 사람이 오히려 정도를 벗어나 갈등의 근원이 돼버리는 것이다. 솔로몬은 이렇게 말했다.

> "숯불 위에 숯을 더하는 것과 타는 불에 나무를 더하는 것같이 다툼을 좋아하는 자는 시비를 일으키느니라"(잠 26:21)

다른 사람들을 화나게 하는 방법을 알고 미연에 제거할 때, 우리는 예수님께서 "복 있다"고 하신 '화평케 하는 자'가 된다.

5. 좋은 시간을 마련하라

"좋은 시간이라고? 그 사람하고? 상상할 수도 없는 일이지."

우리는 이렇게 말하며 회의적인 반응을 보일 것이다. 만일 관계가 정말 완전히 깨졌다면, 사실상 둘 사이의 좋은 순간들은 아주 드물 것이다. 하지만 누군가를 사랑하는 법을 배울 때, 우리는 함께 있는 시간이 적을지언정 함께 이야기하고 웃고 즐기는 시간을 찾는다. 심지어는 함께 할 수 있는 즐거운 활동을 제안함으로써 좋은 시간을 만들어 내려고 노력하기도 한다.

누군가 우리에게 상처를 주었을 때, 우리는 종종 좋았던 약간의 시간마저도 인정하기를 거부한다. 우리는 그 사람과의 관계 자체를 포기해 버린다. 하지만 사랑은 그렇게 놔둘 수가 없다. 사랑은 추한 과거의 기억 대신에 긍정적이고 새로운 기억을 쌓아 나가기 위해 노력하게 한다.

6. 그들이 한 옳은 일에 집중하도록 하라

우리는 원수의 약점을 강조하는 데 민첩함을 보인다. 그 약점들을 잘 포착한다. 반면, 사랑은 새로운 태도에 사용될 연료로 쓰일 만한 좋은 점들을 찾는다. 이러한 방식으로 우리가 노력해야 할 대상을 사랑으로 바라볼 수 있다.

7. 그 사람의 정서적 치유를 위해 정기적으로 기도하라

우리 마음에 상처를 준 사람을 위해서 기도할 때 우리의 굳어졌던 마음도 부드러워진다. 하나님께서 그가 상처받았기 때문에 남에게 상처를 준다고 보시는 것처럼, 우리도 그렇게 그들을 볼 수 있게 된다. 결과적으로, 하나님께서 그를 대하듯이 우리도 그를 대하기 시작하게 된다. 사랑은 무릎에서부터 시작된다.

물론 사랑은 위험하다. 원수를 사랑하려 할 때, 원수의 반응을 예측하기란 불가능하다. 하지만 그의 반응이 그리 중요한 것은 아니다. 우리의 임무는 다리를 놓는 일이다. 그가 그 다리를 당장 건너든 건너지 않든 간에 당신은 예수님께서 말씀하신 대로 행한 것이다. 이렇게 해서 주님께서는 당신에게 상처를 입힌 사람의 삶 속에 많은 일을 행하실 것이다.

어느 쪽이든 당신은 결국 자유롭게 된다. 불안의 흉한 뿌리는 우리 가슴속에서 설 곳을 잃는다. 오랜 상처를 재연하는 행위가 상처를 준 사람과의 관계를 재건하는 행위로 바뀌게 된다. 용서가 예전의 기록들을 지운다. 사랑이 그 빈자리를 채우기 위해 새 테이프에 새롭게 녹음을 한다. 그래서 옛 찬송작가는 이렇게 노래했다.

그분은 죄의 권세를 깨뜨리신다.

그리고 갇힌 자에게 자유를 주신다.

당신은 가슴속 응어리의 족쇄를 그리워하지는 않을 것이다. 그리고 한때 증오가 휘몰아치던 당신 마음 깊은 곳에는 평안과 고요함이 자라나게 될 것이다.

11장
하나님에 대한 반항심에서 돌아서기

> 주님의 뜻을 거스르는 것은 불안의 깊은 뿌리이다. 만일 우리가 평안에 굶주려 있다면, 우리는 멈춰 서서 어려운 질문을 해보아야 한다. 내 고통 중 얼마나 많은 부분이 주님의 뜻을 거스른 결과로 나타난 것인가?

커다란 대도시 지역에서는 사람들의 파업이 끊이지 않고 이어지는 것 같다. 뉴욕에 살다보면 사람들은 트럭 운전사나 교량 관리인, 혹은 식료품 가게의 계산대 직원이 없이도 살아가는 방법을 배우게 된다. 하지만 무엇보다 최악의 상황은 환경미화원들의 파업이다.

그들이 협상을 하는 동안 우리는 질식할 정도가 된다. 쌓여 가는 쓰레기 봉지들을 문밖에 내놓기라도 하면 동네를 돌아다니는 동물들이 봉지를 찢고 내용물을 뒤진다. 그렇다고 쓰레기를 차고의 컨테이너에 놔두면 악취가 이만저만이 아니다. 탈취제를 뿌릴 수는 있지만 고통을 덜어

주는 것도 잠깐이다. 효과적인 해결책은 오직 하나뿐이다.

쓰레기를 수거해 가는 것.

스트레스의 피해와 싸울 때, 나는 내 마음속 차고에 쌓여 있는 엄청난 쓰레기 더미를 발견한다. 처음에는 쓰레기는커녕 심한 악취도 눈치 채지 못한다. 나는 바쁜 세상 속에서 그것들을 회피하면서 사는 방식을 선택한다.

스트레스와의 결판은 끔찍한 악취를 느끼기 시작한 후에 시작되었다. 나는 너무나 많은 날들을 좌절과 피로와 신경쇠약으로 마감해야 했다. 누구도 말로 표현하기 힘든 순간이었다. 나는 예전만큼 내 일과 가족과 친구, 심지어 나 자신에 대해서도 기쁨이 없었다. 내 주위에 있는 사람들의 잘못이 아니다. 잘잘못을 따지자면 그들은 오히려 과열된 내 생활방식의 희생자들이었다.

그저 그 악취를 참고 살거나 오염된 공기에 탈취제를 뿌려버리고 싶은 유혹에 빠지기도 한다. 가족과 내가 평안의 신선한 공기를 들이마실 수 있는 기회는 휴가뿐이었다. 하지만 스트레스의 악취는 여전히 일상생활을 지배했다.

만일 내가 평안에 대해 진지한 자세를 가졌더라면 그저 탈취제나 뿌리고 다니지는 않았을 것이라는 결론을 내렸다. 나는 애초에 그 쓰레기를 제거했어야만 했다.

우리가 겪는 좌절에 대해 '외부환경'(environment)을 탓하는 행위를 멈추어야 비로소 진정한 변화가 시작되고, 비로소 우리의 '내부환경'(invironment)을 진단할 수 있게 된다.

그래서 예수님께서는 이렇게 말씀하셨다.

> "사람에게서 나오는 그것이 사람을 더럽게 하느니라 속에서 곧 사람의 마음에서 나오는 것은 악한 생각 곧 음란과 도적질과 살인과 간음과 탐욕과 악독과 속임과 음탕과 흘기는 눈과 훼방과 교만과 광패니 이 모든 악한 것이 다 속에서 나와서 사람을 더럽게 하느니라"(막 7:20-23)

우리 내부에서 우리는 불안의 뿌리를 찾는다. 더 많은 것을 탐하고…, 자신을 중심으로 삼으며…, 오랜 상처를 재연하는 것 등이다.

평안은 수동적인 것이 아니다. 그것은 절박하게 추구해야 하는 적극적인 것이다. 치유가 불가능한 우리 내면의 불안감의 깊숙한 뿌리까지 추적해 가는 적극적인 것이다.

A. 회피에 대한 값비싼 대가 • • •

만일 기원전 800년에 발륨(Valium, 정신 안정제의 상표명)이 있었다면 요나도 몇 알 정도는 먹지 않았을까 싶다. 이 유대 선지자가 스페인으로 가는 배에 몸을 싣고 있을 때 사나운 폭풍이 배를 덮쳤다. 그러자

성난 신들의 노여움을 가라앉히려는 희망을 가진 뱃사람들이 그를 물속에 던졌다. 익사하기 직전, 요나는 자신을 통째로 집어 삼킨 커다란 물고기에 의해서 '구조' 된다. 물고기에게 잡아먹힌 상태에서 요나는 바닷물에 빠져 익사하는 것이 더 나았을 것이라고 생각했을지도 모른다.

표면적으로 볼 때, 요나의 문제는 모두 폭풍과 물고기와 연관된 것으로 보인다. 하지만 그 뿌리는 훨씬 깊은 곳까지 들어간다.

하나님께서는 그가 싫어할 만한 사명을 그에게 맡기셨다. 그것은 적의 수도인 니느웨로 가는 것이었다. 그의 스트레스는 하나님의 지시를 따르지 않는 데서 온 결과이다.

요나가 도망치자 하나님께서 그를 쫓으셨다. 하나님께서는 늘 그러신다. 그분은 우리를 너무 사랑하셔서 그냥 도망치게 놔두지 않으신다. 하나님께서 우리를 쫓으실 때는 평안을 좇는 것이 무의미하다.

요나는 주님에게서 도망쳤기 때문에 값비싼 대가를 치렀다.

좋은 소식은 요나가 그의 위기로부터 회복되고, 새롭게 되고, 다시 사명을 받고 돌아왔다는 점이다. 그는 자신의 부담감의 뿌리가 있는 곳을 깨닫고 새롭게 출발했다.

"요나가 물고기 뱃속에서 그 하나님 여호와께 기도하여 가로되 … 주께서 나를 깊음 속 바다 가운데 던지셨으므로 큰 물이 나를 둘렀고 주의 파도와 큰 물결이 다 내 위에 넘쳤나이다 … 나의 하나님 여호와여 주께서 내 생명을 구덩이에서 건지셨나이다"(욘 2:1, 3, 6)

어떤 삶의 폭풍은 우리의 불복종에 대한 직접적 결과로 나타난다. 동시에 우리의 주위를 끌기 위한 하나님의 '파도와 큰 물결'이기도 하다. 요나처럼, 우리는 주님에게서 도망칠 때에도 끊임없이 주님께 달려가고 있는 것이다.

주님의 뜻을 거스르는 것은 불안의 깊은 뿌리이다. 만일 우리가 평안에 굶주려 있다면, 우리는 멈춰 서서 어려운 질문을 해보아야 한다. 내 고통 중 얼마나 많은 부분이 주님의 뜻을 거스른 결과로 나타난 것인가?

B. 주변 환경이라는 전쟁터 • • •

가계의 부채, 가족간의 갈등, 육체적 질병, 직장에서 겪는 좌절감, 실망스러운 대인관계 등과 같은 갖가지 혼란은 영적 반란과 함께 시작될 수 있다. 우리가 주님께 저항한다면 그 이유는 흔히 다음 세 가지 가운데 하나이다. 주변 환경, 자주 저지르는 죄, 우리의 개인적인 계획들.

비키는 주변 환경이라는 전쟁터에서 주님께 저항했다. 사람들은 저명한 목사의 딸로 자란 비키에게 늘 도덕상의 오점이 없는 모습을 기대했다. 사람들에게 그리스도인 가족의 '모델'이 되어야 할 비키의 가족은 어떠한 어두운 부분도 없어야 한다는 기대를 받고 있었다. 불행히도 그녀의 내부적 갈등은 그저 늦게 외부로 표출되었을 뿐이었다.

비키는 말없이 자기 가족의 엄격한 기준, 죄어오는 듯한 틀로 여겨지는 것들에 대해 증오감을 갖기 시작했다. 그녀는 해야 할 일들보다는 해서는 안 되는 일들에 대해서 더 많이 알고 있었다. 그리스도인들에게는 마음속 응어리나 의심, 죄를 향한 욕망과 같은 감정이 없다고 배웠다. 그녀는 그런 감정을 실제로 느꼈지만 부인했다. 자신의 권리를 빼앗는 아버지를 볼 때 분노를 느꼈으며, 자신의 이기적인 내면이 외부로 비춰지는 거룩한 이미지와 전혀 상관없다고 느껴질 때는 스스로 환멸을 느끼기도 했다. 하지만 오랫동안 비키는 터져버리기 직전의 끓어오르는 거푸집 안에서만 살았다. 옳지 않은 오락은 피했고, 적당한 대학에 들어가서 적당한 남자를 만나 결혼했다.

그런데 남편이 생기고 가족을 꾸리기 시작하면서, 그녀가 숨기고 있던 시한폭탄이 드디어 터졌다. 그녀의 물질적 욕구가 가계의 재정을 거의 파산에 이르게 했으며, 스트레스와 관련된 증상으로 인한 혼란 속에서 그녀의 건강은 악화되었고, '세상적인' 것들에 무섭게 집착하는 그녀의 성향은 남편에게 굴욕감을 주었다. 어쩌면 이해할 만도 한 그녀의 반란은 남편의 마음을 부숴버렸고, 그들의 결혼은 파경의 위기에 처하고 말았다.

단순히 생각하자면 비키의 문제가 오직 재정, 의학적인 스트레스, 결혼생활에 따른 스트레스로만 보일지 모른다. 하지만 좀더 깊이 생각해 보면 주님께 반항함으로 인해 뿌리박힌 불안감에 쫓기고 있는 비키를 보게 된다. 그녀는 사춘기 때 사춘기를 제대로 보내지 못해서 아내가 되고 엄마가 된 다음에 사춘기를 겪은 것이다. 그녀의 주변 환경이 반항의 대상이 된 듯하다. 사실 비키가 저항했던 대상은 주님이었다.

만일 우리 부모님이 하지 말라는 것이 너무 많았다면 우리도 비키처럼 '박탈감'을 느끼며 성장할 수도 있다. 소돔의 빛이 금지된 것이기 때문에 왠지 이상하게 더 끌리는 것 같다. 굉장한 종교적 명성을 가진 사람이 우리에게 상처를 입힐 수도 있다.

다시 말해서, 우리가 독립하게 될 때 우리는 우리 자신이 얼마나 '자유로운지'를 증명하기 위해 과거에 우리를 구속하던 것에서부터 벗어나고 싶어 한다. 하지만 그런 자유는 오직 새로운 종류의 구속을 가져다 줄 뿐이다.

다소의 사울은 자신의 전쟁이 그리스도인들과의 전쟁이라 생각했다. 예수님께서는 다마섹으로 가는 사울에게 자신을 나타내셨고, 그의 잘못된 생각을 완전히 깨뜨리셨다.

"나는 네가 핍박하는 예수라"(행 9:5)

그리스도인으로서 겪게 되는 고민거리들과 싸우다보면 오히려 그리스도, 그분과 싸우는 것으로 결말을 맺게 되기가 너무 쉽다. 우리는 의도하지도 않은 채 이사야가 말한 다음과 같은 사람이 될 수 있다.

> "화 있을진저 패역한 자식들이여 그들이 계교를 베푸나 나로 말미암아 하지 아니하며 맹약을 맺으나 나의 신으로 말미암아 하지 아니하였음이로다 … 죄에 죄를 더하도다 … 대저 이는 패역한 백성이요 거짓말하는 자식이요 여호와의 법을 듣기 싫어하는 자식이라"(사 30:1, 9)

하나님 아버지께서는 무한한 사랑 때문에 도망치는 자식들을 막다른 길까지 쫓으실 것이다. 하나님께 대항하는 데서 오는 스트레스는 이 땅에서는 결코 볼 수 없는 사나운 폭풍처럼 '요나의 배'를 집어삼킬 것이다. 그 폭풍은 당신을 날려버리려 하는 것이 아니라, 본향으로 보내려는 것이다.

C. 좋아하는 죄 멀리하기 • • •

나는 내 옷 가운데 오래된 푸른색 셔츠를 좋아한다. 하지만 아내는 그것을 좋아하지 않는다. 그 셔츠는 색도 바랬고, 찢어진데다가 때도 지지 않는다. 하지만 그 흔적은 내가 그 셔츠를 입고서 겪었던 수많은 일들로 인해 생겨난 전쟁의 상처라고 할 수 있다. 여자들은 도대체 남자의 오래된 작업복이 남자에게 어떤 의미를 갖는지 이해하지 못하는 것 같다. 남자들은 '죽음이 우리를 갈라놓는 순간'까지 그 넝마를 간직하려고 할

지도 모르는데 말이다. 내 아내는 결국 그 정도까지 기다려주지 못했다.

하루는 그 '오랜 친구'를 찾기 위해 옷장을 뒤지는데 아무리 찾아도 보이지 않았다. 당황한 나는 소리쳤다.

"카렌, 내 작업복 어디 있어요?"

가슴을 찢는 대답이 들려왔다.

"버렸어요."

우리의 결혼생활은 매우 탄탄했다. 심지어 이런 재난까지도 이겨낼 만큼 강했다. 하지만 내가 정원을 돌보는 것은 더 이상 예전 같지 않았다.

어떤 것이라도 좋아하는 것을 떼어놓는 일은 어렵다. 특히 그것이 좋아하는 죄라면 말이다. 우리는 모두 그런 죄를 하나씩은 갖고 있다. 너무나 오래 우리와 함께했기 때문에 심지어 그것을 죄로 인식하지 못하고 있을 수도 있다. 우리는 찢어지고 얼룩진 부분을 무심히 흘려보면서 그것이 그저 우리의 성격의 한 부분이라고 생각한다. 사실상 그렇게 좋아하는 죄들이 주님의 마음을 거스르는 완강한 전쟁터를 형성하곤 한다.

내가 '좋아하는 죄'(사실상, 몇 가지 중 하나)는 자기의존이고, 그것으로 인해 많은 스트레스가 생겨났다.

나는 부적절한 사람을 고용하고, 재정적으로 '밀어붙이고', 사람과 업무를 내 방식대로 관리하는 것 때문에 고통을 겪곤 했다. 내가 그렇게 한 것은 일이 어떻게 되어야 하는지 내가 모두 알고 있다고 확신했기 때문이다. 좋아하는 죄는 늘 우리가 받은 서비스에 비해서 훨씬 과한 청구서로 우리의 뒤통수를 친다.

자기의존이 내 인생을 꼬이게 만든 것만큼이나 나는 그 죄성을 깨닫지 못했다. 너무나 빠른 속도로 바쁘게 달려왔기 때문에 주님께서는 나의 속도를 늦추시기 위해서 내 앞에 엄청난 바리케이트를 치셔야만 했다. 그리고 그 모든 난투들이 내 인생의 중압감을 더욱 심각하게 했다. 나는 내 능력 밖으로 지나치게 무리한 상태여서 이제 주님께서 내 방을 정리해 주시기만을 기다리고 있다.

우리는 습관적으로 저지르는 죄를 죄로 보지 않을 수도 있다. 어쩌면 공공연한 나쁜 행위로 좀처럼 표출되지 않는 조용한 저항이라 할 수도 있다. 우리의 영적인 집을 청소하는 데 있어, 우리는 눈에 띄는 쓰레기 봉지들은 이미 오래 전에 치웠을 것이다. 하지만 당신을 끊임없이 쫓아다니는 죄는 생각보다 훨씬 교활한 문제일 수도 있다. 집 전체에 구조적 결함을 가져올 수도 있다. 많은 사람들이 돌아온 탕자의 형과 같다. 몸은 아버지 집을 떠나지 않았지만 마음으로는 아버지를 떠나 있다.

그 구조적 결함은 여러 가지의 형태로 나타난다. 진실을 왜곡하거나 과장하려는 경향, 자신의 인생의 길을 걱정하는 경향, 음탕한 시각으로 이성을 보려는 경향, 푸념하고 불평하려는 경향(물론 사회적으로 합당한 방식으로), 사람들을 경시하면서 우리의 방식대로 일하게 하려는 경향 등이다.

우리가 자주 저지르는 죄가 무엇이든 간에 주님께서는 우리를 그 죄로부터 구원하려 하신다. 죄로부터 떨어지기는 쉽지 않다. 하지만 이 경우에 분리되지 않는 것도 역시 어렵다.

D. 계획대로 밀고나가! • • •

"아기, 아니면 패배자."

이것이 아브람의 아내 사래의 신조였다. 창세기에 따르면, 사래는 무슨 수를 써서라도 어머니가 되겠다고 마음먹었다. 하나님께서는 이 노부부에게 '기적의 아이'를 약속하셨다. 하지만 사래가 생각하기에 너무 오래 기다려도 하나님의 약속이 이루어지지 않아서 결국 자기가 스스로 생각한 계획을 강행했다.

그 시대의 전통에 따르면 그녀는 자신의 여종이 남편을 통해 아이를 낳은 경우에 그 아이에게 "엄마"라는 호칭으로 불릴 수 있었다. 그래서 사래는 아브람에게 이렇게 지시했다.

> "나의 여종과 동침하라 내가 혹 그로 말미암아 자녀를 얻을까 하노라"
> (창 16:2)

여종은 후에 아들을 낳아서 이스마엘이라고 이름 지었다. 사래의 계획이 한동안은 효과가 있었다. 하지만 하나님의 계획은 사래가 임신하여 이삭을 낳았을 때 비로소 완성되었다. 이삭의 자손은 오늘날 유대 민족이고, 이스마엘의 자손은 아랍 민족이다. 그들 사이의 갈등이 4천 년이 지난 지금까지도 온 세계를 뒤흔들고 있다.

사래 신드롬은 오늘날에도 여전히 우리에게 일어나고 있다. 우리의 계획을 고집할 때, 우리는 종종 하나님께 반항하기 위해 다른 싸움터로 나가는 자신을 발견하게 된다. 물론 그 결과는 늘 비참하다.

대개의 사람들은 "내가 방법을 찾고 말거야"라는 말이 들어가는 아주 개인적인 청사진을 가지고 있다. 예를 들자면, 이런 청사진들이다.

"결혼할 방법을 찾고 말거야."

"내가 원하는 집, 차를 살 방법을 찾고 말거야."

"내가 원하는 위치에 도달하는 방법을 찾고 말거야."

"우리 아이를 내가 원하는 대로 만들 방법을 찾고 말거야."

"교회를 떠나서 목사님의 평판을 나쁘게 만드는 방법을 찾고 말거야."

"사역을 그만두어서 교회 위원들의 평판을 나쁘게 만드는 방법을 찾고 말거야."

"이 집에서 나가버릴 방법을 찾고 말거야."

하나님에 대한 반항은 그분이 우리의 계획을 지연시키시거나 인정하지 않으실 때 나타난다. 우리는 그 누구도 우리의 계획을 방해하지 못하도록 하겠다고 다짐한다. 그분이 하나님이시라도 말이다.

베키에게도 '내가 방법을 찾고 말거야'라는 고집스러운 것이 한 가지 있었다. 무슨 일이 있어도 자기 생각대로 결혼하겠다는 것이다. 그녀는 하나님께서 시간을 너무 끄신다고 생각했다. 사실 그녀는 전에도 두 번이나 결혼한 적이 있다. 하지만 두 번 다 그리스도인이 아닌 남자와 한 결혼이었다. 베키는 자신의 계획을 달성하기 위해서 개인의 신앙 정도는 눈감고 넘어가버렸다.

첫 번째 결혼은 괴로운 1년이 지난 뒤에 파탄이 났다. 두 번째 결혼은 교회 출석과 자녀들을 위한 신앙훈련과 돈을 버는 방식과 셀 수 없는 가치 선택의 문제로 가득 차 있었다.

우리의 계획을 고집할 때, 우리는 우리가 계획한 것을 얻을 수도 있고, 쓰라린 열매를 거두게 될 수도 있다. 평안은 하나님의 계획에 우리를 맞추는 데서부터 온다. 하나님을 우리의 계획에 맞추려고 애쓰는 데서 오는 것은 스트레스뿐이다.

"계획대로 밀고나가!"라는 조언은 그 계획이 하나님의 계획일 경우에는 좋은 조언이다. 사래와 같이 내 일생을 계획하며 살아왔던 나는 그분께 내 삶을 인도하시도록 맡김으로써 즐거움을 누리고 있다. 내 계획은 나를 자주 넘어뜨려 땅에 부딪치게 만들었다. 그분의 인도를 따라 살기로 한 변화는 내게 커다란 위안과 즐거움을 안겨주었다.

E. 하나님의 선한 가시채 • • •

"그가 부추겨서 내가 이렇게 됐다."

이 말은 우리 인생 가운데 계획하지 않았던 수많은 변화들을 설명한다. 그는 물이 새는 수도꼭지를 고칠 계획이 없었는데 그의 아내가 그를 부추겨 그 일을 하게 했다. 엄마는 딸의 친구를 집에서 재울 계획이 없었지만 딸이 졸라서 그렇게 하게 했다. 우리가 너무 자주 그런 부추김에 휩쓸리기 때문에 우리는 가시채가 무엇인지를 알아야만 한다.

트랙터 대신 강하고 고집 센 황소를 이용해서 밭을 갈던 먼 옛날, 어떤 농부의 이야기이다. 황소가 밭 한 고랑을 다 갈고 나서는 다음 고랑을 갈려고 하지 않았다. 그래서 농부는 한쪽에는 삽이 달리고 다른 한쪽에는 바늘이 달린 긴 가시채를 가지고 다녔다. 소가 방향을 바꾸려 하지 않으면 그 가시채로 소를 때렸다.

만일 농부의 부드러운 인도에 따른다면 가시채를 사용할 필요가 없다. 반항을 할 때만 고통이 온다.

사도 바울은 가시채에 대해 알고 있었다. 바울은 다메섹으로 가는 도중에 주님을 만났던 그날에 그것을 배웠다. 예수님께서는 그저 이 반항적인 랍비를 가리켜 이렇게 말씀하셨다.

"가시채(goad)를 뒷발질하기가 네게 고생이니라"(행 26:14)

수세기 전, 솔로몬은 이렇게 말했다.

"지혜자의 말씀은 찌르는 채찍(goad) 같고 회중의 스승의 말씀은 잘 박힌 못 같으니 다 한 목자의 주신 바니라"(전 12:11)

만일 우리가 하나님의 선한 가시채의 고통을 느낀다면 달아나는 것은 아무 소용이 없을 것이다. 하나님께서는 우리가 돌아서지 않을 때 가시채를 사용하신다.

우리의 불안감의 뿌리는 주님께 반항하는 깊은 곳까지 뿌리 내리고 있을지 모른다. 우리의 주변 환경에 대항하는 행동을 하고, '좋아하는 죄'를 버리지 못하고, 우리 자신의 계획을 고집하는 것은 삶을 더 거칠게 만든다. 그래서 이사야서에는 이런 말씀이 있다.

"나는 네게 유익하도록 가르치고 너를 마땅히 행할 길로 인도하는 너희 하나님 여호와라 슬프다 네가 나의 명령을 듣지 아니하였도다 만일 들었더면 네 평강이 강과 같았겠고 네 의가 바다 물결 같았을 것이며"(사 48:17-18)

12장
서두르기

> 나는 고통스런 불만족과 정신을 좀먹는 근심으로 하루를 마감하던 수많은 나날들을 되돌아본다. 내 생각은 끝마치지 못한 모든 일들과 내일의 불길한 예감들에 사로잡힌 채 끊임없이 달리고 있었다.

나는 자동차 범퍼에 스티커를 부착하는 것을 그다지 좋아하지 않지만 오래 전 고속도로를 달리다가 아내가 손으로 가리켰던 자동차의 스티커 문구는 썩 마음에 들었다. 문구는 간단했다. '한 번에 하루씩'(One Day at a Time).

습관적으로 차를 빠르게 운전하는 탓에 그 차를 추월할 때, 그 문구의 의미는 더욱 명확해졌다. 슬쩍 차 안을 들여다보는 것만으로도 스티커의 문구를 충분히 이해할 수 있었다. 엄마가 어린 아들을 데리고 운전하고 있었고 아들은 차 안에서 이상하게 몸을 움직이고 있었다. 아이의 머리는 비정상적으로 컸고, 얼굴 생김새도 기형이었다. 아이는 심한 지체

장애아였다. 뒷자리에 앉아 있는 건강한 우리 아이들을 백미러로 쳐다보면서, 나는 그 어머니가 지고 있을 유난히 힘겨운 삶의 짐에 대해 생각하자 목이 메었다. 그 어머니에게 있어서 '한 번에 하루씩'이라는 문구는 단순한 범퍼스티커 문구 이상을 의미했을 것이다.

우리의 짐의 무게가 얼마나 되든지 간에 그것이 우리가 지어진 방식이다. 그것이 바로 예수님께서 우리에게 일용할 양식(마 6:11 참조)과 날마다 제 십자가를 질(눅 9:23) 것을 가르치신 까닭이다. 삶에 대한 어떤 평화로운 전략도 하루 24시간, 한입 크기의 조각으로 나누어서 실천할 수 있도록 짜여져야 한다. 하루치 이상을 짊어지려고 시도하면 우리 자신이 상하게 된다.

걱정은 개인의 내적 평안을 방해하는 대적이다. 그리고 걱정은 내일의 걱정을 오늘로 미리 가져올 때 시작된다.

우리는 다음달에 필요한 양식이나 내년에 감당할 십자가에 대한 염려를 미리 지려고 고집한다. 우리는 미래에 '어쩌면 일어날지 모르는 일들'과 '혹시나 하는 걱정'으로 평안을 탕진해버린다.

한 번에 하루의 삶을 살아가는 대신 우리는 또 하나의 불안의 불안정한 뿌리를 지닌 채 살아가고 있는데, 그것은 바로 서두르는 경향이다.

A. 염려는 마비를 일으킨다 •••

평안을 방해하는 것은 분명히 죄악이다. 근심은 소란스러운 이웃집처럼 늘 평안을 방해하기 때문에 이것도 감정적 측면의 죄악이다.

사전은 근심을 "사고를 방해함으로써 스스로를 괴롭히는 것"으로 정의하고 있다. 즉 자아학대이다!

예수님께서는 "내일 일을 위하여 염려하지 말라 내일 일은 내일 염려할 것이요 한 날 괴로움은 그날에 족하니라"(마 6:34)라고 말씀하시면서 내일 일을 서두르지 말라고 경고하셨다. 다시 말해서, "24시간이라는 시간 속의 스트레스만 관리하라. 그 이상 지나치면 월권을 행사하는 것과 마찬가지다"라고 경고하신 것이다.

실제로 예수님께서는 "세상의 염려와 재리의 유혹과 기타 욕심이 들어와 말씀을 막아 결실치 못하게 되는 자요"(막 4:19)라고 말씀하시면서 근심에 대해서 한층 강한 경고를 하신 바 있다.

일을 서두르면 목적을 이루는 하나님의 능력에 큰 정체현상이 생긴다! 그분의 마스터플랜은 펼쳐지는 두루마리와 같아서, 한 번에 하루의 분량만큼만 보이도록 되어 있다. 그 두루마리를 빨리 펼쳐 보려고 하면 스트레스를 받을 수밖에 없다.

염려는 마비를 일으킨다. 나는 책상을 가득 덮고 있는 우편물을 보거나, 답변이 지체된 서류로 가득 차 있는 파일을 보거나, 마감일이 닥쳐오고 있는 일정이 적힌 달력을 보거나, 나를 만나려고 기다리는 사람들로 가득 찬 대기실을 볼 때면 마비증상을 느낀다. 수학적으로 이해할 수 없는 나의 가장 큰 호기심 중의 하나는 일주일간 자리를 비웠는데 왜 업무는 3주 분량이 밀려 있는가 하는 것이다. 예외 없이 언제나 그렇다!

학생이라면 학기말 리포트와 읽기 과제, 시험과 아르바이트 시간들이 한꺼번에 몰렸을 때 나타나는 마비증세를 알고 있을 것이다. 그리고 가정주부만큼 위기관리의 필요성을 절감하는 사람도 없다. 빨래, 육아, 식사 준비, 마무리 못한 일들에 떠밀린 주부들은 "대체 무슨 일부터 시작할까?"라는 질문을 던지지 않을 수가 없다.

어디서부터 시작해야 할지 모르는 경우가 허다하기 때문에 아예 시작도 하지 못하는 때도 많다. 파일을 한 번 쳐다보고는 좌절하고 만다. 해야 할 모든 일에 대한 정신적인 스트레스가 앞서기 때문에 무언가를 할 만한 평정을 잃어버린다. 그 와중에도 마감기한은 계속 다가온다.

성경은 염려가 일으키는 마비증세에 대해서 다음과 같이 말한다.

> "풍세를 살펴보는 자는 파종하지 아니할 것이요 구름을 바라보는 자는 거두지 아니하리라"(전 11:4)

앞으로 다가올 날들의 모든 가능성에 대해서가 아니라, 오직 오늘의 파종에만 마음을 집중할 때 우리는 전속력으로 일할 수 있다.

B. 염려는 갑작스런 공포를 만들어낸다 • • •

염려는 또한 갑작스런 공포를 만들어낸다. 근심을 불러일으키는 모든 '혹시나 하는 걱정들'에 부담을 갖게 되면 우리는 행동(act)하기보다 반응(react)하게 된다.

예를 들면 '10대의 문제점'에 대한 책이나 신문기사들은 평소 자신감이 넘치는 부모들까지도 달아나고 싶게 만든다. 최악의 경우를 두려워하게 되면 자녀가 사춘기에 보이는 자연스러운 힘자랑에 대해서조차도 부모는 과잉반응을 보이기 쉽다.

린의 부모는 린이 릭에게 처음으로 보인 관심에 대해서 당황했다. 릭이 기독교인이 아니라는 이유로 린의 부모는 딸이 처녀성을 잃지는 않을까 하는 걱정에서부터 시작해서, 혹시 신앙을 잃게 되지는 않을까 하는 염려에 이르기까지 모든 것이 두려웠다. 사실상 린은 단순히 릭과 가깝게 지내기를 '시도'하고 있었을 뿐, 릭과 심각한 관계에 빠진 것은 아니었다. 하지만 부모는 마치 린과 릭의 관계가 심각한 것으로 지레 짐작해서 그들의 로맨스에 대한 전쟁을 선포하듯이 반응했다.

린은 릭을 대하는 부모님의 태도에 자존심이 상했고, 자신을 신뢰하지 못하는 부모님 때문에 화가 났다. 그녀는 자기가 스스로 결정을 내릴 수 있다는 것을 부모님께 보여드리기로 결심하고 릭을 옹호하기 시작했다. 어머니, 아버지가 더 강경하게 할수록 린과 릭의 사이는 더욱 가까워졌다. 발생 가능한 모든 일에 대해서 과민반응을 일으킴으로써 오히려 린의 부모는 문제를 만들어낸 것이다.

현명한 부모들은 한 번에 하루씩 자녀의 친구들, 음악, 분위기, 연애 문제들을 받아들인다. 오늘이라는 느긋한 분위기 속에서 부모는 수사관처럼 비난을 쏟아 붓는 대신 친절한 질문을 하고, 친구들을 조사하는 대신 존중하고, 그들의 성장을 숨 막히게 하는 대신 그들에게 필요한 공간을 제공할 수 있다. 서투른 선택이 가져올 수 있는 결과를 아는 부모들은 강렬한 무기가 아니라 주의를 가지고 문제를 해결할 수 있게 된다.

공포는 문자 그대로 우리의 몸을 걱정으로 상하게 만든다. 질병에 대한 망상은 실제로 질병에 걸리는 발판이 될 수 있다. 스트레스와 질병과의 관계가 아직 연구 중에 있기는 하지만, 고혈압, 폐의 질병, 심장병, 심지어 암 등의 해로운 증상에 원인이 될 수 있음은 분명하다. 건강에 대한 염려에서 오는 스트레스는 다른 어떤 질병이 끼치는 해악보다 더 클 수 있다. 그렇기 때문에 성경은 스트레스와 건강에 대한 관계를 이렇게 말하고 있다.

"근심으로 네 마음에서 떠나게 하며 악으로 네 몸에서 물러가게 하라"
(전 11:10)

대개의 '걱정스런 추측들'은 결코 일어나지 않는다. 만일 일어난다 해도 주님께서는 그 일이 일어나는 그때 우리에게 감당할 능력을 주시는 은혜를 베푸실 것이다. 다시 말해서, 염려는 시간낭비다!

C. 그 정도로 만족하라 • • •

미식축구에서 쿼터백 포지션을 담당하는 선수들은 돈을 많이 번다. 매번 공을 잡아챌 때마다 달려드는 괴물들을 감당해야 하는 것을 생각할 때 당연하다고 할 수 있다. 쿼터백이 공을 잡으면, 모두 합쳐서 적어도 500킬로그램 이상 해당하는 상대편의 라인맨(공격선, 방어선에 있는 선수)들이 동시에 그를 따라온다. 모든 쿼터백 선수들은 어떻게 그 부담감을 제거할 수 있는지 안다. 공을 없애버리면 된다. 그는 공을 뒤따라오는 선수에게 던지는 패스의 미학을 배운다. 공을 패스하면 그 부담감을 누군가에게 전가하게 되는 것이다.

바로 이러한 이유로 매일 드리는 기도가 자신감 있는 하루의 삶을 사는 열쇠가 될 수 있다. 하루가 시작될 때 당신은 예상되는 중압감을 하나님께 패스한다. 하루가 전개되면서 발생하는 예기치 못한 일 또한 그분께 넘긴다. 스트레스의 공을 손에서 놓고 그 중압감을 그분께 맡긴다. 하나님께서는 우리에게 이렇게 이르셨다.

> 아무것도 염려하지 말고 오직 모든 일에 기도와 간구로 너희 구할 것을 감사함으로 하나님께 아뢰라 그리하면 모든 지각에 뛰어난 하나님의 평강이 그리스도 예수 안에서 너희 마음과 생각을 지키시리라(빌 4:6-7)

우리 가족이 아디론댁 산맥에서 휴가를 보내고 있었다. 어느 날 오후 침니산으로 하이킹을 가기로 했다. 중간 지점 쯤 이르렀을 때, 산을 오르는 내내 아름다운 풍경을 가리키며 감탄했던 카렌이 말했다.

"정말 멋진 산행이었죠? 이제 그만 내려가죠."

나는 귀를 의심하지 않을 수 없었다.

'내려간다고?'

등산을 하는 목적은 정상에 오르기 위해서이다. 나는 정상에 오르지 않는다면 그 동안의 쏟아 부은 에너지를 허비하는 것이라고 반박했다.

아내의 대답은 이랬다.

"나는 산에 오르는 목적이 경치를 즐기기 위한 것이라고 생각해요."

사실상 두 가지 견해는 모두 타당하다. 하지만 많은 사람들이 나처럼 목적지만을 향해서 헐떡거리며 억지로 달린다. 하나님께서는 과정에도 관심을 기울이고 계시는 분임에도 불구하고 말이다. 패스트푸드와 인스턴트 음식을 즐겨 먹는 성급한 우리는 완벽하게 시간이 맞춰진 하나님의 계획을 종종 앞서 달려 나가버린다.

빵을 굽는 것과 마찬가지로 일도 성급하게 굴면 망치게 되어 있다.

그날에 집중해서 하루하루 충실하게 사는 것은 장기적인 목표를 단기적인 성취로 전환시키는, 우리 삶을 맞추어나가는 평화로운 방식이다. 가족과 더 많은 시간을 보내고 싶다면(얼마나 그 시간이 짧든 간에) 오늘 가족들 한 사람 한 사람과 둘만의 시간을 보내라.

만일 '빚에서 벗어날' 계획이라면, 바로 오늘 쿠폰을 오려 가지고 상점에 가서 정해진 예산 안에서만 지출을 하라. 만일 '이번 학기에 열심히 공부하기'로 마음먹었다면 오늘 강의를 노트에 잘 정리하고 바로 오늘 복습하도록 하라. '올해 하나님께 더 가까이 가기'로 한 약속은 오늘 아침 주님과 보낸 시간을 일기에 기록함으로써 가장 잘 실천할 수 있다.

오늘 해낸 일에 집중할 때, 당신의 자신감은 자라난다. 그리고 오늘 하지 않은 일 때문에 에너지를 허비하지 않게 된다. 그 일은 다른 날을 위한 것이다.

'한 번에 하루씩'은 삶을 자유롭게 해주는 방식이다. 나는 고통스런 불만족과 정신을 좀먹는 근심으로 하루를 마감하던 수많은 나날들을 되돌아본다. 내 생각은 끝마치지 못한 모든 일들과 내일의 불길한 예감들에 사로잡힌 채 끊임없이 달리고 있었다.

평안으로 가는 길에서 나는 더 나은 것을 배우고 있다. 하루에 내가 해낼 수 있는 일만 하고 그 정도로 만족한다. 나는 아버지께 '불확실한 추측들'을 넘겨버리고 오늘의 현실에만 최선을 다한다. 그것으로 끝이다. 나의 하루하루는 예전 어느 때보다도 풍성하지만, 나는 한 번에 하루씩만 나의 성실함을 쏟아 부을 뿐이다. 현재 내가 해내고 있는 일은 예전에 비해 훨씬 많다.

D. 우리도 변화될 수 있다 • • •

스트레스 조절은 체중 조절과 매우 흡사하다. 일시적인 개선은 쉽지만, 영구적 변화를 위해서는 새로운 생활방식으로 변화되어야 한다. 미봉책을 쓸 수도 있고, 일의 속도를 늦추고 한동안 사람들을 잘 대할 수도 있지만 수개월 후면 곧 다시 통제력을 잃게 된다.

내가 원하는 것은 뭔가 좀더 지속적인 것이다. 나뿐 아니라 다른 사람들도 모두 마찬가지다.

스트레스의 뿌리를 뽑아내는 중에 나는 희망을 주는 비밀을 하나 발견했다. 당신에게서부터 시작되는 스트레스를 관리할 줄 알게 되면, 당신에게 닥쳐오는 어떤 스트레스도 관리할 수 있게 된다는 것이다.

그리스도 안에서 우리는 다음과 같이 변화될 수 있다.

- 더 많은 것을 원하는 대신 현재에 만족하게 된다.
- 자기중심적인 삶 대신에 '베푸는 삶'을 살게 된다.
- 오랜 상처를 재연하는 대신 사랑하는 마음으로 용서하게 된다.
- 주님을 거스르는 대신 순종하게 된다.
- 성급히 하는 대신 '하루'의 삶을 충실하게 살게 된다.

잡초의 뿌리를 완전히 뽑아야 꽃을 기르기 시작할 수 있다. 우리 정원의 가장 영광스러운 꽃인 평안의 목을 늘 졸라왔던 것은 사실상 이 잡초들이었다.

일단 우리가 평안을 표본으로 삼기만 한다면 우리는 그 오랜 뿌리들을 결코 그리워하지 않을 것이다. 우리는 드디어 평안 안에 살고 있다. 그곳이 우리가 살도록 지음 받은 곳이다.

4
'평안을 이루는 습관' 기르기

13장
평안한 사람들의 습관

> 주님께서 우리를 바라보고 계시기에 우리는 전심으로 일하고, 지도자의 역할을 하고, 들어주고, 사랑할 수 있다. 그리고 전심이야말로 평안한 마음이다!

나는 100킬로그램에 육박하던 과거의 몸무게로 다시는 돌아가고 싶지 않다.

177센티미터체구 위에 그 정도의 무게를 지고 다니는 내 모습은 마치 항공모함 같았다. 지금은 70킬로그램인데, '멋진 몸매'라고 여겨지지는 않겠지만 적어도 풍보는 아니다! 꽤 여러 해 동안 이 몸무게를 유지해왔기 때문에, 친구들 대부분은 "네가 그렇게 뚱뚱했던 시절이 있었다는 게 상상이 가지 않는다!"라고 말한다. 하지만 나는 정말로 엄청나게 뚱뚱했었다. 그리고 다시 그렇게 될 수도 있다.

만일 뚱뚱했던 옛 시절로 돌아가고 싶지 않다면 단순한 식이요법 이상의 무엇인가가 필요하다. 완전히 새로운 식습관 말이다.

남은 생애 동안 자몽과 샐러리만 먹고 살 수는 없었다. 하지만 나는 점심을 가볍게 먹는 것을 배웠고, 좀더 활동적인 하루를 위해서 먹는 즐거움을 제한했고, 오후 6시 이후에는 먹지 않았으며, 크리스마스 쿠키의 맛을 즐기기 위해서 연휴 전에 다이어트 계획을 세우는 법을 배웠다.

내 마음의 평안에 대한 염려도 몸무게에 대한 염려와 비슷한 부분이 많이 있다. 나는 정서적으로도 내 주위에 있는 사람들이 알아볼 정도로 이전과 비교해볼 때 훨씬 좋은 상태가 되었다.

평온한 중심들을 지켜나가고 스트레스를 뿌리부터 공격함으로써 나는 훨씬 가벼워졌다. 하지만 나는 여전히 스트레스의 무게 전부를 이전에 있던 자리로 다시 돌아오게 할 수도 있음을 알고 있다. 결국 내 정서적인 신진대사 역시 엄청난 변화를 가져온 것이 아니라는 사실이다. 지금도 여전히 내 몸이 음식을 지방으로 전환시킬 수 있는 것만큼이나 빨리, 내 마음도 압력을 스트레스와 긴장으로 전환시킬 수 있다. 나를 포함한 모든 사람들이 새로운 나의 모습을 더 좋아한다. 다시 정서적으로 비대한 예전의 나로 되돌아가고 싶지 않다.

새로운 습관이 지속적인 변화의 주요 열쇠다. 우리 삶의 질서와 온전함을 회복한 이후에도 그 진행을 유지해나가기 위해서는 매일의 행위 양식이 필요하다. 평안을 추구하는 과정에서 최종적이고 결정적인 환경은 바로 평안을 이루는 습관을 수립하는 일이다.

나는 이 장에서 평안을 이루는 이러한 현명한 습관을 다루고자 한다. 특히 다른 사람들과의 관계나 우리 자신에 대한 태도에 관련해서 그런 습관들을 다룰 것이다. 그리고 다음 장에서 직장, 곧 우리가 하는 일 가운데 평안을 이루는 습관에 대해서 이야기할 것이다.

지속적으로 훈련하게 되면 이러한 습관은 '평안을 위한 보험'이 된다. 이 습관은 우리를 늘 정서적으로 건강한 체격을 유지시켜 줄 정서적인 양분과 운동이다. 일보다 사람이 더욱 중요하기 때문에 우리는 사람들과 화평하게 지내게 해주는 습관부터 다루기 시작할 것이다.

Ⅰ. 사람들과의 화평

A. 다른 사람에게 유용한 사람이 되라 • • •

세상에는 누가 자기를 좀 알아봐 주었으면 하는 사람들이 있다. 우리와 함께 사는 사람들, 함께 일하고, 함께 예배 드리는 사람들 중에도 말이다. 우리는 두 가지 가운데 하나를 선택할 수 있다. 그들을 위해서 우리 자신을 내어주거나 그들이 우리를 따르게 만드는 것이다. 두 가지 선택 가운데 우리가 그들에게 유용한 사람이 되는 것이 훨씬 더 기독교적이고 더 평화로운 선택이다.

주의를 끄는 일에 있어서는 아이들이 전문가다. 아이들이 더 많은 주의를 필요로 해서가 아니라, 단지 좀더 노골적으로 주의를 끌기 때문이다.

아이들이 집으로 돌아왔을 때, 혹은 당신이 집에 돌아왔을 때, 아이들은 당신을 방해하기 위한 셀 수 없이 많은 구실을 찾아낸다. 아이들의 리스트는 사소한 질문에서부터 시작해서 다급한 요구와 허락을 요청하는 것에 이르기까지 정말 다양하다. 대부분의 경우 아이들이 원하는 것은 단지 자기가 거기 있다는 사실을 알아달라는 것뿐이다. 아이들을 보는 즉시 그들의 존재를 인식하고 있다는 사실을 알려주기만 하면 우리는 빤히 들여다보이는 아이들의 감정적인 속임수로 인한 스트레스를 피할 수 있다.

어른들의 경우 조금 더 미묘하기는 하지만, 자신들에게 시간을 달라고 요구하기는 아이들과 마찬가지다. 배우자들은 얼굴을 보자마자 말을 먼저 꺼내고 신체적 접촉을 해줘야 한다. 동료들에게는 "주말 어떻게 지냈어요?"라든가, 혹은 "집사람 건강은 좀 어때요?"라는 식의 질문이 필요하다. 친구들의 존재를 인식해주고 관심을 가져줘야 한다.

바쁘면 바쁠수록 우리는 사람들과의 접촉을 더 피하고 싶어진다. 하지만 사실상 접촉을 피하게 되면 결국에는 더 많은 시간을 들여야 한다. 우리 모두가 느끼는 압력 중 일부는 우리를 만나지 못한 사람들에게

서부터 온다. 그들은 계속 만나려고 한다. 의사의 경우에는 왕진을 통해서, 교수들은 교수실을 방문할 수 있는 시간을 공지함으로써 이러한 문제를 해결한다. 시간이 있거나, 아니면 전혀 시간이 없거나, 혹은 언제 시간이 날지 예측할 수 없는 경우에도 스트레스가 더해진다. 만일 사람들이 언제 우리에게 연락하면 대화가 가능한지 알고 있다면, 우리는 지금보다 덜 쫓기며 살 수 있을 것이다. 내 아내는 "화요일 오전은 당신만을 위해서 비워놨어"와 같은 말을 아주 좋아한다.

나와 가까운 사람들이 항상 나를 바라볼 수 있을 때, 우리는 더 큰 평안을 얻을 수 있다.

B. 벽을 허물라 • • •

옛날 서부영화에 보면 보안관이 나와서 악당에게 이렇게 말하는 장면들이 꼭 나온다.

"해가 지기 전에 이 마을을 떠나라!"

"해가 지기 전에…"는 우리에게 마을의 평화를 지키도록 하시려는 하나님의 계획이다. 하나님께서는 "해가 지도록 분을 품지 말라"(엡 4:26)고 말씀하셨다.

평안은 그 어떤 갈등도 내일까지 지속시키지 않겠다는 결심에 뿌리박고 있다. 그리고 그 결심을 지키기 위해서는 엄청난 노력과 지속적인 경계가 요구된다.

"평안의 매는 줄로 성령의 하나 되게 하신 것을 힘써 지키라"(엡 4:3)

바울은 "화평의 일과 서로 덕을 세우는 일을 힘쓰나니"(롬 14:19)라고 말하면서 같은 의미로 노력과 헌신을 강조했다.

다음의 세 가지 '노력'이 모든 관계에서 평안을 지키는 데 도움을 줄 것이다.

첫째로, 갈등을 빨리, 그리고 먼저 해결하라.

디즈니월드는 분명 세계에서 가장 깨끗한 놀이동산이다. 어디를 가든지 청소를 하고 있는 디즈니 직원들이 보인다. 당신이 컵이라도 떨어뜨릴라치면 바닥에 떨어지기 전에 와서 낚아채버릴 듯한 기세로 말이다. 공원이 깨끗한 이유는 지저분해지도록 놔두질 않기 때문이다.

그런 원칙이 관계를 지배한다면, 나쁜 감정들은 그 감정이 미미할 때 처리될 수 있다. '약간'의 긴장을 모르는 체 하기는 너무 쉽지만, 나중에는 매우 추한 모습으로 자란 것을 발견하게 된다. 벽돌 한두 개의 높이일 때 벽을 허물어버리라.

둘째로, 당신의 느낌을 말하라.

나는 아내가 결국 내게 이야기하기 전까지는 내가 아내에게 상처를 주고 있다는 사실을 전혀 몰랐다. 그 사실을 깨닫지 못한 채, 나는 공공연하게 그녀의 대화를 번번이 방해하고 고쳐주려고 했다. 하지만 사실을 알게 되자 곧 그런 행동을 그만두었다. 대부분의 경우, 나는 다른 사람들이 그냥 알아주기를 바라면서 내 느낌을 말로 표현하지 않는다. 불행히도 그들은 알지 못한다. 대부분의 사람들은 매우 제한적인 범위 내에서만 작동하는 레이더를 가지고 있다.

비난은 느낌을 나누는 수단 중 세상에서 가장 비효율적인 방법이다.
"너무 바빠서 내 말은 들을 새도 없군요!"

이런 말은 분명 방어적인 반응과 더 많은 의견 차이의 원인이 된다. 차라리 이렇게 말하는 편이 두 사람 사이의 벽을 피할 수 있는 가장 좋은 방법이다.

"왠지 당신이 지금 내 말을 듣지도, 이해하지도 않는 것 같네요."

셋째로, 잘못을 인정하라.

만일 파탄이 나버린 결혼생활이나 우정, 부모자식 간의 관계를 엑스레이로 비춰볼 수 있다면 아무 잘못이 없어 보이는 사람에게도 보기 흉한 시커먼 부분이 나타날지 모른다. 우리가 쓰는 말 중에 "내가 잘못했어"라는 말보다 더 강한 동시에 치유의 능력이 더 큰 말은 없다. 만일 진심으로 사과할 수 있다면 그 반응이 어떻게 나타나든 간에 우리는 쌓고 있던 벽을 허물 수 있다.

C. 응원 연습을 하라 •••

지난번 시즌까지 우리 지역 고등학교 풋볼 팀은 어떻게 해야 경기에서 이기는지 전혀 모르는 듯했다. 해가 거듭될수록 팬들의 숫자는 점차 줄어들어 결국에는 가장 충성스런 골수 팬인 선수의 부모들만 남게 되었다. 하지만 아무리 우리 선수들이 최악의 경기를 하고 있다 해도 한 그룹만큼은 늘 그들을 향해 해줄 좋은 말들을 알고 있다. 바로 치어리더들이다. 그들은 단 한 번도 확성기를 싸들고 다른 팀 쪽으로 가서 "우리 팀 선수들은 정말 무능하다"라고 외친 적이 없다. 치어리더들의 입에서 나오는 좋은 말은 경기를 지든 이기든, 늘 큰 의지가 되었다.

우리가 살고 있는 세상은 치어리더들의 극심한 부족으로 인해 고통 받고 있다. 글자가 쓰인 스웨터나 짧은 치마를 입을 용의는 없지만, 나도 정말 치어리더가 되고 싶다. 일반적인 가정이나 직장, 혹은 학교에는 많은 지어리더(jeerleader, 조롱을 일삼는 사람들)들이 있다. 이들은 다른 이들의 약점이나 단점들을 사람들에게 얘기한다. 우리에게는 사람들의 좋은 점을 찾아 말해줄 수 있는 긍정적인 사람들이 필요하다.

"의인의 입술은 여러 사람을 교육하나"(잠 10:21)

확신하건대, 사람들은 대개의 경우 스스로 볼품없다고 느끼며 산다. 치어리더는 모든 가족들이, 그리고 모든 친구들이 날마다 스스로를 훌륭하다고 느끼도록 해주기 위해 애쓴다. 치어리더는 당연히 누군가에게 창조적이고, 인자하고, 유쾌하고, 감정이 예민하고, 일을 열심히 하고, 매력적이라고 얘기해줄 첫 번째 사람이다. 당신이 이처럼 용기를 북돋워줄 때, 당신은 이미 하나님의 건설적인 프로그램에 참여하고 있는 것이다.

"피차 권면하고 피차 덕을 세우기를 … 너희끼리 화목하라"(살전 5:11, 13)

누군가가 변화를 시도할 때 무엇보다 필요한 것이 격려(권면)이다. 그리고 그 모든 변화는 오직 평안을 추구하기 위한 변화이다. 나는 안전하고 오래된 스트레스의 습관들을 약간의 위험성을 지닌 새로운 평안의 습관으로 바꾸었다. 옷을 사려고 하는 사람이 새 옷을 걸쳐보듯이 나는 '이런 모습의 내가 어떻게 보이는가?'를 알고 싶다.

아내가 내게 이런 말을 할 때 그 의미는 참으로 크다.

"여보, 당신 예전하고는 일하는 방식이 달라졌어요. 사랑해요."

이 말은 돌고래가 재주를 부리고 난 다음에 먹이를 주는 것과 같다. 먹이를 먹고 나면 또 다른 재주를 부릴 것이 틀림없다.

이 긍정적인 관점은 사진작가인 내 아내의 천재성과 관련이 많다. 우리 부부는 같은 카메라를 쓴다. 하지만 아내의 사진은 수상작품감이고, 내 사진은 가족 앨범에 붙어보지도 못한 채 맨 뒤에 아무렇게나 섞여 있는 정도이다. 내가 헐레벌떡 축축한 가을 안개 속을 헤쳐 나올 즈음이면, 아내는 이미 안개가 짙게 드리운 아침을 담은 최고의 작품을 찍어낸다. 카렌은 내가 결코 보지 못하는 것을 보았다. 이슬방울에 반짝이는 완벽한 모양의 거미줄이다. 우리 둘의 차이점은 보는 방식에 있다. 내가 참혹한 현실의 하루를 볼 때, 아내는 그 속에서 아름다움을 보는 능력을 가졌다.

칭찬하는 사람들은 다른 사람을 볼 때 그런 방식으로 본다. 가까이 지내는 사람들 속에서 그런 아름다움을 매일 매일 찾으면서 좌절을 화평과 맞바꾼다.

우리에게는 더 많은 치어리더가 필요하다.

D. 당신이 서있는 구석을 밝히라 • • •

우리 동네 식료품 가게 점원들이 파업에 들어갔을 때, 유독 파업을 하지 않은 한 가게에 손님들이 모두 모였다. 주인에게는 좋은 일이었지만 계산대 점원들은 끔찍하리만큼 업무량이 늘어났다. 그래서 나는 계산대 직원에게 미소를 짓기로 마음먹었다. 내가 마음먹은 대로 했을 때, 직원은 미소를 지었을 뿐만 아니라 고맙다는 말까지 했다. 나는 시루떡처럼 꽉 찬 맨해튼의 짜증나는 엘리베이터 안에서 누군가가 "다른 특별한 호흡 방법을 찾아야만 할 것 같네요"라고 말하자 잠시나마 분위기가 부드러워지는 것을 경험했다.

다른 사람들에게 작은 기쁨을 선사하는 것을 하루의 목표로 삼기로 한 사람들이 세상에 얼마나 큰 변화를 가져올 수 있는지를 살펴보면 과히 놀라지 않을 수 없다. 사람들은 주유소 직원들의 친절한 서비스를 너무나 당연하게 받아들인다. 그들에게 관심을 가져주는 것만으로도 우리는 '그들의 삶을 밝게 만들 수' 있다.

만일 우리가 살고 있는 세상의 구석을 밝히면서 살아간다면, 가정에서나 상점에서나 직장에서나 교실에서나 사람들은 우리가 가는 것을 반기게 될 것이다. 가벼운 미소나 친절한 말 한 마디도 놀라운 변화를 가져온다. 자그마한 화평을 가져오기만 해도 더 많은 것을 받아 갈 수 있다.

하지만 평화로운 상태를 유지하는 것은 단순히 대인관계에만 달려 있는 것이 아니다. 자기 자신과의 관계 역시 필요하다. 인생의 네 가지 화평의 습관들은 우리의 내적인 태도에 영향을 준다. 그 습관들이 우리 자신과의 화평 가운데 사는 길을 내어준다.

Ⅱ. 우리 자신과의 화평

E. 전심을 다해 살라 • • •

첫 번째 자세는 성경에서 가장 중요한 네 구절에 뿌리박고 있다. 반복적으로 나오는 것으로 보아 분명 중요한 말씀이다.

"마음을 다하여 네 하나님 여호와를 사랑하라"(신 6:5; 막 12:30)
"너희의 마음을 다하며 … 그를 섬길지니라"(수 22:5)
"마음을 다하여 여호와를 의뢰하고"(잠 3:5)
"너희가 전심으로 나를 찾고 찾으면"(렘 29:13)
"전심으로 기뻐하며"(습 3:14)
"무슨 일을 하든지 마음을 다하여 주께 하듯 하고"(골 3:23)

"마음을 다하여", 이것이 바로 여섯 글자로 된 성경의 라이프스타일이다!

나는 결승점을 향하여 최선을 다하는 올림픽 출전 선수를 그려본다. 그 선수의 어디를 보아도 멋지다거나 점잖은 데가 없다. 머리는 땀에 젖어 절어 있고, 혈관은 튀어나와 있고, 폐는 터지기 직전이다. 하지만 금메달은 멋진 사람을 위한 것이 아니라 경기에 전념한 사람을 위한 것이다. 성경에 보면, 삶을 표현하는 데 쓰이는 동사는 변하지만 그 모양은 변하지 않는 것을 볼 수 있다. 어떤 동사가 쓰이든 간에, 우리는 전심을 다해 금메달을 향해 나아가야 한다. 인생에는 주저하고 망설이는 사람들은 결코 알 수 없는 전율이 있다.

100퍼센트의 노력을 다했다는 것을 알면, 점수나 결과물이 무엇이 되든지 상관없이 거기에는 심오한 내적인 평안이 있다. 우리가 선반공으로 일하든, 사무직이나 컴퓨터 관련 업무, 혹은 가르치는 일을 하든 간에 우리가 전심으로 그 일을 할 때 삶은 '흥미로워진다.' 학생이 100퍼센트 노력하고 있는지 아닌지 그 여부는 꼼꼼하게 정리된 노트와 교사에게 보이는 집중력에서 알 수 있다. 당신이 전심으로 일한다면, 평범한 사람으로 넘쳐나는 직장 세계에서 당신은 임금을 지불하고 승진시키는 사람들의 주목을 받게 될 것이다.

전심으로 교회에 다니는 것은 당신이 '죽었다'고 생각하던 예배를 갑자기 의미 있게 만들 수 있다. 산만하지 않은 마음으로 사람들의 얘기를 듣는 법을 배우면 절대 외로워질 수 없을 만큼 많은 친구를 갖게 된다. 그리고 전심을 다해 경기하는 운동선수는 어느 팀에서든 환영받는다.

성경에 따르면, 최선을 다할 만큼의 가치를 지닌 일은 우리가 고르는 것이 아니라고 되어 있다. "무슨 일을 하든지"(골 3:23) 그리하라고 하셨다. 그리고 우리는 에너지를 분산시키지 못한다. 놀면서 일하지 못하고, 일하면서 놀지 못한다. 또한 기도하면서 공부하지도 못한다.

압력과 근심은 100퍼센트 노력하는 삶을 살지 않을 때 일어난다. 한 친구가 언젠가 내게 직원의 아내들 가운데 몇 사람이 회사에 강한 반감을 품고 있다고 말했다. 그들의 남편은 늘 귀가 시간이 늦다. 아내들은 자기 남편에게 너무 많은 일을 시킨다며 회사와 상사를 비난했다. 하지만 그들이 모르고 있는 것은 그들의 남편이 운동을 하러 다니느라 점심시간도 제대로 지키지 않으면서 일과 오락을 혼동한다는 점이다. 그들은 쓸데없는 잡담을 뒤섞어가며 일하는 시간만큼이나 많은 시간을 엉뚱한 곳에 허비했다. 그 결과 그들은 업무시간에 하지 못한 일을 만회하기 위해 가족과 함께 보내야 할 시간을 희생하면서까지 일해야 했다. 만일 그들이 일해야 할 시간에 일했다면 가족을 위해 보내야 할 시간을 가족과 함께할 수 있었을 것이다.

이러한 평안을 위한 습관을 정착시키는 것이 나에게는 가정의 의미를 더 깊게 인식하게 해주었다. 나는 파일과 서류에 둘러싸인 채 '아빠의 안락의자'에 앉아 있기만 하는 것은 가정에 있는 것이 아니라는 사실을 배우고 있다. 사실 아이들과 진심으로 시간을 보내지도 않으면서 그저 앞에 앉아 있기만 하는 것은 부정직한 것이다. 그래서 나는 집에 있을 때는 전심으로 집에 있을 수 있도록 하루를 계획한다.

기도를 드릴 때도 그런 방법을 이용하는 것이 효과가 있다. 가끔 나는 의자에서 내려와 무릎을 꿇고 기도한다. 어떤 때는 함께 기도하는 사람의 어깨를 감싸고 기도하기도 하고, 더 긴 시간 동안 기도하는 훈련을 쌓겠다는 계획을 가지고 기도하기도 한다. 그럴 때 더 집중해서 기도하게 된다. 나는 골방에 들어가 기도하라고 하신 말씀의 뜻이 단순히 은밀함만을 위한 것이 아니라, 혹시 다른 일을 동시에 하지 않도록 하려 하신 것은 아닐까 생각한다. 솔직히 나는 건성으로 기도하는 것은 따분한 일이지만, 전심을 다해 기도하는 것은 에너지가 넘치는 중재 도구임을 알게 되었다.

'100퍼센트'를 다해 하루를 살아갈 때, "내가 누구의 금메달을 좇고 있는가?"라는 질문을 던지는 것은 당연하다. 어쩌면 세상에는 우리가 전심을 다할 만한 지속적인 가치를 가진 지도자나 교회나 코치나 교사가 없을지도 모른다. 성경은 우리에게 "마음을 다하여" 하라고 강조하면서, 과연 누구를 위해 그렇게 해야 하는지도 알려준다.

> "무슨 일을 하든지 마음을 다하여 주께 하듯 하고 … 너희는 주 그리스도를 섬기느니라"(골 3:23, 24)

바닥을 쓸고 있든, 편지를 받아 적든, 아이를 안아주든, 우리는 마음속으로 하나님을 바라보며 이렇게 외쳐야 한다.

"아버지를 위한 일입니다!"

주님께서 우리를 바라보고 계시기에 우리는 전심으로 일하고, 지도자의 역할을 하고, 들어주고, 사랑할 수 있다. 그리고 전심이야말로 평안한 마음이다!

F. 실패를 잊어라 • • •

동네에서 화재경보기가 울릴 때 제일 먼저 떠오르는 것은 소방대원으로 자원봉사를 하는 친구들이다. 그 친구들은 요즘 시대의 화재진압 과정이 아주 과학적이어서 정해진 우선순위에 따라 이루어진다고 말해주었다.

첫째, 모든 사람이 건물 밖으로 나왔는지 확인하라.

둘째, 손해를 빨리 잊어라.

우리는 계속 우리 자신을 응징하고 의심하고 낙담시킬 수도 있고, '뒤에 있는 것은 잊어버리고 앞에 있는 것을 잡으려'는 자유를 선택할 수도 있다.

실패를 잊는 것은 어제의 실추가 오늘 전속력으로 달리는 것을 방해하도록 놔두지 않는 것을 의미한다. 오늘이라는 새로운 시작 페이지로 빨리 전환해서 고통스러운 순간들을 고립시키는 것이다. 사랑하는 사람과 헤어지고, 일자리를 잃고, 신앙의 좌절을 겪고, 파산을 경험하고, 목표를 달성하지 못하는 등, 배경이 어떻게 되었든 간에 실패의 고통은 사실적이고도 깊다. 그 고통은 잠시 지속될 수는 있겠지만 그렇다고 우리의 삶의 행위들을 바꿀 필요는 없다. 조금이라도 빨리 "100퍼센트"

의 우리로 돌아갈수록 상처도 더 빨리 치유된다.

그리고 어떤 실패는 전혀 실패가 아닌 것도 있다. 우리는 성공과 실패를 미국 프로 미식축구 리그(National Football League)의 성공 기준에 따라 판단했다. 하지만 성공은 어떻게 경기를 했느냐에 달려 있다. 패배의 순간, 세 가지 중요한 질문을 던지는 것이 중요하다.

"내가 사람들을 바르게 대했는가?"

"최선을 다했는가?"

"중심에 그리스도를 두었는가?"

만일 모든 대답이 "그렇다"라면 우리는 실패한 것이 아니다.

만일 정말 실패했다면, 우리는 "나는 실패했다"와 "나는 실패자이다"와의 차이를 알아야 한다. 우리가 실패했다고 하더라도 그것이 우리의 존재 자체를 바꾸지는 않는다. 하나님께서는 우리가 구하기만 하면 용서해 주시고 회복시켜 주신다. 그분이 이미 지워버린 과거를 우리가 계속 되돌아보는 것은 그분의 사랑을 모욕하는 행위이다.

실패의 분노를 잊는 것을 배운다면 어제의 실패가 오늘 우리의 평안을 빼앗아갈 힘을 잃는다.

G. 새로운 책임에 대해 의논하라 • • •

몇 해 전에 두 대의 앰트랙(Amtrak, 전미(全美) 철도여객수송공사)

기차가 전속력으로 뉴욕 시티를 달리고 있었다. 그날 아침 그 두 대의 기차 운행은 브레이크의 날카로운 쇳소리와 귀청이 터질 듯한 충돌의 굉음으로 끝나버렸다. 일그러진 금속 조각을 분류하면서 수사관들은 어떻게 이 기차들이 충돌을 하게 되었는지를 조사했다. 원인은 비극적으로 느껴질 만큼 간단했다. 신호원이 양쪽 기차에 동시에 파란불 신호를 보낸 것이다!

나는 서로 경쟁을 벌이는 일에 대한 책임들이 돌진하는 두 대의 기차를 타고 같은 트랙을 달리다가 결국에는 정면으로 충돌하는 장면을 머릿속으로 그려보았다. 새로운 기회가 찾아올 때마다 나는 파란불을 켜려는 경향이 있고, 결국에는 그로 인해 초래하게 될 희생을 감당해야 하는 처지에 이르게 된다. 큰 그림을 보지 않고 더 많은 책임을 떠맡기는 매우 쉽다. 때때로 나는 내 일정표를 열어보고 한탄한다.

"내가 어떻게 나 자신에게 이럴 수가 있었을까?"

나는 다음의 말씀을 배우는 데는 매우 굼뜬 것 같다.

"함부로 이 물건을 거룩하다 하여 서원하고 그 후에 살피면 그것이 그 물이 되느니라"(잠 20:25)

나에게는 도움이 필요하다. 그리고 내 인생에 짐을 너무 많이 싣기 전에 '내 서약을 고려하는' 지혜와 개관성이 필요하다. 바로 이러한 이유로 성경은 후회할 만한 선택 때문에 생기는 스트레스에 대한 대안을 제안한다.

> "의논이 없으면 경영이 파하고 모사가 많으면 경영이 성립하느니라"(잠 15:22)

빨간불이나 파란불을 켜기 전에 먼저 조언을 많이 받으라!

새로운 일에 대해 의논하는 평화적인 습관은 가정에서 시작된다. 가족 중 누구든 중요한 책임에 변화가 생기면 다른 가족들에게도 영향을 미친다. 만일 당신의 아들이나 딸이 방과 후 해야 할 일이 늘어난다면 누군가가 그 아이를 태워다주어야 하고, 어쩌면 저녁식사 준비를 돕는 그 아이의 일도 대신 맡아야 할 것이다. 만일 아빠가 지방을 많이 다녀야 하는 업무를 맡게 된다면 아이들과 시간을 보내기로 한 중요한 약속을 지키지 못하게 된다. 그리고 엄마가 에어로빅 강습이나 부업을 하게 된다면 아이들은 텅 빈 집에 들어와야 할 수도 있다.

삶에 추가되는 모든 일에는 가격표가 붙어 있는데, 그 가격은 대개 다른 사람들에 의해서 매겨진다. 가족들은 그 일이 그 가격을 치를 만한 가치가 있는지를 결정지을 수 있다. 하지만 반드시 함께 결정해야 한다!

우리 집에서는 아이가 한 학기 동안 밴드부와 운동부에 동시에 가입했을 경우 미치는 영향에 대해서 함께 저울질한다. 엄마가 미디어 발표 준비를 위해 6주 동안 집을 비우는 일에 대해서도 토의한다. 아빠가 책을 쓰는 일도 마찬가지다. 이 일에는 협조가 필요하다. 예를 들어, 우리 모두는 가족 달력에다가 날짜를 제대로 기입하도록 훈련한다. 달력은 대부분의 '좋은 기회'가 전해지는 주방 전화기 밑이라는 편리한 위치에 놓여 있다. 가족들이 다양한 일들의 가치를 계산하기 위해 모이면, 그 달력이 일의 가능성 여부를 판단하는 데 도움을 준다. 그리고 나의 경우에는 가정의 날, 즉 생일이나 연주회, 운동경기 일자가 일정표에 제일 먼저 들어간다.

'많은 조언자'가 있어서 득을 볼 수 있는 것은 비단 시간에 관한 문제뿐 아니라 경제적인 문제도 있다. 만일 어떤 값비싼 물건을 구매하는 데 "좋아"라고 한다면, 적어도 당분간은 다른 구매 욕구에 대해서 "안 돼"라고 해야 한다. 가족 전체의 의견이 분명 한 사람(특히 자녀들의 경우)이 내리는 선택보다 더 신중한 결정을 할 것이다.

대부분의 경우, 새로운 일을 맡는 것에 대해서는 가족 외의 다른 조언자와 상담을 하는 것이 현명하다. 남아프리카에서 열리는 회의의 연사로 초청받았을 때, 나는 우리 지역 프로그램에 미칠 영향에 대해서 이사회와 내 측근에 있는 사람의 의견을 물었다. 우리 삶의 모든 새로운 일들은 그 일로 영향을 받을 사람들, 혹은 영향을 받지 않는 몇몇의 사람들의 객관적인 검토를 거쳐야 한다.

H. 웃음을 배우라 • • •

중요한 어떤 새로운 책임을 맡아야 할지 결정할 때, 어느 정도 기다리는 것도 좋은 생각이다. 주변의 중요한 사람들에게 조언을 구하는 동안 당신은 받아들일 만한 결정을 내릴 수 있을 것이다. 만일 당신도 나처럼 사정없이 충돌하는 의무감들 때문에 지쳐 있다면 상담을 받는 것이 평안을 위한 가치 있는 습관이 될 것이다.

우리는 60킬로미터 높이나 되는 웅장한 와이오밍(Wyoming) 꼭대기에서 내려와 레러미(Laramie) 시로 돌아가고 있었다. 그 웅장한 광경 너머로 우리 눈앞에 펼쳐진 지역은 레러미를 제외하고는 모두 햇빛이 비치고 있었다. 성난 자줏빛의 폭풍 조각이 그 도시를 뒤덮고 있는 모습이 역력했다. 차를 타고 레러미 시로 들어오자마자 비와 우박이 쏟아졌다. 마치 일식의 어둠 속에 파묻힌 듯했다.

산 위에서 상황을 파악했던 우리는 그날 오후 내내 날씨가 안 좋은 것에 대해서는 불평하지 않았다. 폭풍이 곧 지나가리라는 것을 알고 있었기 때문이다.

멀리 바라보는 것은 가장 어두운 순간을 밝힌다. 웃는 법을 배우는 것이 멀리 바라볼 수 있도록 도와주는, 평안을 가져오는 습관이다.

언젠가 우리 가족은 '폭풍' 이 몰아치는 바람에 여행을 떠나지 못하고 있었다. 그때 우리는 신혼여행에서 돌아와 머물 곳이 필요했던 젊은 신학생 부부에게 집을 비워주려던 참이었다. 꾸려야 할 짐은 사방에 널려 있는데, 설상가상으로 냉장고의 자동 온도조절장치가 망가져서 냉

동실의 음식들이 엉망이 되어버렸다. 음식물을 다 정리하고 마지막으로 휴지통에 넣는데, 그때 아래층에서 건조기가 고장 났다는 소리가 들려왔다. 모든 것을 깨끗이 정리해야 하는 이 때에 말이다.

건조기를 점검하기 시작했다. 오물이 지하실 하수구를 막아버려서 온 바닥이 서서히 물바다가 되고 있었다. 폭발해야 할지 웃어버려야 할지 몰랐다. 그때 카렌이 우리를 구했다. 새어나오는 끈적끈적한 물 속에 서서 최근의 여행을 떠올리며 이렇게 말했다.

"아이티 섬에 오신 것을 환영합니다!"

우리가 닥친 상황은 결코 우습지가 않았지만, 대조적인 표현이 폭소를 자아내게 만들었다. 우리는 웃었기에 그 곤경을 이겨낼 수 있었다. 간단한 조치로 모든 것은 다시 원상복구되었다.

일상에서 겪게 되는 대개의 스트레스에는 밝은 면이 있다. 그 밝은 면을 찾는 데 비결이 있다. 솔로몬 왕도 역시 그렇게 믿었다.

"마음의 즐거움은 양약이라도"(잠 17:22)

자신과의 평화로운 관계 가운데 살아가기 위한 해결책은 전심으로 행하고, 실패를 빨리 잊어버리고, 사람들의 조언을 구하고, 어떤 상황 속에서도 웃을 수 있는 능력을 배우는 것임을 기억하라.

14장
평안하게 일하는 습관

> 불행히도 바쁜 사람들은 머피에 대해서 한 번도 들어본 적이 없는 것처럼 행동한다. 그들은 나쁜 일이라고는 도저히 일어나지 않을 것처럼 하루 스케줄을 빽빽하게 짠다. 그렇게 스케줄을 짜는 것은 대놓고 극심한 스트레스를 부르는 격이다.

어느 날인가 친한 친구 하나가 전화를 걸어왔다. 그 친구는 진지하게 말했다.

"지금 당장 만나고 싶어."

그는 중요한 결정을 앞두고 있는 상태에서 심한 부담감을 느끼고 있었다. 그래서 친구가 필요했던 것이다. 그는 왜 나에게 전화를 했는지를 설명하기 시작했다.

"지난 몇 달간 지켜봤는데, 자네는 인생의 새로운 요령을 터득한 것 같아. 뭔가 달라졌다는 걸 알 수 있어."

정말 내 귀에는 음악같이 들리는 말이었다. 그 차이란 바로 나의 내적인 평안이었는데 그것이 다른 사람들에게도 보였다니!

요즘 세상에서 스트레스에 치여 사는 것은 그리 눈에 띌 만한 일도 못된다. 너무 흔하기 때문에 우리는 오히려 정상이라고 여긴다. 반면, 평안하게 사는 사람을 찾기는 오히려 힘들기 때문에 그런 사람들은 눈에 잘 띈다. 그런 사람 가까이에 있게 되면 우리도 그렇게 되고 싶어진다!

더 나은 무언가를 원하는 내 속의 불안감으로부터 시작된 여정이 이제는 완전히 새로운 삶의 방식으로 자리 잡았다. 피아노 치는 방법을 배우는 것과 마찬가지로 이것 역시 연습이 필요하다. 일단 다른 사람과 자신에 대한 태도가 정리되면 우리의 책임과 예측할 수 없는 일들에 대해서 평안한 태도로 살아가는 방법을 배워야 한다. 매일의 요구가 가져오는 압력과 갑작스런 일들로 인한 중압감이 새로운 고습으로 변한 우리를 압도시킬 수 있음을 나는 알게 되었다. 그것들은 바로 평안을 방해하는 강력한 파괴자들이다. 하지만 그것들 역시 공격하고 포획해서 회복시킬 수 있다. 단지 평안을 이루는 네 가지 방식으로 우리의 책임에 접근하는 훈련이 필요할 뿐이다.

A. 계획된 시간 안에서 움직여라 • • •

"흘러가는 대로 따라가라"는 친근한 조언은 폭포 아래로 떨어질 위험이 있는 나이아가라 같은 데만 아니라면 나름대로 좋은 조언이 될 수 있다. 나는 소용돌이치고 있는 내 모든 책임들때문에 계속 바위로 떠밀렸다. 오히려 물의 흐름을 통제하려고 시도해보는 것이 차라리 낫겠다는 결정을 내렸다. 아마 모세도 이런 기도를 하면서 같은 생각을 했을 것이다.

"우리에게 우리 날 계수함을 가르치사 지혜의 마음을 얻게 하소서"(시 90:12)

'우리 날을 계수할' 때, 우리는 주어진 시간에 대해 책임 지게 된다. 중압감이 우리를 조종하기 전에 우리가 중압감을 조종할 수 있다. 이것은 계속 반복해서 주어지는 책임감이라는 인생의 불변 요소에서부터 시작된다. 예측할 수 없는 일들을 처리해야 할 때를 대비해서 예측 가능한 일들에 대한 사전 계획이 필요하다. 정해진 시간의 테두리 안에서는 분별력 있는 계획을 세워야 한다. 다시 말해서 가능한 모든 것을 통제하라'.

우리는 '하고 싶을 때', 혹은 '해야만 할 때' 일에 달려드는 경향이 있다. 하지만 그런 때는 변덕스럽게 닥쳐오기 때문에 오늘의 작은 흙덩이가 언제 태산이 될지 모를 일이다. 결국에는 몇 가지 일의 마감일이 겹쳐버리고, 감당하기 어려운 분량의 일이 쌓이는 사태가 계속 이어지게 된다.

일반적으로 아이들은 연습, 휴지통 비우기, 숙제, 방 청소 등의 일을 언제까지나 미뤄두려고만 한다. 유감스럽지만 한 해 두 해 지난다고 해서 "언젠가는 할 거예요"라고만 말하는 아이들의 병이 치유되지는 않는다. 우리 어른들도 마찬가지다. 청구서 지불도 미루고, 전화를 걸거나 답장 쓰는 일도 제쳐 놓고, 빨래도 산더미처럼 쌓아 놓고, 고장 난 물건도 고치지 않는다. 스트레스는 차일피일 미뤄 놓는 책임을 먹고 자라난다.

우리가 달력을 붙잡고 시간을 적절하게 배분할 때 우리의 책임은 통제할 수 없던 그 흐름을 멈추게 된다. 시간 배분을 위한 시간을 마련하라. 내 경우에는 다음 주간의 시간을 배분하는 가장 좋은 때가 금요일 오후이다.

당신의 일정의 닻은 평온한 중심들, 즉 주님, 배우자, 가족, '안식'의 시간에 고정되어야 함을 기억하라. 당신이 책임져야 할 다른 일들에 대한 계획도 이것들을 바탕으로 세워져야 한다. 남아 있는 공간에 예측 가능한 모든 일들을 위한 시간을 과감하게 배분해야 한다. 미리 시간을 정해 놓으면 예견할 수 있는 일들 때문에 발생할 스트레스가 당신을 잡으러 쫓아올 위험을 방지할 수 있다.

솔직하게 말해서 나도 처음에는 정해진 저녁식사 시간을 지키는 것이 당혹스럽게 느껴졌다. 이제껏 가족들에게 불확실함의 불편함을 초래하는 것도 모른 채, 일을 마치는 시간을 언제든 맘대로 바꿀 수 있는 것을 더 편안하게 느껴왔기 때문이다. 마침내 나는 해야 할 일은 항상 더 있게 마련이라는 사실을 깨닫고 나서 이를 악물고 내 업무 시간의 한계를 명확히 정했다. 이제 가족들은 정해진 내 업무 스케줄에 맞춰 계획을 세운다. 그리고 나도 예측 가능함을 즐기기 시작했다. 이제 유동적인 귀가 시간은 통상적인 것이 아니라 특별한 경우로 제한되었다.

고등학교 시절 『데이빗 카퍼필드』(David Copperfield, 영국의 작가 찰스 디킨스의 자전적인 장편소설)를 공부할 때, 나는 미카우버 씨(Mr. Micawber)라는 별난 인물의 지혜에 대해서 배웠다. 그는 어디를 가든지 "미루는 버릇은 시간을 도둑질한다"라는 말을 읊조렸다. 그가 옳았다! 우리는 시간을 미리 배분함으로써 우리의 시간을 도둑의 손아귀에 넘기지 않게 된다.

B. 계획을 세워라 • • •

나는 한 주를 계획하기 위해 시간을 투자할 때 결국 시간을 번다는 사실을 배우고 있다.

주말이면 자리에 앉아서 다음 한 주 동안 해야 할 모든 일의 목록을 작성한다. 그 상태 그대로 놓고 보면 참으로 당혹스럽다. 하지만 책임감의 경중에 따라 우선순위를 매기고 나면 제법 볼 만해진다. 일의 긴급성이나 중요성, 혹은 다른 사람의 업무가 내 일에 달려 있느냐의 여부에 따라 일의 우선순위가 결정된다.

다음 단계는 번호를 매겨 가장 중요한 것부터 다른 종이에 옮겨 적는 일이다. 이 목록만 있으면 나는 확신을 가지고 내 업무에 대한 계획을 세울 수 있다.

접시보다 더 큰 스테이크가 있다면 한입 크기로 썰어 놓는 것이 가장 좋은 방법이다. 만일 당신이 큰 업무를 처리하게 되었다 해도 마찬가지이다. "어디서부터 시작해야 할지 모르겠다"고 우리는 푸념을 늘어놓는다. 그렇기 때문에 모르는 것이다. 시간은 점점 줄어들고, 그에 따라 그 업무는 더 커 보인다!

대안 가운데 하나는, 마감일에서부터 시작해서 거꾸로 한 주씩 거슬러 올라오면서 각 주에 해야 할 일을 정하는 것이다. 그런 다음 '해야 할 일'의 목록을 작성할 때, 이번 주에 해야 할 일에 해당하는 분량을 스케줄에 포함시키면 되는 것이다.

인생을 살면서 가장 큰 만족감을 느낄 수 있는 것 가운데 하나가 '해야 할 일'의 목록에서 처리한 일들을 지워나가는 것이다. 그럴 때 정말 기분이 좋아진다!

나는 세 가지 방식으로 목표를 지켜나가도록 훈련한다.

첫째, 일의 목록을 가급적 순서대로 처리해 나가고, 둘째, 한 가지 일이 끝날 때까지는 그 일에만 전념하고, 셋째, 최선을 다한 후에 마쳐야 할 시간이 되면 마치는 것이다.

오늘 끝마치지 못한 일이 있다면, 내일의 첫 번째 순위가 된다. 잘 계획된 하루가 잘 계획된 한 주를 만들어 가게되면 우리는 잘 관리되는 삶의 달콤함을 맛보기 시작할 것이다.

C. 외부 용건들을 한꺼번에 처리하라 • • •

옛날 미국의 서부 시대에는 도시로 여행하는 것을 큰 행사처럼 치렀다. 그때 사람들은 소일거리를 마치고 몇 명이 함께 먼지투성이의 여행길에 올랐다. 그 여행이 특별했던 이유는 웬만해서는 도시에 자주 가볼 기회가 없었기 때문이다.

반면, 지금은 자동차나 고속도로, 편의점이나 쇼핑몰들이 사람들의 이동을 증가시키는 원인이 되었다! 우리는 끊임없이 뭔가를 구매하기 위해 달리고 있는 깨어진 인간들이다. 쉽게 이동할 수 있는 수단은 우리 삶을 단순화시키려고 고안된 것이지만 실제로는 오히려 우리 삶을 복잡하게 만들었다.

외부 용건들을 한꺼번에 처리하는 법을 배우는 것은 정신 건강의 강도를 높여주는 새로운 평안의 습관이다. 필요한 것이 생기면 우리는 바로 달려가는 대신 기록을 해둔다. 식료품점, 철물점에서 사야 할 것들과, 학교에서 필요한 물건들의 목록이 쌓여서 한 번 나가서 사와야 할 정도가 될 때까지 계속 기록한다. 만일 카렌이 방과 후에 알레르기 주사를 맞히러 아이를 데리러 가야 할 상황이 되면, 예정보다 조금 일찍 나가서 목록에 적힌 것들을 사온다. 한 번의 외출로 가능한 일을 왜 네 번이나 외출하면서 처리하는가? 만일 가족 중 누군가가 '외출해야 할 일이 생기면' 그 참에 어떤 일들을 처리할 수 있을지 우리는 목록을 살핀다.

직장에서는 내 책상 위의 잡다한 일거리들 가운데 대부분이 결국에는 내 비서의 책상으로 가게 되고, 비서는 그 일을 처리하기 위해 시간을 더 현명하게 써야겠다는 생각을 하게 된다. 그래서 내 비서는 점심을 먹으러 가는 길에 은행과 우체국에 들러 여러 일을 처리한다. 성공적인 영업사원은 자기가 갈 코스를 세심하게 계획한다. 그에게는 바로 시간이 돈이기 때문이다. 영업사원이든 아니든, 시간에 가치를 두는 사람은 역시 자기 코스를 계획할 것이다.

외부 용건들을 한꺼번에 처리하는 것은 '어떻게 쓸데없는 외출을 줄일 수 있을까?', '지금 꼭 나갔다 올 필요가 있을까?'를 진지하게 묻는 일종의 사고의 과정, 사고방식이다. 만일 당신이 둔고리나 자동차 키로 손을 내밀었다가 거둔다면, 이는 곧 통제력을 회복하고 있음을 말해주는 것이다. 이것은 상점에 한 번 더 가는 것보다 훨씬 가치가 있다.

D. 어려운 일을 먼저 하라 • • •

다모클레스(Damocles, 시라쿠사의 왕인 디오니시우스의 신하)는 최초의 불면증 환자였을지도 모른다. 고대 희랍인들은 그의 침대 위에 실오라기 하나에 매달린 칼이 있었다고 전한다. 그 시대 사람들은 자기의 머리 위에 무엇인가 불유쾌한 것이 매달려 있을 때, '다모클레스의 검'이라고 말했다.

어떤 일을 책임 지고 있는 사람에게는 마치 다모클레스의 검처럼 늘 그를 따라다니는 일이 있다. 우리는 그것을 두려워하기 때문에 뒤로 미룬다. 하지만 그 일은 절대로 그냥 사라지지 않는다. 처리되지 않은 그 '지저분한 일'은 우리의 에너지를 갉아먹고 늘 우리를 초조하게 만든다. 고통을 참고 용감히 그 일에 맞서는 시간이 **빠르면 빠를수록** 휴식도 빨리 찾아온다.

나의 경우, 일찍 일어나서 혼자 사무실에서 보내는 한 시간이 매우 가치 있는 시간이다. 그 금쪽같은 한 시간이 그날의 속도를 결정한다. 불가피하게도 내 앞에는 즐겁지 않은 일이 있다. 다량의 메일과, 쓰기 까다로운 편지, 풀어 나가야 할 인사 문제 등. 내가 가장 뒤로 미루고 싶은 이런 일들을 시작하려면 가끔은 내가 가진 극기와 용기를 한데 모아야 한다. 하지만 일단 일을 처리하고 나면 느껴지는 안도감과 자유가 그날의 남은 시간의 업무에 힘을 더해준다.

우리가 어떤 상황에 있든지 간에 피하고 싶은 일이 있게 마련이다. 쓰레기 치우기, 이해하기 힘든 과목 공부하기, 냉장고 성에 제거하기, 답안지 점수 매기기, 보고서 빈칸 채우기 등. 만일 이런 귀찮고 힘든 일에서 도망치면 그 일이 계속 우리를 쫓아다닐 것이다. 우리 머릿속에서 그 일이 떠나지 않는 한 그 귀찮은 일이 스트레스를 만들어낸다. 일단 그 일을 처리하고 우리의 머리에서 떠나게 하면 그 일이 가졌던 지배력은 붕괴된다.

바로 이러한 이유로 어려운 일을 먼저 하는 것이 평안을 기르는 습관이다. 간단히 실을 잘라내면 되는데 왜 매달려 있는 검을 계속 보고 있는가?

필요와 기회로 가득한 세상에서 책임을 회피하는 것은 비겁한 것이고 스트레스를 쌓는 일이다. 흐름에 어쩔 수 없이 따르는 대신 흐름을 통제할 때, 다음에 다가올 도전을 위한 여유를 갖는다. 그리고 예상치 못했던 일에 대한 여유를 갖는다. 평안을 기르는 습관이 우리 몸에 배면 예상치 못했던 일이 일어나도 조용히 해결해 나가며 살 수 있다.

E. '머피의 법칙'을 위한 공간을 남겨 두라 • • •

거실에는 불이 다 꺼졌고, 어두운 거실은 온통 십대 아이들로 가득 차 있었다. 딸은 아무런 의심도 없이 열쇠를 꺼내 들고 현관을 열면서, 집에 아무도 없는 것 때문에 투덜거렸다. 그때 갑자기 거실의 불이 켜지고 스무 명이나 되는 아이들이 크게 소리쳤다.

"와! 놀랐지?"

어떤 놀라움은 인생의 묘미를 더한다. 파티나 주말여행, 선물들처럼 말이다. 하지만 어둠 속에서 뛰어나와 "와! 놀랐지?"를 외치는 것이 모두 다 즐거운 것만은 아니다.

너무 뜨거워진 차도 우리를 놀라게 하고, 교통체증 또한 그렇고, 청구서 지불을 잊었을 때, 열쇠가 없어 집안에 들어가지 못할 때도 그렇다. 하지만 이런 문제로 당황하는 것은 예기치 않게 회사에서 해고를 당했을 경우나 심각한 병에 걸렸을 때, 고통스런 사고를 당하거나 사랑하는 사람의 죽음을 경험했을 때와 비교하면 아주 사소한 일에 불과하다.

맡은 일을 순조롭게 처리하는 일은 비교적 더 쉽다고 할 수 있다. 그 일은 당신이 이미 '알고 있던' 일이기 때문이다. 예상치 못했던 일을 당했을 때도 평안히 살아갈 수 있도록 준비한다는 것은 '모르는' 일에 대한 준비…, 그리고 어떻게 그 일을 미리 처리할지 결정하는 것을 의미한다. 인생 가운데 비교적 '안전한' 놀라움은 누구나 알고 있는 머피의 법칙에 적절하게 잘 설명되어 있다.

"잘못될 가능성이 있는 것은 어김없이 잘못된다."

평안이 지속되려면 머피를 위한 공간을 남겨 두는 습관을 들여야 한다.

불행히도 바쁜 사람들은 머피에 대해서 한 번도 들어본 적이 없는 것처럼 행동한다. 그들은 나쁜 일이라고는 도저히 일어나지 않을 것처럼 하루 스케줄을 빽빽하게 짠다. 그렇게 스케줄을 짜는 것은 대놓고 극심한 스트레스를 부르는 격이다. 나는 잘 안다. 한때 나도 스트레스에 전문가였으니까.

혹시 다음에 나오는 이야기가 아주 익숙하게 들리는가? 나는 업무를 위한 점심식사 약속이 끝날 것으로 예상되는 시간 30분 뒤에 간부회의를 갖기로 계획한다. 물론 레스토랑과 사무실은 정확히 30분 거리에 있다. 예기치 않았던 두통이나, 도로 공사 등의 문제로 시간이 지연될 경우에 대한 고려는 전혀 없다. 간부회의에는 정확히 60분의 시간을 배당한 후, 곧바로 상담 시간을 계획한다. 간부회의에서 기대하지 않았던 문제에 대한 토의가 길어지면, 상담자에게 할애하려고 계획했던 시간에서 약간 빌려온다.

이러한 '도미노 효과'는 우리뿐 아니라 우리 주위에 있는 모든 사람을 긴장하게 만든다. 신용은 이렇게 예측하지 못했던 일들로 무너질 수 있다. 당신은 이미 한 가지 약속에 늦었기 때문에 자연히 다음 약속에도 늦어지게 되고, 그렇게 되면 꽉 찬 일정 속에는 넘어지는 도미노가 점차 많아진다.

과도하게 스케줄을 짜는 것은 '딱 한 가지만 더' 증후군으로 인한 부산물이다. 우리는 약간의 압력이라도 줄여보려는 마음으로 업무를 마치기 전에 전화 한 통화라도 더 하려고 하고, 한 군데라도 더 들러서 물건을 사려고 하고, 세탁기 한 번이라도 더 돌리려 한다. 모든 것을 급히 서둘러 한다. 그리고 이런 식으로 과열된 삶은 우리 몸 전체에 경종을 울린다.

과도하게 계획을 세우는 태도로 인해 심지어 이웃과의 성경공부 시간도 침해당할 수 있다. 루스는 항상 늦게 오는 것으로 낙인찍히고 말았다. 그녀는 매번 일을 좀더 하려다가 늦었다. 다른 여성들은 언제나 그녀가 오기를 기다리느라 시간을 낭비하는 데 지쳐 있었다. 그래서 그들도 루스가 또 늦을 거라 생각하고 언젠가부터 다들 늦게 왔다. 어느 날인가 루스가 정시에 왔을 때, 약속 장소에는 다른 이들이 아직 도착하기 전이었다. 그래서 다음부터 루스는 일을 더 하다가 더 늦게 오게 되었다. 그래서 나머지 사람들은 문제가 어찌됐든 간에 정시에 성경공부를 시작하기로 결정했다.

하루의 스케줄을 짤 때, 아무런 계획도 없는 시간을 남겨놓으라. 잘못되는 일이 아무것도 없으리라 믿고 스케줄을 짤 수는 없다. 경영 전문가들은 바쁜 간부들일수록 주어진 시간의 20퍼센트에서 40퍼센트 정도는 스케줄을 비워놓을 것을 권한다. 바쁜 사람들은 예기치 못한 일을 위한 여유 시간을 남겨두어야 한다. 현명한 사람이라면 각 계획들 사이에 여유 시간을 둠으로써 예기치 못한 일들을 처리할 수 있는 여지를 남겨둔다.

너무 빽빽하게 스케줄을 짜는 행위는 오직 머피가 가진 문제점 중의 일부에 불과하다. 일을 너무 과소평가하는 우리의 습관도 상황을 더욱 악화시킨다. 주일학교 교사로 봉사하는 것은 일주일에 한 시간 정도를 투자하면 되는 간단한 일쯤으로 보인다. 하지만 그 한 시간을 위해 준비하는 시간은 어떻게 만들 것인가? 만일 회의 하나가 끝나고 또 다른 회의가 이어진다면 언제 숨을 돌리고, 언제 다음 회의를 준비할 수 있겠는가? 우리는 맡겨진 일을 준비하고 실행하는 것을 과소평가하는 경향이 있다.

과소평가에 대한 좋은 대안은 예견하는 것이다. 평소에 요트를 즐기는 내 친구 데이브는 예견 덕분에 물에 빠지는 위기를 모면할 수 있었다. 데이브는 롱 아일런드 사운드(Long Island Sound)에서 한가하게 요트를 즐기며 오후를 보내고 있었다. 바깥세상과의 유일한 접촉은 라디오를 통해서 들려오는 양키즈의 경기뿐인 중계방송이었다.

그런데 갑자기 아나운서가 "여러분, 경기장 주우의 모든 것이 바람에 휘날리고 있습니다. 일 분 전만 해도 고요하던 경기장에 지금 강한 바람이 몰아치고 있습니다"라고 말하자 데이브의 귀가 번쩍 뜨였다. 데이브는 즉시 돛을 내렸다. 10분 후, 데이브는 주위의 요트들이 하나 둘 옆으로 쓰러지며 물속으로 잠기는 것을 바라보았다. 데이브는 문제를 예상하고 있었던 덕분에 문제를 미리 해결한 셈이었다.

머피의 법칙은 진짜 사실이다. 마치 모든 일이 통제 하에 있는 것처럼 계획을 세우는 태도는 우리의 부담감을 더욱 악화시킨다. 이 같은 폴리에나(소설 『폴리에나』의 주인공, 극단적인 낙천주의자를 일컬음) 식 계획 세우기는 결국 실패하게 마련이다.

머피를 위한 여유를 남김으로써 우리는 머피가 끼칠 수 있는 손해를 제한할 수 있다. 삶을 조금만 개방해 두면 놀랄 일이 당신을 잠식시키지는 않는다.

F. 독수리의 힘에 의지하라 • • •

새벽 4시에 대학 기숙사에서 '독수리의 힘'을 발견했다. 도시 여기저기서 일해야 했던 나는 밤 11시 경에는 종종 버스나 지하철에서 잠들곤 했다. 할 수만 있다면 버스에서 숙제를 하기도 했지만, 대개는 방으로 돌아올 때까지 시작도 하지 못했다. 그렇기 때문에 밤을 새는 일이 허다했고, 그 다음날을 버티려면 두 배의 에너지가 필요했다.

그렇게 지치고 힘든 시절에 이사야 선지자의 말씀이 내 마음에 감동을 주었다.

> "피곤한 자에게는 능력을 주시며 무능한 자에게는 힘을 더하시나니 소년이라도 피곤하며 곤비하며 장정이라도 넘어지며 자빠지되 오직 여호와를 앙망하는 자는 새 힘을 얻으리니 독수리의 날개치며 올라감 같을 것이요 달음박질하여도 곤비치 아니하겠고 걸어가도 피곤치 아니하리로다"(사 40:29-31)

이사야 선지자가 말하고 있는 것은 평범한 힘의 근원에 의지할 수 없을 때 특별한 힘을 얻을 수 있다는 것이다. 로키 산의 상승기류를 타고 솟아오르는 독수리처럼, 나 또한 지친 날개를 가지고도 날아오를 수 있다는 것이다.

나는 잠 잘 시간조차 없이 바쁜 나날들을 보낸 이후에 완전히 고갈된 듯한 느낌을 수없이 받았다. 하나님의 영광을 드러낸 하루를 보내고서 피로한 상태라면 우리는 독수리의 힘을 낼 수 있다. 사실 하나님께서는 설사 우리가 현명하지 못한 선택으로 희생양이 되었을 때도 우리에게 초자연적인 힘을 허락하실 만큼 인자한 분이시다.

나는 하나님께서 우리가 항상 전속력으로 달리고 나서 그분의 품에 안겨 울면서 "독수리 같은 힘을 주세요!"라고 부르짖기를 원하신다고는 믿지 않는다. 하지만 살다보면 돌봐야 할 사람이 있고, 일을 완성해야 할 시기가 있으며, 아무것도 나누어줄 것이 남지 않은 때가 있다. 만일 그 상태에서 조금 더 많은 힘을 내려고 억지를 부리면 결국 몸과 마음이 쇠잔해버릴 수도 있다. 독수리의 힘을 향해 손을 뻗는 사람들은 날 수 있을 것이다!

나는 초자연적인 이 두 번째 바람의 격동에 대해 설명할 길이 없다. 내가 아는 것이라고는 우리의 힘이 모두 고갈되었을 때, 구하기만 하면 평안과 힘을 얻을 수 있다는 것뿐이다.

G. 주위 환경을 점령하라 • • •

어떤 종류의 감옥이 당신을 방해하고 있든지 간에, 아마도 그곳이 악명 높은 '하노이 힐튼'(Hanoi Hilton)만큼 삭막하지는 않을 것이다. '하노이 힐튼'은 베트남 전쟁 당시 미국인 포로들이 자신들이 갇혀 있던 포로수용소에 붙인 이름이다. 투옥되었던 대부분의 공군 병사들은 3년에서 길게는 5년 정도 갇혀 있었으며, 어떤 사람은 9년이나 갇혀 있었다.

단조로움과 외로움, 그리고 고문의 끝없는 세월은 사람들을 미치게 만들기에 충분했다. 하지만 이 공군 병사들은 놀라울 정도로 침착하고 멀쩡한 상태로 살아남았다. 적군이 포로들을 모두 학살할 계획이었는데도 불구하고, 그들은 감옥 안에서의 시간을 자기 개발의 기회로 삼았다.

어떤 사람들은 외국어를 배우기도 했다. 어떤 사람들은 현과 건반에 대한 기억을 되살려 상상속의 악기를 연주하는 법을 훈련했다. 한 그룹은 각자 기억하는 성경구절을 조합해서 성경을 만들고 그 미니 성경을 암송하는 일에 전념했다. 어떤 장교는 수년 동안 상상 만으로 골프를 쳐서, 미국으로 돌아왔을 때는 상당한 수준에 도달했을 정도였다. 수감자들은 '하노이 힐튼'이라는 감옥을 북부 베트남 대학으로 만들어 놓았다.

어떤 종류의 감옥도 이러한 방법으로 변환시킬 수 있다. 설령 그것이 정해진 수입의 감옥이든, 아니면 독신의 감옥, 개인적 고통의 감옥이든 말이다. 평안을 기르는 습관의 비밀은 이것이다. 당신의 환경을 점령하라! 그래서 환경이 당신을 점령하지 못하도록 하라!

나는 아내가 간염에서 회복하면서 이것을 실천에 옮기는 것을 보았다. 많은 사람들과 접촉하면서 살아온, 천성이 활동적인 한 여성을 6개월 동안이나 침대에 묶어 두면 분명 어느 정도 낙담과 좌절감을 느끼게 되리라 생각할 것이다. 그런 부정적인 견해에 굴복하는 것은 환경에 점령당하는 것이다. 하지만 아내는 오히려 환경을 점령했다. 가까이 있는 사람들을 보살펴주는 방법으로 말이다. 병실에 신앙서적과 설교 테이프와 세미나 노트를 다량 비치해 두고 자신의 성경과 노트도 준비했다. 카렌은 이 조용한 시간을, 그녀의 표현을 빌자면 자신의 '뿌리를 깊게 하는 데' 바쳤다. 그녀의 얼굴에서 우리가 봤던 광채가 그녀가 성장했다는 빛나는 증거물이다.

휴식과 고독의 시간이 길어지면 자기연민이라는 감옥에 갇힐 수도 있다. 하지만 대신 아내는 그 시간을 방해받지 않는 영적인 축제의 기회로 만들었다.

이것이 바로 자신이 저지르지 않은 죄 때문에 감옥에 갇혔을 때 요셉이 가졌던 정신이다. 요셉은 자기가 기운을 북돋워줄 수 있는 슬픔에 빠진 사람들을 찾아다니면서 어두운 곳을 통과했다. 바울과 실라는 부당하게 갇혔을 때 이렇게 했다.

> "밤중쯤 되어 바울과 실라가 기도하고 하나님을 찬미하매 죄수들이 듣더라"(행 16:25)

어떤 감옥도 바울의 영혼을 붙잡아둘 수 없었다. 바울은 감옥에서의 시간을 신약성경을 쓰는 데 사용했다.

우리 인생 가운데는 중간 시간이라고 생각되는 시간들이 있다. 우리는 다가올 큰 사건을 기다리며 쉽게 그 시간들을 탕진해버릴 수 있다. 우리는 더 좋은 직장을 구할 '때까지' 기다리고 있고, 결혼할 '때까지', 코딱지만 한 아파트에서 벗어나게 될 '때까지', 병에서 회복될 '때까지', 혹은 주님께서 나를 본향으로 데려가실 '때까지' 기다리고 있다. 하지만 우리는 지금 있는 곳에서 꽃을 피우도록 지음 받았다. 그리고 아주 오랫동안 지금 있는 곳에 있어야 하는 것처럼 행동하도록 만들어졌다.

유대인들이 70년 동안 바벨론에 포로로 잡혀 있을 때, 그들은 모든 것을 그만두고 포기해버리고 싶다는 유혹을 받았다. 그러나 하나님께서는 그들에게 "너희는 집을 짓고 거기 거하며 전원을 만들고 그 열매를 먹으라 … 너희는 내가 사로잡혀 가게 한 그 성읍의 평안하기를 힘쓰고 위하여 여호와께 기도하라 이는 그 성이 평안함으로 너희도 평안할 것임이니라"(렘 29:5, 7)라고 명하셨다.

삶을 통해 겪게 되는, 겉보기에 불유쾌한 모든 일들 속에도 여전히 가꾸어야 할 '텃밭'이 있다. 결혼 후에는 결코 즐길 만한 여유를 낼 수 없는 일들도 있다. 가령 평범한 방을 특별하게 보이게 만드는 장식의 손길이라든가…, 하나님께서 당신을 '보내신' 곳에서 사람들을 돌보는 일 등.

우리의 환경은 우리가 최상으로 만드는 방법을 찾을 때 훨씬 더 밝아 보인다. 우리는 인생의 놀랄 만한 일들 속에서 평안하게 사는 훈련을 하고 있다.

H. 유연성을 키우라 • • •

나는 몇 가지 인상적인 계획을 세웠고, 그 중의 일부는 순조롭게 성취되었다. 얼마나 가치 있는 일인가! 반면 계획을 수포로 돌아가게 만드는 복잡한 문제들도 산재해 있다. 만일 우리의 평안이 이런 미칠 듯한 순간을 견뎌내야만 하는 것이라면 우리는 유연성을 기를 필요가 있다.

나는 늘 내 계획을 최상의 계획이라고 여긴다. 하나님께서 나에게 더 훌륭한 계획을 갖고 계시다는 사실을 알려주시기 전까지는 말이다. 그분이 우리의 행로를 바꾸실 때 우리는 맞서 싸울 수도 있고, 아니면 긴장을 늦추고 그 길을 기쁘게 따라갈 수도 있다. 뾰로통한 아이처럼 나는 얼마나 자주 이 말씀을 깨달아야만 했던가?

"사람이 마음으로 자기의 길을 계획할지라도 그 걸음을 인도하는 자는 여호와시니라"(잠 16:9)

이 책을 쓰기로 마음먹었을 때, 나는 작업을 위해 필요한 시간과 장소를 준비했다. 카렌이 병이 나서 내 도움이 절실히 필요해지기 전까지는 모든 것이 완벽해 보였다. 카렌의 병으로 인해 마치 내가 책을 통해 말하고자 했던 바로 그 주제에 대해서 스스로 시험을 당하는 기분이었다. (하나님께서는 가끔 그렇게 하신다.)

처음에는, 예전에 스트레스로 가득 찼을 때 그랬듯이 저항했다. 하지만 평안을 추구해 나가면서 나는 하나님께서 우리를 놀래시는 것들을 즐기는 법을 배웠다. 나는 기도를 하고, 카렌을 데리고 혈액검사를 받으러 가고, 아이들을 안아주고, 컴퓨터 전원을 켰다.

위대한 작가이신 하나님께서는 내가 쓰려고 했던 내용보다 훨씬 더 좋은 내용을 구상하고 계셨다. 하나님께서는 내가 쓰려고 하는 평안에 대해 평화로운 숲 속의 작은 오두막이 아니라 실제 생활 속에서 시험을 하심으로써 내 속에 있는 영감을 끌어내기 원하셨다. 그 결과, 나는 내가 생각한 최상의 계획이 제공할 수 있었던 것 이상으로 더욱 심오하고 더욱 현실적인 평안을 발견했다. 나는 그 어느 때보다도 지금 내가 쓰고 있는 내용을 신뢰하고 있다.

사람들이 유연성을 보이지 못하면 놀랄 만한 사건들을 경험하면서 굉장한 스트레스를 받는다. 유연성이 있는 사람들, 하나님께서 바꿔주신 방향은 결코 우회로(detour)가 아니라는 깊은 확신이 있는 사람들에게는 엄청난 평안이 있다. 이 방향은 최상의 목적지를 위한 최상의 길이다.

내가 어렸을 때, 내 이마 위쪽의 머리카락은 곧추서 있어서 도저히 얌전히 내려앉질 않았다. 작은 꼬마였기에 어쩌면 귀여워 보였을 수도 있다. 다행히 지금 머리가 그렇지 않다는 사실에 감사하다. 어머니는 누가 이기나 보자며 계속해서 머리카락에 물을 묻히시고 바셀린을 발라주시곤 했다. 그러면서 어머니는 머리카락을 길들이고 있다고 말씀하셨다. 효과가 있었다. 그 고집 센 머리카락은 더 이상 곧추서지 않았다. (사실, 그 중 일부 머리카락은 성장을 멈췄다!)

훈련은 효과가 있다. 몇 년을 '뻣뻣하게 서있은' 이후, 나는 휴식하는 방법을 배우려고 노력 중이다. 나의 훈련은 이러한 평안한 새 습관을 의식적이고도 신중하게 연습하는 데 초점이 맞춰져 있다.

이런 삶의 방식은 지금 우리 집에 뿌리내리고 있다. 외부 용건…, 조정…, 책임에 대해서 논의할 때, 우리는 서로 똑같은 질문을 반복한다.

"평안을 추구하고 있는가?"

사전에는 '습관'이 '거의 비의도적으로 나타날 때까지 정기적으로 여러 번 거듭하는 사이에 몸에 굳어진 습득된 행동 양식'이라고 정의되어 있다. 평안의 반응이 '거의 무의식적으로' 나타날 수 있다는 발견은 흥미롭다. 그러므로 습관을 들이기 위해서 우리는 그저 평안을 '정기적으로 여러 번 거듭하면' 되는 것이다.

15장
폭풍 속에 있는 그분의 길

> 평안을 추구하는 사람은 자신이 고난 가운데 있다기보다 훈련 중에 있다고 이해할 때, 시련 아래에서도 평안을 얻을 수 있다. 평안이 고통을 통해 온다는 사실을 안다고 해서 고통이 즐거워지지는 않지만 침착하게 대처할 수 있게 된다.

우리 두 아들은 역사를 좋아한다. 하지만 견학은 아주 싫어한다. '견학'이라는 말을 아주 길게 늘어뜨려서, "아빠, 우리 겨~어~어~언~학 가요?"라고 불쌍한 목소리로 신음하듯 말할 정도로 말이다.

어느 여름날 아침, 내가 아이들에게 그냥 특이한 의상을 입은 여자들이 나와서 오래된 건물에 대해서 따분하게 설명하는 데가 아니라 초기 미국 이주민들의 실생활을 보여주는 마을로 견학을 간다고 아이들을 설득시켰을 때, 아이들도 찬성했다. 하지만 아주 신중한 표정으로 말이다.

그곳은 숙련된 장인들의 모습으로 활력이 넘쳤다. 대장장이는 불과

쇠를 가지고 마술을 펼치는 듯했고, 방아 찧는 사람은 물레방아를 사용하는 방법과 밀로 밀가루를 만드는 방법을 보여주었다. 특히 옹기장이는 '겨~어~어~언~학'에 대해서 아이들이 가지고 있던 선입견을 완전히 날려버렸다.

옹기장이의 기술은 거의 최면술과 같았다.

옹기장이는 물레에 앉아서 발로 리듬을 타면서 축을 돌렸다. 가까운 귀퉁이에는 볼품없고 값어치 없어 보이는 회색 흙덩이가 있었다. 그 흙덩이 중의 하나가 옹기장이의 모든 관심을 집중적으로 받는 대상이 되었다. 옹기장이는 잘 숙련된 손가락으로 흙을 위로 밀어 올려 매끄럽고 멋진 도자기를 만들었다.

옹기장이가 작업을 하고 있던 오두막은 그 뜨거운 여름날 몰려든 많은 사람을 수용하기에는 너무 비좁게 느껴졌다. 결국 많은 사람들이 떠났다. 하지만 우리 아이들은 남아 있고 싶어 했다. 아이들은 옹기장이 양 옆 선반에 완성된 도자기들이 놓여 있는 것을 발견했다. 한 아이가 도자기를 만져보려고 손을 뻗었다.

"조심해라!"

옹기장이가 소리쳤다.

"그쪽 선반에 있는 도자기는 만지지 마라. 망가진단 말이야."

그리고 나서 이런 말로 우리를 놀라게 했다.

"대신 반대쪽 선반에 있는 도자기는 만져봐도 된단다."

두말할 나위 없이, 우리는 왜 어떤 도자기는 만져도 되고 어떤 도자기는 만지면 안 되는지 궁금해졌다.

'만지면 안 되는' 선반 쪽을 보면서 옹기장이가 그 이유를 설명해주었다.

"이 도자기들은 아직 굽지 않은 것들이란다."

옹기장이는 그런 다음, 좋은 도자기을 만드는 데는 흙으로 아름다운 모양을 빚는 것 이상의 중요한 작업이 있다고 말해주었다. 만일 도자기를 빚는 데서만 일을 끝내면 곧 도자기에는 흠이 가고 모양이 일그러지게 된다고, 그리고 불이 없다면 작품이 아름다울 수는 있어도 망가지기 쉽다고 말했다.

하지만 다른 쪽 선반 위의 도자기들은 섭씨 1000도가 넘는 가마에서 두 번씩 구워졌기 때문에 만져도 된다고 말했다.

"불이 흙을 견고하고 강하게 만들지."

옹기장이가 이렇게 설명을 마쳤다.

"불이 아름다움을 지속시킨다."

이 말이 자극이 되어 내 생각은 베드로전서 말씀으로까지 이어졌다.

"그러므로 너희가 이제 여러 가지 시험을 인하여 잠간 근심하게 되지 않을 수 없었으나 오히려 크게 기뻐하도다 너희 믿음의 시련이 불로 연단하여도 없어질 금보다 더 귀하여 예수 그리스도의 나타나실 때에 칭찬과 영광과 존귀를 얻게 하려 함이라"(벧전 1:6-7)

베드로와 옹기장이는 소중한 것의 가치를 높이는 불에 대해 나에게 이야기하고 있다. 성인이 된 이후 대부분의 시간을 오븐(엄밀히 말하자면 압력솥)에서 보낸 나는 불이 무엇인지 잘 안다. 대부분은 나의 과도한 스케줄과 지나치게 전념하는 생활방식이 원인이라고 할 수 있다. 그 열기는 내 자신의 잘못이었다.

하지만 내 인생에는 나 자신에게서 일어나는 불이 아닌 위대한 거장에게서부터 오는 또 다른 불이 있다. 세상에는 화상을 입히는 불도 있지만 아름답게 하는 또 다른 불도 있다.

A. 스트레스의 교훈을 찾아라 • • •

성경에서 "화평(평안)을 찾아 따를찌어다"(시 34:14)라는 말씀을 발견했던 첫날부터 나는 인생의 속도를 좀 늦추게 되기를 바랐다. 인생의 속도는 늦춰지지 않았지만, 나는 그렇게 했다. 내 불안감의 뿌리 중 일부를 제거함으로써 나 자신으로부터 기인하는 스트레스에 대수술을 감행했다. 내 인생 가운데 있는 스트레스의 중심들을 공격함으로써 나에게 다가오는 스트레스를 통제하게 되었다. 물론 아직 남아 있는 것은 많다. 세상이 워낙 그렇기 때문이다.

나를 지속적으로 받쳐주는 것은 오래 지속되고, 강하게 만들어주고, 아름답게 해주는 열기, 즉 나를 위한 하늘의 거룩한 스트레스이다.

개인의 평안은 어떤 스트레스도 없는 상태를 의미하지 않는다. 만일 스트레스 없이 살아간다면 우리는 구워지지 않은 그릇처럼 연약할 수밖에 없다. 하나님께서는 그분의 물레 위에서 한낱 '흙덩이'에 지나지 않는 나를 훨씬 가치 있는 존재로 새롭게 만드셨다. 하지만 그 작품을 견고하고 강하게 하기 위해서는 불이 필요하다.

평안을 찾는 동안 나는 나로 인한 스트레스를 제거하고, 다른 사람으로 인한 스트레스는 통제하려고 노력하고 있다. 남은 것은 하나님께서 주시거나 허락하신 스트레스이다. 평안한 삶은 스스로 만든 스트레스에 대해서는 저항하면서 하나님께서 만드신 스트레스로 인해서는 성장하는 삶이다.

만일 숯에 압력이 가해지지 않는다면 다이아몬드를 얻을 수 없다. 조개의 배에서 아픔을 주는 모래 알갱이를 제거해버린다면 진주는 생길 수 없다. 사과나무가 가지치기용 칼의 고통을 견디지 않는다면 많은 열매를 맺을 수 없다. 압력, 아픔, 그리고 고통은 사람에게도 역시 발전의 도구가 될 수 있다.

부수고 약하게 하고 죽이는 압력은 좋지 않은 압력이다. 그로 인해 쳇바퀴와 같은 내 삶이 과부하를 일으키게 된 것이다. 예전보다는 짐이 많이 줄었다고는 하지만 내 일상은 여전히 많은 요구와 변화, 좌절로 인해 짓밟히고 있다. 무게가 예전과 다를 바 없기는 하지만 그렇게 무겁게 느껴지지는 않는다. 하나님께서는 짐을 지우실 때, 결코 과적하지는 않으신다.

스트레스로 지쳐 있던 내 마음이 성경을 통해 평안이라는 단어를 찾고 따랐기 때문에 나는 압력에 대한 다음과 같은 시각을 발견할 수 있었다.

"너희가 참음은 징계를 받기 위함이라 하나님이 아들과 같이 너희를 대우하시나니 어찌 아비가 징계하지 않는 아들이 있으리요 … 무릇 징계가 당시에는 즐거워 보이지 않고 슬퍼 보이나 후에 그로 말미암아 연달한 자에게는 의의 평강한 열매를 맺나니"(히 12:7, 11)

바로 이것이다! 평안에 도움이 되는 스트레스! 여기서 고난은 연단이라고 정의된다. 하지만 만일 우리가 문제 가운데서 연단하시는 분의 교훈을 찾지 못한다면, 오직 고통만 느낄 수 있을 뿐 평안은 놓치게 된다. 평안을 추구하는 사람은 자신이 고난 가운데 있다기보다 훈련 중에 있다고 이해할 때, 시련 아래에서도 평안을 얻을 수 있다. 평안이 고통을 통해 온다는 사실을 안다고 해서 고통이 즐거워지지는 않지만 침착하게 대처할 수 있게 된다.

솔직히 나 역시 채 한 달이 되기도 전에 개인적인 평안을 잃을 뻔했다. '스트레스와의 결판'은 여름이 끝날 무렵 다가왔다. 나는 드디어 통제력을 회복했다고 느끼면서 새로운 희망을 안고서 전환점을 통과했다. 나는 주님과 내 아내와 아이들과 내 일 앞에서 특별한 서약을 했다. 그 서약은 성경이 말씀하고 있는 평안한 삶을 근거로 한 서약이었다.

그러자 모든 것이 해결되기 시작했다.

나는 여느 때와 같이 세 아이들이 각각 다른 학교에서 잘 적응할 수 있도록 도와주고, 새로운 학기를 맞아 청소년 사역의 힘찬 출발을 지도하고, 강의와 회의로 가득 찬 **빽빽한** 스케줄을 해결해 나가느라 정신없는 가을이 될 것이라고 생각했다.

나는 즐거움과 기대감과 자신감에 가득 차서 분주한 가을을 맞이했다. 평안을 연습하는 법도 배운 상태였다. 그래서 신나게 곡예를 하는 중에 보기 좋게 떨어지리라고는 전혀 예상치도 못했다. 문제는 9월 말에 있었던 지역 고등학교 풋볼 시합에서 시작됐다. 한 친구가 나를 붙잡더니 말했다.

"자네 아들 팔이 부러진 것 같아."

덕의 모습을 보자마자 그 말이 사실이라는 것을 알 수 있었다.

그 이후에 응급실에서 봐야 했던 장면을 나는 결코 잊을 수가 없다. **뼈**가 부러지면서 동시에 비틀어졌기 때문에 의사는 오랫동안 검사를 하면서 다친 부위를 밀고 당기는 동작을 반복해야 했다. 덕은 용감한 아이였지만 그때 통증은 정말 참기 힘들어했다. 이상하게도, 부모만이 이해할 수 있겠지만, 내가 느끼는 고통 또한 참기 힘들었다. 드디어 집에 돌아왔을 때, 카렌과 나는 마치 우리의 팔이 부러진 것처럼 완전히 녹초가 되었다.

감정적인 싸움이 육체적인 싸움보다 훨씬 오래 지속되었다. 고통의 차트에서 본다면 팔 하나 부러진 것쯤이야 그렇게 높은 위치를 차지하지 못하겠지만, 운동을 좋아하는 열두 살짜리 소년에게는 엄청난 고통이었다. 아이가 꿈꿔왔던 가을의 모든 운동 경기는 부러진 팔과 함께 조각나버렸다. 중학교 생활을 새롭게 시작할 때 어색하고 수줍은 감정을 자연스럽게 느끼게 마련인데, 네 달 동안 깁스를 하고 있게 되어서 훨씬 더 복잡하게 돼버렸다. 친구들이 열심히 달리고 있을 때 누워 있어야만 했기 때문에 할로윈부터 추수감사절, 크리스마스, 그리고 새해 연휴까지, 덕이 좋아하는 연휴의 즐거움은 모두 물거품이 되어버렸다. 나중에 의사가 덕의 뼈가 기형적으로 회복되고 있다고 말했을 때, 우리는 싸움이 사실상 몇 개월이 아니라 몇 년 동안 지속될 수도 있음을 알았다. 나의 새로운 평안 가운데 전율이 느껴졌다.

덕의 팔이 부러진 것은 새로운 긴장의 연속을 알리는 신호탄에 불과했다. 카렌과 내가 아이티 섬에서 돌아오던 날 밤, 카렌이 심한 위장병에 걸렸다. 움직일 수조차 없었던 카렌은 여행 가방을 풀기도 전에 앰뷸런스에 실려 병원으로 후송되어야 했다. 통증이 너무 심해 의사가 우리와 함께 거의 밤을 새다시피 했다. 나는 2주 동안에 두 번이나 같은 응급실에서 내가 사랑하는 사람이 고통당하는 것을 보며 서 있었다.

이런 일이 있은 지 얼마 안 되어, 카렌과 내가 중요한 프로젝트를 끝내기 위해 함께 전속력으로 질주하고 있을 때, 카렌이 정맥염으로 건강 상태가 악화되어 침대에 누워 있어야 했다. 간염 때문에 6개월 동안 침대에 누워 지내기 전까지, 우리는 웃기도 하고 울기도 해야 했다. 설상가상으로 우리 딸도 일주일 동안 병원에 입원해 있어야 했다.

집안 일이 엉망이 되었을 때, 회사 일이라도 안정되었다면 도움이 되었을 것이다. 하지만 그렇지 못했다. 앞에서 언급했던 극심한 재정적 파탄의 위기에 직면한 시기가 바로 이 때였다. 위기는 거의 우리를 마비시킬 정도로 위협해 왔다. 우리 직원들은 불평을 하지는 않았지만 제 날짜에 월급을 받고 있지 못했다. 동시에 몇 가지 풀리지 않은 인사 문제가 표면화되어 우리를 갈라 놓으려고 위협했다. 뒤따른 긴 회의에서 몇 가지 중요한 개편 안이 결정되었는데, 그에 따른 새로운 스트레스도 발생했다. 설상가상으로 건물주가 좋지 않은 소식을 통보해왔다. 사무실 건물을 매각했기 때문에 사무실을 비워줘야 한다는 소식이었다.

그때 내 안에서 나를 비틀거리게 만드는 큰 지진이 느껴졌다. 내 삶을 단순하게 만들려고 노력하고 있던 바로 그때, 삶이 전보다 더 꼬이기 시작한 것이다. 나는 무릎을 꿇고 이렇게 물었다.

"하나님, 제가 평안을 구하기를 원하신다면 어째서 이런 일들이 일어나고 있는 겁니까? 저에게 기회조차 주질 않으시는군요!"

하지만 내 생각과는 달리 하나님께서는 분명히 평안의 기회를 나에게 주고 계셨다. 그러한 대 격변 때문에 나는 잘못 놓여진 우선순위를 바로 잡아야 했으며, 그 중의 일부는 그러한 대 격변이 아니고서는 내가 결코 볼 수 없었던 것들이었다. 내가 맡고 있던 상담 프로그램의 진행이 점점 더 어려워지자 무분별한 의존 성향이 깨지기 시작했다. 내가 싸우고 있는 전투 때문에 부지불식간에 여러 가지 일들로 바빠질 기회가 상대적으로 줄어들었다. 그리고 나는 다른 어느 때보다도 주님께 더 가까이 이끌렸다. 그분은 평안의 근원이시기 때문에 나는 "모든 지각에 뛰어난 하나님의 평강"(빌 4:7)을 맛보기 시작했다.

하나님께서는 나를 유익한 스트레스의 산사태에 빠지도록 하셨다. 그분은 더욱 온건한 목표를 두고 나의 삶을 재정비하도록 나를 도우시고 나를 종용하고 계셨다.

그리고 그 시험은 내게서 평안을 빼앗아가지 않았다. 오히려 평안을 확고하게 해주었다. 하나님께서는 이 회오리바람을 통해서 내게 이렇게 말씀하고 계셨다.

"나의 이 평안은 네가 생각했던 것보다 훨씬 더 강하단다!"

B. 하나님께서 먼저 걸러내신다 • • •

세상에는 또 하나의 스트레스가 있는데, 하나님께서 보내신 것이 아니라 그분이 허락하신 것이다. 구약시대의 욥의 일화가 이것을 극적인 예로 보여준다. 성경은 욥의 실패와 고난이 하나님을 향한 신앙에 환멸을 느끼게 하려는 사단의 계략이었다는 사실을 명백히 보여준다. 하지만 그런 사단도 하나님의 허락 없이는 압력과 고통을 가져다줄 수 없다.

신앙적 싸움에 관한 독특한 무대 뒷모습이 욥의 역경을 통해서 그려진다. 사단이 하나님께 다가가서 울타리로 두르신 그와 그의 집(욥 1:10) 이상까지도 손댈 수 있게 해달라고 요구했다. 주님께서는 다음과 같이 말씀하시면서 조건부로 승낙하셨다.

> "내가 그의 소유물을 다 네 손에 붙이노라 오직 그의 몸에는 네 손을 대지 말지니라"(욥 1:12)

자녀들이 몰살당하는 비극에도 불구하고 욥이 흔들리지 않을 수 있었던 것은 다음과 같이 말할 수 있었던 그의 신앙 때문이었다.

> "우리가 하나님께 복을 받았은즉 재앙도 받지 아니하겠느뇨 주신 자도 여호와시요 취하신 자도 여호와시오니 여호와의 이름이 찬송을 받으실찌니이다"(욥 2:10, 1:21)

욥의 분석은 일부분만 옳다고 할 수 있다. 사실상 '거두어' 가고, '고난'을 보낸 것은 마귀였다. 하지만 욥은 자녀에게 최상의 것이 무엇인지 알고 계신 하나님을 신뢰했다. 그는 하나님께서 그 시험들을 허락하셨으리라 믿었다.

욥의 고난은 우리의 고난을 아주 사소한 것으로 보이게 만든다. 하지만 나는 최근에 우리 가족이 겪은 연속적인 불행에 대하여 '하나님께서 우리를 세우려 하시는 것인가, 아니면 사단이 우리를 무너뜨리려 하는 것인가?'라는 질문을 던질 수밖에 없었다. 그 질문은 사실상 응답되지 않았기 때문에 나는 더 나은 질문을 해보기로 했다.

'하나님께서 이 고난을 어떻게 사용하실 수 있을까?'

만일 이 압력이 나를 훈련시키지 못할 것이라면, 코치이신 하나님께서 그것을 허락지 않으셨을 것이다. 우리가 겪는 문제는 이미 '아버지께서 걸러내신' 것임을 깨달을 때, 훨씬 덜 두렵게 느껴진다. 그것은 다음의 성경말씀에 나온 약속에서 확인된다.

"하나님은 미쁘사 너희가 감당치 못할 시험당함을 허락지 아니하시고"
(고전 10:13)

다시 말해서, 그 어떤 것도 하나님의 서명 없이는 그분의 자녀의 삶에 함부로 들어올 수 없다는 뜻이다. 그분의 허락 여부는 우리가 참아낼 수 있는 정도에 기초한다.

그분은 내가 생성점(building point)으로 떠밀려가는 것은 허락하실지라도 파괴점(breaking point)으로 떠밀려가는 것은 허락지 않으실 것이다.

역도 선수들의 경우처럼, 너무 과중한 무게는 우리를 쓰러뜨릴 것이다. 하지만 우리가 전에 들었던 무게보다 조금 더 무거운 역기를 드는 훈련은 우리를 더욱 강하게 하기 위해 반드시 필요하다. 오직 주님께서만 그 차이를 아시며, 추가되는 짐을 걸러내신다.

사도 바울은 어디를 가든지 이름도 알 수 없는 '육체의 가시'(고후 12:7)로 인해 쉴 새 없이 고통 받았다. 그는 고통의 근원을 '사단의 사자'(고후 12:7)라고 간주했다. 자신이 겪는 고통의 근원을 사단으로 보았음에도 불구하고 그는 그 속에서 교훈을 찾으려 했다. 즉 아버지께서 그 고통을 허락하신 원인을 찾으려 한 것이다. 바울은 하나님께서 그 가시를 허락하신 이유를 "너무 자고하지 않게 하시려고 … 그리스도의 능력으로 내게 머물게 하려 함이라"(고후 12:7, 9)라고 결론지었다.

이 설교자는 그 고난 속에서 주님을 찾았고, 주님께서 이렇게 말씀하시는 것을 들었다.

> "내 은혜가 네게 족하도다 이는 내 능력이 약한 데서 온전하여짐이라"
> (고후 12:9)

이러한 시각이 감정적으로 살아남을 수 있는 여지를 제공한다. 바울은 이러한 시각으로 인해 인생의 최악의 순간을 이길 수 있었다.

> "우리가 사방으로 우겨쌈을 당하여도 싸이지 아니하며 답답한 일을 당하여도 낙심하지 아니하며 핍박을 받아도 버린 바 되지 아니하며 거꾸러뜨림을 당하여도 망하지 아니하고"(고후 4:8-9)

C. 생존 기술을 터득하라 • • •

로스앤젤레스에서 있었던 1984년 하계 올림픽을 준비하는 분주함 속에서 비극적인 한 사상자가 조용히 묻혀버렸다!

부머(Boomer)는 올림픽을 보지 못했다. 화려한 개막식 때 부머라는 이름의 흰머리독수리가 '아름다운 아메리카'(America the Beautiful)라는 선율과 함께 메인스타디움 상공으로 날아오르도록 계획되어 있었다. 불행히도 부머는 그 광경을 보여줄 수가 없었다. 올림픽이 개막되기 3일 전에 죽었기 때문이다. 사람들은 스트레스가 원인이라고 말했다.

나는 독수리조차도 뭔가 일이 걷잡을 수 없이 혼란스러워지면 그것을 표현할 수 있을 것이라고 생각한다. 늙은 새에게는 사람들의 압력이 너무 견디기 힘들었을 것이다. 그 독수리는 광야의 위험 속에서 살아남는 법은 알고 있었지만, 문명의 스트레스는 어떻게 이겨나가야 할지는 알지 못했다.

우리는 불쌍한 부머의 처지를 충분히 이해할 수 있다. 스트레스로 죽어버릴 것 같은 느낌이 드는 순간들을 모두 경험해보았기 때문이다. 최근의 연구에 따르면, 많은 사람들이 문자 그대로 스트레스에 의해 죽임을 당한다고 한다. 정서적인 죽음이라는 벌을 받고 있다고 느끼는 우리에게 생존기술은 필수가 되었다.

평온한 중심들과 평안의 습관을 확립하는 것은 내적인 평안을 위한 중요한 자원을 제공한다. 우리 안에 있는 스트레스의 뿌리들과 우리 주위에 있는 만성적인 스트레스의 중심들을 공격할 때, 우리는 언제나 사라지지 않을 유익한 스트레스를 위한 공간을 마련하게 된다. 하지만 평안을 위한 적절한 계획에도 불구하고 반드시 기억해야 할 또 한 가지 중요한 항목이 있다.

어떻게 '남아 있는 혼란', '우리의 통제 밖에 있는 상황'이라는 문제를 해결할 것인가?

신약성경에 나온 가장 사나운 폭풍에 대한 이야기에 그 중요한 해답이 있다. 사도행전 27장은 바울을 로마로 이송하는 배를 위협하던 사나운 북동풍을 묘사하고 있다.

그들은 자신들이 처한 상황에 대한 통제력을 모두 잃었지만 살아남았다. 이 사건 속에서 우리는 피할 수 없는 스트레스의 폭풍 속에서 살아남기 위해 필요한 네 가지 기술을 배울 수 있다.

D. 불필요한 짐들을 없애라 • • •

사도행전의 저자인 누가는 첫 번째 생존 기술을 이렇게 설명한다.

"우리가 풍랑으로 심히 애쓰다가 이튿날 사공들이 짐을 바다에 풀어 버리고 … 저희 손으로 내어 버리니라"(행 27:18, 19)

배가 출항할 때 누군가가 선장에게 짐과 배의 기구, 그리고 심지어 그가 가장 좋아하는 의자를 바다에 던져버리라고 했다면 아마도 선장의 험악한 대답을 듣고 낯을 붉혀야 했을 것이다. 하지만 폭풍이 몰아치자 그들은 이전에는 분명히 필요하다고 생각했던 어떤 물건들이 없어도 살 수 있다고 판단했다.

우리에게 불어 닥친 북동풍을 이겨내려면 불필요한 짐들을 없애야만 한다. 물론 때로 뭔가를 놓아야겠다고 생각하게 만드는 데도 폭풍이 필요하다.

우리의 '여분의 짐' 들 가운데 일부는 마치 바위에 들러붙어 떨어지지 않는 굴처럼 우리가 이제껏 쌓아 온 악한 것들일 수 있다. 의심을 받을 만한 관계라든가 점점 불어나는 빚, 커져가는 돈에 대한 집착, 헤어 나오지 못할 정도로 얽혀버린 악한 습관, 비판적인 태도 등이 바로 그런 것들이다. 폭풍이 일어서 우리가 그 불필요한 짐들 때문에 침몰할 수 있다는 사실을 깨닫기 전까지 우리는 그것들을 꼭 붙잡고 놓지 않는다. 우리는 가치중립적이고 가끔 유용한 것들을 짐 속에 넣어두려고 하는 경향이 있다. 하지만 지고 가기에는 너무나 많은 짐이다.

폭풍은 변화의 기회이다. 하지만 사나운 날씨가 가라앉으면 우리는 과중한 짐이나 엉뚱하게 적재된 짐을 지고 살아가는 삶의 방식으로 되돌아갈 수 있다. 그렇게 되면 또 다른 폭풍이, 훨씬 더 큰 폭풍이 몰아칠 준비가 시작된다.

만일 당신의 '허리케인' 가운데서 생존하고 싶다면 여분의 짐 때문에 침몰되기 전에 어떤 방식으로든 그 짐을 추려내라.

E. 정말 중요한 것으로 바빠지도록 하라 • • •

사도행전에 보면 바울 일행에게 불어 닥친 '폭풍'이 2주 동안 계속되었다. 폭풍이 끝날 무렵 한밤중에 천사가 바울에게 나타났다. 바울을 찾아온 그 천사는 폭풍에서 안전하게 살아남는 기술을 알려준다. 바울은 이 메시지를 선원들에게 전달한다.

> "너희 중 생명에는 아무 손상이 없겠고 오직 배뿐이리라 나의 속한 바 곧 나의 섬기는 하나님의 사자가 어제 밤에 내 곁에 서서 말하되 바울아 두려워 말라 네가 가이사 앞에 서야 하겠고 또 하나님께서 너와 함께 행선하는 자를 다 네게 주셨다 하였으니"(행 27:22-24)

본질적으로 천사는 바울에게 간단히 이렇게 깨우쳐준 것이다.
"배는 중요치 않다. 오직 사람들이 중요할 뿐이다."
폭풍 속에서 살아남기 위해서는 정말 중요한 것으로 바빠져야 한다.

그리고 그 "정말 중요한 것"이란 사람이다!

목표를 이루고 달성해야 한다는 모든 압력으로 인해 우리가 사랑하는 사람들은 조금씩 우리 삶의 모퉁이로 밀려난다.

소홀함은 의도적이지 않다. 잡초가 정원에서 자라는 것은 우리가 잡초를 심었기 때문이 아니라 우리가 잊고 있기 때문이다.

많은 남성들은 자신의 목표를 향해 속도를 높여 달리지만 그로 인해 일으킨 먼지 구름 속에 아내와 자녀들을 남겨둔다. 많은 여성들은 자신의 일에 심취하거나 사회활동, 종교적 책임감에 집중한 나머지 사랑하는 가족들과 함께하는 가장 중요한 시간들로부터 점차 멀어져간다. 직장 동료나 종업원들도 필요나 욕구를 지닌 인격체라기보다는 수단으로 여길 수도 있다.

깨닫지 못하는 사이에 우리는 가까운 사람들을 정보나 이동 수단, 포옹, 돈, 혹은 각종 서비스를 제공하는 존재로 만들어버린다. 진정한 가치를 회복하기 위해서는 보통 한차례의 폭풍이 필요하다.

평안을 추구하는 과정에서 '배', 즉 프로젝트, 스케줄, 기한, 조직, 예산 등은 좌초될 수도 있다. 많은 비용이 소모될 테지만 그래도 괜찮다. 반면 절대 잃어서는 안 될 것이 있는데, 바로 사람이다. 만일 폭풍이 당신을 날려서 사람들에게로 되돌아가게 해준다면 당신은 진정으로 당신이 필요한 모든 것을 가진 셈이다. 배는 언제든지 다시 찾을 수 있다!

F. 필사적으로 하나님을 구하라 • • •

우리의 신앙은 위기가 큰 타격을 줄 때까지 냉정하고 조용하고 침착한 경향이 있다. 하지만 위기가 찾아오면 우리는 무릎을 꿇게 되고, 하나님을 우리를 '도우시는' 분 이상의 존재로 여긴다. 그분을 유일한 희망으로 받아들이는 것이다.

누가가 "구원의 여망이 다 없어졌더라"라고 말한 것은 언뜻 보기에 누가 자신과 바울에 관한 이야기로 보인다.

아마도 이 때문에 그들을 찾아온 천사는 다음과 같은 말로 바울을 안심시켰을 것이다.

"바울아 두려워 말라"(행 27:24)

나는 사도의 인간다움을 엿보게 되어서 기쁘다. 델러웨어를 건너는 조지 워싱턴처럼, 뱃머리에 서서 폭풍과 싸우는 용감한 바울의 모습을 찾기를 마음속으로 기대할 정도로 바울은 존경스러운 인물이다. 하지만 그런 바울도 다른 사람 못지않게 두렵고 절박했던 것으로 보인다. 그가 절망 가운데 있을 때, "나의 속한 바 곧 나의 섬기는 하나님"(행 27:23)께서 그를 만나 주셨다.

바울은 우리에게 폭풍 속에서 생존할 수 있는 세 번째 생존 기술-필사적으로 하나님을 구하기-을 보여준다. 배 밑바닥에 구멍이 나면 쉽게 필사적인 태도로 변한다. 바울과 동승했던 선원들은 자신들의 배가 암초를 향해 가고 있다는 것을 감지했다. 그래서…,

"사공들이 도망하고자 하여 이물에서 닻을 주려는 체하고 거루를 바다에 내려놓거늘 바울이 백부장과 군사들에게 이르되 이 사람들이 배에 있지 아니하면 너희가 구원을 얻지 못하리라 하니 이에 군사들이 거룻줄을 끊어 떼어 버리니라"(행 27:30-32)

공포감에 사로잡힐 때 우리는 종종 하나님 대신 구명보트로 달려간다. 내 구명보트는 흔히 더 큰 문제를 만들곤 했다. 엉뚱한 사람들을 고용하고, 쓸데없는 지출을 하고, 프로그램을 너무 빨리 끝내버리고, 사랑하는 사람들을 너무 거세게 밀어붙이고 말았다. 폭풍이 불어 닥칠 때 당신은 두려움에 빠질 수도 있고 기도할 수도 있다.

우리가 기도의 진정한 의미를 알게 되는 때는 바로 사공의 별처럼 우리가 의지하던 것이 사라져버릴 때이다. 구조될 가능성이 하나도 없는 상태일 때 우리는 자신을 주님께 내던진다. 그때 우리의 기도는 절제할 수도, 예측할 수도 없을 것이고, 3인칭으로 드리지도 않을 것이다. 우리는 결국 신앙의 손을 내밀어 하나님께서 뭔가 초자연적인 것으로 그 손을 채우시도록 맡긴다.

하나님과 함께하는 당신 인생의 어느 시점에서 하나님께서는 당신 안의 모든 자원을 제거하시고 오로지 하나님 한 분만을 당신 곁에 남기실 것이다. 그때서야 지혜로운 옛 성자의 말을 당신은 깨닫게 될 것이다.

당신은 예수만이 당신이 가진 전부가 될 때까지, 예수만이 당신이 필요로 하는 전부라는 것을 결코 알지 못한다.

그리고 폭풍이 아무리 길게 지속된다 할지라도 그 이후에는 결국 평안이 찾아온다. 다음의 다윗 왕의 말에서 확실히 확인할 수 있다.

"내 속에 생각이 많을 때에 주의 위안이 내 영혼을 즐겁게 하시나이다"
(시 94:19)

G. 건강한 일상으로 되돌아가라 • • •

배가 암초를 향해 가고 있다면 음식 먹을 겨를이 전혀 없다. 하지만 배가 우회하기 시작하자 바울은 사공들에게 음식을 먹으라고 권하면서 다음과 같이 말했다.

"기다리고 기다리며 먹지 못하고 주린 지가 오늘까지 열나흘인즉 음식 먹으라 권하노니 이것이 너희 구원을 위하는 것이요"(행 27:33-34)

이 구절에서 바울은 폭풍 속에서 살아남는 네 번째 기술을 말하고 있다. 바로 '건강한 일상으로 되돌아가기'이다. 강한 풍랑이 우리의 배를 강타할 때, 보통 배 밖으로 던져지는 첫 번째 대상은 우리의 일상이다. 실제로 압력이 가중되면 될 수록 힘의 근원을 지키는 것이 더 중요하다.

누구라도 잠을 자지 못하고 음식을 먹지 못하고 휴식을 취하지 못하면 침몰하기 시작한다. 지름길로 가기 시작할 때 소홀해지기 쉬운 것이 평온한 중심이다. 우리는 더욱 더 주님과 사랑하는 사람들과 자녀들과 함께 값진 시간을 보내야 한다. 이 건강한 일상이 화창한 날이나 폭풍이 치는 날이나 우리를 강하게 붙들어주는 것이다.

H. 당신이 속한 곳으로 날려가라 • • •

우리가 당면한 폭풍을 아름답게 해석한 옛 찬송가 가사가 있다.

주님께서 하늘보좌에서 내리신 명령에 따라
구름이 일고 폭풍이 몰아칩니다.

하나님께서 내 인생에 폭풍우를 명하셨을 때는 내 인생에 변화가 필요했던 때였다. 일반적으로 폭풍은 진짜 문제가 아니다. 하나님의 견지에서 보면 말이다. 진짜 문제는 내 우선순위에 생긴 불균형이며, 풍랑이 일기 전까지는 내 관심을 끌지 못할 만큼 미세한 혼란이다.
내가 평정의 상태를 되찾는 것은 폭풍이 불어 닥칠 때이다. 내가 탄 배가 회오리바람에 휩쓸려 통제되지 않는 상황에 처하더라도 나는 새롭고 놀라운 평안이라는 짐을 배 밖으로 던져버리지 않는 법을 배우고 있다.

대신 나에게 필요 없는 짐을 내던지고…, 정말 중요한 것으로 바빠져야 하고, 필사적으로 하나님을 구하고, 건강한 일상으로 돌아가기 위해 애쓴다. 그것이 바로 우호적인 스트레스의 폭풍을 견뎌내도록 하기 위해 하나님께서 마련하신 긍정적인 전략이다.

폭풍을 만난 바울 일행의 이야기는 전율이 감도는 후기로 마무리 된다. 사도행전에 기록된 바에 따르면 폭풍우는 그들을 멜리데라는 섬으로 날려버렸다. 지도를 한번 들여다보면 사나운 폭풍이 불 때 그 와중에 실제로 무슨 일이 일어났는지 알 수 있다. 멜리데는 항해의 본래 목적지인 이탈리아 남부 해안 바로 옆에 위치해 있다. 배가 통제 밖에 있다고 생각했던 많은 시간 동안 그들은 제대로 된 항로 위에 있었던 것이다!

수세기 전 고대 유대 선지자인 나훔은 다음과 같은 아주 간단한 문장으로 이 상황을 표현했다.

"여호와의 길은 회리바람과 광풍에 있고"(나 1:3)

우리의 계획은 폭풍에 의해 방해를 받을지 모르지만 하나님의 계획은 결코 그렇지 않다. 사실 그 폭풍은 하나님의 계획의 일부였다. 만일 우리가 배를 버리지 않으면, 우리가 마땅히 있어야 할 곳으로 하나님의 바람이 우리를 날려 보내줄 것이다. 우리가 항로에서 얼마나 벗어났다고 느끼든 상관없이.

I. 대처하는 것만으로는 부족하다 • • •

낸시의 '스트레스의 잔'은 가득 차서 넘치고 있었다. 혼자서 아이를 키우면서 요구되는 것들과 반항적인 아들, 그리고 사무실 업무 사이에서 그녀는 이미 겪을 만큼 충분한 고생을 겪었다. 내가 평안과 스트레스에 관한 책을 쓴다는 얘기를 듣고 낸시가 이렇게 말했다.

"아, 제가 요즘 어떻게 스트레스에 대처하는지에 관해서 뭘 좀 읽고 있어요. 조만간 방법을 발견하게 될 거예요!"

압력솥과도 같이 스트레스로 금방 터질 듯한 우리 대부분은 낸시처럼 그저 스트레스에 대처해나가는 것만으로도 성공이라고 간주해버린다. 하지만 몇 년 동안 스트레스에 대처하는 삶의 방식을 지속한 후에 나는 그것으로는 충분치 않다는 결론을 내렸다.

사전의 정의에 따르면 대처라는 것은 '매우 평이한 조건에서 애쓰거나 다투는 것'을 의미한다. 그것은 물속을 걸어 나가고 있다는 말처럼 들리지만 실제로는 결코 해변에 다다르지는 못한다! 스트레스에 찌든 내 삶이 나를 익사시키지는 않았기 때문에 나는 스트레스에 잘 대처하고 있다고 판단한다. 하지만 물에 빠지지 않았다는 것만으로는 닥쳐올 큰 파도의 공격을 피할 수 없다.

평안을 추구하기로 작정했을 때, 나는 스트레스에 대처하는 것이 아니라 스트레스를 정복할 수 있게 되기를 원했다. 스트레스는 번번이 내 어두운 면을 새삼스럽게 생각하게 하고…, 가정생활에 대한 애착을 잃게 만들고…, 건전한 우선순위를 교묘히 뒤섞어 놓는다. 나는 스트레스의 지배력을 깨뜨려줄 평안에 굶주려 있었다.

나는 2000년 동안 신앙인들에 의해 검증된 성경의 약속 안에서 그것을 발견했다. 사도 바울은 그런 글을 쓸 만한 충분한 자격을 갖춘 사람이었다. 풍파와 역경이 바로 그의 삶의 방식이었기 때문이다. 그는 약속을 하기 이전에 인간의 경험 속에서 존재하는 주요한 모든 풍파의 목록을 나열했다. 환난, 곤고, 핍박, 기근, 적신, 위험, 칼(롬 8:35, 36).

그리고 나서 마음속에 이러한 삶의 폭풍들을 염두에 둔 상태에서 그는 외쳤다.

"그러나 이 모든 일에 우리를 사랑하시는 이로 말미암아 우리가 넉넉히 이기느니라"(롬 8:37)

만일 우리가 삶의 스트레스를 넉넉히 이길 수 있다면 적당히 대처하는 것으로 만족할 이유가 뭐가 있겠는가?

대처하는 것과 이기는 것의 차이는 두 단어에 있는 듯하다.

"그분으로 말미암아."

이 두 단어가 없다면 이 구절은 그저 "긍정적으로 사고하라"와 같은 또 하나의 고무적인 격언에 불과할 것이다. 개인의 진정한 평안은 긍정적인 사고의 결과가 아니다.

평안은 궁극적으로 한 인격이다. 옛 유대 선지자들은 그분을 "평화의 왕"이라고 불렀다. 예수님께서 오셨을 때, 천사들은 그분이 구세주가 되실 것이며 그분의 구원이 평화를 가져다줄 것이라고 약속했다. 그분이 떠나실 때는 이렇게 약속하셨다.

"평안을 너희에게 끼치노니 곧 나의 평안을 너희에게 주노라"(요 14:27)

그분의 종 바울이 종합하여 우리에게 이런 일깨움을 주었다.

"또 오셔서 먼 데 있는 너희에게 평안을 전하고 가까운 데 있는 자들에게 평안을 전하셨으니"(엡 2:17)

그리고 세 단어로 된 간단한 문장으로 바울은 화평의 법을 말하고 있다.

"그는 우리의 화평이신지라"(엡 2:14)

나는 바울이 말한 '가까운 데 있는 자들' 중 하나였다. 몇 해 전에 나는 내 마음속에서 일어나는 전쟁이 사실상 하나님과의 싸움이었다는 것을 인식했다. 나는 그리스도를 왕으로 모시기 전에는 그리스도의 평안을 얻을 수 없다는 것을 깨달았다. 결국 나는 내 삶의 운전대를 꽉 붙들고 있었던 나의 손을 놓고 그리스도께 운전대를 맡기기로 했다.

우리가 우리를 지으신 하나님을 위해 살도록 지어졌기 때문에 그분 이외의 모든 것은 우리가 그분을 찾기 전까지는 제대로 되지 않는다. 그리고 하나님은 오직 십자가에서만 발견할 수 있다. 십자가는 우리가 하나님에 대항해서 일으킨 전쟁 때문에 하나님의 아들이 값을 치르신 곳이다. 우리가 하나님을 거부했거나 그분을 잊었다면 우리는 그분이 만드시고 값을 치르신 삶을 그분 없이 살아온 것이다. 하지만 우리가 하나님을 초대한다면 그분은 우리 삶에 그분의 평화를 가지고 들어오신다.

예수님의 십자가로 찾아간 이후, 나는 화평이신 그분을 알게 되었다. 가장 힘든 스트레스의 시기를 통과하면서도 바울이 말한 바와 같이 "우리를 사랑하시는 그분으로 말미암아" 침몰하지 않았다. 내부에서 작용하는 그분의 힘은 언제나 외부에서 짓누르는 압력보다 훨씬 강했다.

하지만 그전까지는 너무나 오랫동안 '넉넉히 이기는 자'에 훨씬 못 미치는 인생을 살아왔다. 내 복잡한 삶의 방식은 너무나 많은 다른 손들에게 운전대를 내주었다. 나는 사고를 내지는 않았지만 길을 벗어나 있었다. 그런데 감옥의 문이 활짝 열리더니 나의 구원자께서 말씀하셨다. "화평(평안)을 찾아 따를찌어다."

그 후로 나는 그 말씀을 줄곧 따라왔다. 이 책은 그 이후의 선택과 변화에 대한 기록이다. 내가 그토록 굶주려했던 평안은 그리스도께서 내 마음에 들어오신 이후로 늘 존재했다. 하지만 나는 엄청난 금액의 예금 계좌를 가지고 있으면서도 별로 돈을 꺼내 쓰지 않는 사람과 같았다. 빈곤, 곧 내 삶의 압력은 평안을 따르는 대신 평안이 내게 찾아와주기를 기다리고 있었다.

어떤 면에 있어서 평안을 추구하는 나의 여정은 시작하는 곳에서 끝났다. 몇 해 전 나는 평안을 위해 그리스도께 나왔다. 몇 해가 지난 후, 나는 이전 그 어느 때보다도 더 깊이 그분을 발견함으로써 기쁨을 누리는 법을 배우고 있다. 평안을 추구하는 것은 궁극적으로 그분을 따르는 것이다.

스트레스의 폭풍이 나를 그리스도에게로 날려버렸다. 바울이 북동풍에 날려 하나님께서 계획하신 목적지에 이른 것처럼, 그분은 당신을 그분께 이끄시기 위해서 당신 인생에 불고 있는 폭풍을 이용하고 계신지도 모른다.

당신이 지고 있는 짐이 너무 무겁다고 생각된다면, 그것은 당신이 그 짐을 혼자 지고 가도록 계획되지 않았기 때문이다. 스트레스에 그저 대처하는 것은 일촉즉발(一觸卽發)의 싸움일 뿐, 넉넉히 이기는 것과는 거리가 멀다. 그리고 스트레스는 당신의 대처하는 능력조차도 부식시킨다.

극단의 순간은 그분이 주신 기회이다. 이상하게 들릴지 모르지만, 당신은 그 어느 때보다도 평안에 가깝게 있을지도 모른다. 그리고 당신을 그곳으로 인도한 것은 삶의 스트레스이다. 우리는 싸움에 지쳐 있다…, 그리고 예수님께서 조용히 속삭이신다.

"수고하고 무거운 짐 진 자들아 다 내게로 오라 내가 너희를 쉬게 하리라"(마 11:28)

만일 우리가 강하고 오만하다면 아무리 위급한 상황에 닥친다 하더라도 절실한 필요를 느끼지 않는다. 하지만 긴 세월의 싸움으로 지치고 상처 입었을 때, 우리는 도움과 휴식이 필요하다는 것을 안다. 그때가 바로 우리의 손을 그분에게 내밀 때다. 평안은 바로 하나님께 있다. 그리고 그분께 뿌리내린 평안은 어떤 시험에서도 승리할 수 있다.

코리 텐 붐(Corrie ten Boom)은 '인간이 만들어낸 최고의 지옥'인 제2차 세계대전 당시의 나치 포로수용소에서 그 사실을 입증했다. 그녀와 여동생 벳시(Betsie)는 네덜란드에 있는 집 다락방에 유대인들을 숨겨준 대가를 치러야 했다. 고문과 치욕, 그리고 고통을 겪으면서 그들은 자기 안에 살아 계신 그리스도께 의지했고 그분의 평안을 검증했다. 그들의 증언은 대부분의 사람들이 결코 경험하지 못했던 그들의 고난을 통해 뒷받침되었다.

벳시는 수용소에서 숨을 거두었다. 코리는 다행히 서기의 기록 오류의 결과로 풀려났다. 벳시는 숨을 거두면서 코리가 이후 40년 동안 전 세계에 알릴 메시지를 남기고 죽었다. 벳시의 메시지는 다음과 같다.

> "세상에 하나님의 사랑이 충분히 내려가지 못할 만큼 깊은 지옥은 없다고 사람들에게 말해줘."

코리와 벳시는 "우리를 사랑하시는 이로 말미암아 우리가 넉넉히 이기느니라"는 말씀이 무엇을 의미하는지를 맛보았다. 그리스도께서 주시는 평안은 그만큼 강하다.

　만일 내가 겪는 스트레스로 인해 내가 그분의 평안에 굶주리게 된다면 그 스트레스가 나를 본향으로 데려온 것이다. 폭풍은 우리가 일생 동안 찾아왔던 항구로 우리를 보내준다.

스트레스 중에도 평안을 얻는 비결
마음도둑

지 은 이	론 허치크래프트
발 행 인	김용호
발 행 처	나침반출판사

발 행 일 | 2007년 8월 1일

등 록 | 1980년 3월 18일 / 제 2-32호
주 소 | 110-616 서울 광화문 사서함 1641호
전 화 | 본 사 (02)2279-6321~3
　　　　　영업부 (031)932-3205
팩 스 | 본 사 (02)2275-6003
　　　　　영업부 (031)932-3207

홈페이지 | www.nabook.net
이 메 일 | nabook@korea.com
　　　　　nabook@nabook.net

ISBN 978-89-318-1363-0
책번호 마-3021

값은 뒷표지에 있습니다.

나침반출판사는 우리를 구원하신 아름다운 주님을
21세기 문명의 이기(利器)를 통하여 널리 전하고 싶습니다.